发现孩子的性格优势

吴月波 著

湖南教育出版社·长沙

著作权所有，请勿擅用本书制作各类出版物，违者必究。

图书在版编目（CIP）数据

发现孩子的性格优势 / 吴月波著 . -- 长沙：湖南教育出版社，2025.4. -- ISBN 978-7-5754-0865-3

Ⅰ．G78

中国国家版本馆 CIP 数据核字第 20257BE781 号

FAXIAN HAIZI DE XINGGE YOUSHI
发现孩子的性格优势

出 版 人：刘新民
责任编辑：姚晶晶
封面设计：凌 瑛
出版发行：湖南教育出版社（长沙市韶山北路 443 号）
电子邮箱：hnjycbs@sina.com　　　网　　址：www.jiaxiaoclass.com
微 信 号：家校共育网　　　　　　客服电话：0731-85486979
经　　销：全国新华书店
印　　刷：湖南省众鑫印务有限公司
开　　本：710mm×1000mm　1/16
印　　张：22.5
字　　数：240 千字
版　　次：2025 年 4 月第 1 版
印　　次：2025 年 4 月第 1 次印刷
书　　号：ISBN 978-7-5754-0865-3
定　　价：98.00 元

本书若有印刷、装订错误，可向承印厂调换。

前　言

这些年，越来越多父母走进我的课堂，总带着类似的焦虑：

"我的孩子哪里出了问题？"

"为什么我的孩子不够努力、不够听话、不够优秀？"

看着他们，我内心涌动着一种复杂的感受。我总想问他们一句："你们有没有想过，孩子究竟是谁？他真正的生命力在哪里？"

很多父母之所以焦虑，是因为总盯着孩子的缺点不放，他们习惯性地以外在的标准去衡量孩子，看到的总是不足，总想着去改变、去纠正。他们不知道的是，这种试图让孩子变成另一个人的努力，才是孩子成长路上最大的阻碍。

真正的教育，不是塑造，而是发现。每个孩子的生命都自带属于他的方向和力量。我们作为父母，最重要的任务不是去"纠正"，而是去看见、去认可他的独特性格与天赋，让他的生命力自由地向上生长。

我常说："一个人活得累，往往是因为他一直在违背自己的本性。"孩子也是如此，一个活泼好动的孩子，非要被强迫变成一个"坐得住"的学生；一个敏感细腻的孩子，却要承受被指责为"太娇气"的评价；一个自信外向的孩子，却总被提醒要"低调谦虚"……这些我们习以为常的做法，其实都在悄悄损耗着孩子的生命能量。

生命最深的渴望，就是被看见。我们的孩子，不需要完美，但

I

需要被我们看见。他的内心，有着比我们想象中更强大的力量，那就是他与生俱来的性格优势。当我们认可他的优势时，孩子内心就会升起一股自发的动力，他会知道：「原来，我本来的样子，就是好的。」

写下《发现孩子的性格优势》这本书的初衷，是希望每一位父母都能真正懂孩子、理解生命本身。当我们真正理解孩子时，教育就不再是一种控制和修正，而是一种深层次的陪伴、滋养与共情。

书中提出的"大六人格"，是一个深入浅出的工具，可以帮助我们快速、准确地理解孩子不同的性格类型，看到每种性格类型所具备的天赋与潜能。当我们学会尊重孩子原本的模样，用接纳的眼光去陪伴和滋养时，孩子身上的问题往往会不攻自破，他的生命力也会自然地迸发出来。

更重要的是，这本书不仅仅停留在理论层面，我还特别设计了大量的亲子互动练习和卡牌工具，让父母能够快速掌握发现孩子优势的方法，更加直观地识别出孩子的核心天赋。

作为作者，也是一名孩子的父亲，这本书寄托了我对每个家庭最诚挚的期许：愿每一位父母，都能成为孩子成长路上最懂他的伙伴，给孩子最适合的滋养，让每个孩子都能绽放出属于自己最美的光芒。

让我们一起，用发现的眼光去欣赏孩子，用欣赏的态度去陪伴孩子，用陪伴的力量去成就孩子。

因为每个孩子，生来都注定拥有属于自己的精彩。

吴月波

2025 年 4 月

CONTENTS

| Chapter1 | 性格优势教育的核心理念 | 001 |

第一课　　性格优势教育的基本概念　　002

第二课　　0~18岁人格发展规律　　015

第三课　　大六人格性格卡牌读懂孩子　　034

第四课　　发现孩子的性格优势　　053

第五课　　培养孩子的性格优势　　064

| Chapter2 | 读懂孩子的性格与心理 | 077 |

第六课　　读懂孩子的叛逆和坏脾气　　078

第七课　　读懂孩子的拖拉与逃避　　095

第八课　　读懂孩子的自卑与胆小　　108

第九课　　读懂孩子的冷漠与自私　　118

第十课　　读懂孩子的贪玩与粗心　　126

第十一课　读懂孩子的固执与刻板　　136

第十二课　读懂自己的教养风格　　147

| Chapter3 | 学习与心理素质提升策略 | 169 |

第十三课	考试心态卡牌提升学习力	170
第十四课	培养孩子的自信力	180
第十五课	培养孩子的目标力	202
第十六课	培养孩子的情绪力	216
第十七课	培养孩子的专注力	233
第十八课	培养孩子的抗挫力	250
第十九课	培养孩子的适应力	264
第二十课	考前减压与放松训练技巧	276
第二十一课	考试超常发挥的心理技巧	288

| Chapter4 | 语言的力量 | 299 |

第二十二课	语言的魔力	300
第二十三课	积极暗示技巧	326
第二十四课	帮助孩子创建美好未来	346

Chapter 1
性格优势教育的核心理念

第一课 性格优势教育的基本概念

我们会发现，不同的父母在养育方式上有自己的特点，面对不同人格的孩子时，都有自己的优势面和劣势面。

孩子也是一样。每一个孩子都有自己的特点，这也是性格优势教育的核心：抓大放小。作为父母，我们要学会发现孩子身上的优势，而不要过度地关注孩子的劣势。

本节课我们就先来了解优势教育是什么，有什么作用，以及我们如何更好地掌握优势教育。

一、优势教育

一个木桶能够装下多少水，取决于木桶的长板还是短板？

大家可能会想起"短板理论"，即对于一个木桶来说，能装多少水是由木桶的短板决定的。但是大家有没有想过，如果把木桶稍微倾斜一下，长板在下，短板在上，这个木桶是不是能装下更多水？所以说一个木桶能够装下多少的水，可以取决于长板。当然取决于短板也没错，因为木桶直立的时候，确实取决的是短板，这是两种不同的情况。所以有一个词语叫作取长补短，专注发展短板；也有一个成语叫作扬长避短，更加看重长板的作用。

那对于孩子的教育，到底应该取长补短，还是扬长避短呢？比如：一个孩子语文、英语这些偏文科的科目比较好，但数学成绩相对较差。作为家长，你会选择去帮孩子补足数学，还是帮孩子发挥出他在语文、英语上的优势？

其实就像木桶一样是分情况的。如果孩子存在不喜欢数学的倾向，家长要扬长避短，帮助孩子发展强项。这是为了帮助孩子走出低迷的状态，激发他的学习兴趣。但如果孩子不是因为讨厌数学，但数学成绩拖了后腿，则需要补短，否则升学考试就要吃亏。什么时候取长补短，什么时候扬长避短，是要具体情况具体分析的。

但很多时候，尤其是分数至上的当下，"扬长避短"往往得不到和"取长补短"相当的重视。所以哈佛大学的教育专家提出了"优势教育"的理论，这是一个基于脑科学研究的成果，包含以人为本的先进教育理念。其核心就在于挖掘孩子的潜能，发展他的强项。什么意思呢？回到刚才的例子，虽然这个孩子语文、英语成绩好，但因为数学成绩差，他可能存在一定的厌学心理。如果这时父母天天叫他去补数学，他就容易在学习的路上屡战屡败，满脑子觉得自己不好："我不行，我不能，我做不到。"当他开始否定自己以后，很容易形成一些限制性的想法，比如"我不是读书的料，干脆不读书算了"，甚至自暴自弃。而如果专注于孩子的优势，就可能给孩子带来不一样的人生。比如，如果父母能帮助他把语文或者英语上的天赋发挥到极致，让他在写作或是英语竞赛中获得成就感，就能给孩子带来学习的动力，激发他不断探索的兴趣，从而促进他的健康成长。

在"扬长避短"的优势教育中,最关键的就是提升孩子内在的自信心。

1. 优势教育的意义

具体来说,之所以优势教育能够被广泛推崇,是因为优势教育对孩子的未来有如下好处:

第一,幸福感和心理韧性更高。心理韧性就是心理的免疫力。当面对失败的时候,有些人会觉得:"这一次失败了,我的人生就完了。"有些学生甚至在一次考试失利后就一蹶不振。但有一些人失败了,他会想:"失败乃成功之母,我再来一次,至少会比上一次做得更好。"所以,心理韧性高的人往往能够越挫越勇,从失败中成长。

第二,在学校里往往表现更突出,受到老师和同学的肯定也会更多。虽然接受优势教育的孩子可能有很多短板,但他们可以把自己的优势发挥到极致。比如一个学生口才特别好,他可以参加演讲比赛,拿到全市、全省乃至全国的名次,其实就是利用优势走出自己的路。因为如果跟大多数人挤在一个赛道,反而很难脱颖而出。但如果能把优势发挥到极致,孩子就会变得亮眼。

"好"的标准从来都是多元的。如果只有成绩好才是"好"的标准,那每年名校录取的孩子始终都是少数,难道说明其他的孩子都一无是处,没有优点了吗?显然不是的,每一个孩子都是有优势的。所以父母要去找到自家孩子的优势。这个优势,就是帮助孩子脱颖而出的关键。

第三，接受优势教育的孩子成绩大多处于中等偏上，较少会出现厌学情绪。他们一直在深耕自己擅长的领域，付出的努力和得到的积极反馈往往是成正比的。如果一件事情做不好，他们会觉得"这是因为我不感兴趣没去做，而不是我做不到"，不会因为有不完美的地方或者做不到的事情而否定自己。

第四，优势教育下亲子关系往往更加和谐，孩子也更愿意跟父母交流沟通。如果父母愿意发现孩子的优势，关注他的优势，孩子会觉得自己被认可、被重视了，从而更愿意和父母敞开心扉去交谈。

第五，长大后，这些孩子的亲密关系往往会更稳定，也更容易从亲密关系中获得满足感。因为在优势教育中长大的孩子自信心良好，更加自爱。他们对自己的评价和认知是不依托于他人的，不依赖别人供给心理营养。如果一个人自我认可不够，他就会渴望伴侣认可他。但他往往会很敏感，一旦伴侣给不到这种认可，就感觉到不快乐。为什么说最好的爱情是爱自己？当人有爱自己的能力时，无论对方爱不爱自己，都有能力让自己在生活中感受到幸福和满足。

2. 优势教育的类别

那父母应该如何去认识和掌握优势教育呢？首先就是要发现孩子的优势。很多父母问过我："老师，我也很想鼓励孩子，但是我怎么去发现孩子的优势呢？"根据优势教育，孩子的优势可以分为三类。

第一类是表现优势。比如会唱歌，会乐器，会画画，会舞蹈，这种优势不是和别人比出来的，而是直接看孩子是否展现出了相应的才能，而这其实从孩子很小的时候就能看出来一些苗头。比如我女儿，两岁多的时候我们给她买了一个玩具架子鼓，她一边唱歌一边把架子鼓敲得"咚咚咚"地响，几乎全卡在节拍上，很有乐感。这就是表现优势，是孩子不需要经过学习训练就能够展现出来的优势。或者一些孩子放学回到家以后，嘴就停不下来："妈妈我在学校里……我们老师今天……我发现……"我们就可以发现他们特别喜欢分享，喜欢说，这就是他们展现出的口才优势。这种口才是与生俱来的天赋，而不是通过后天训练所产生的。我们需要关注的就是孩子这些与生俱来、学起来事半功倍的优势。比如乐感，有些孩子乐感很好，同样的一节音乐课上下来，他就是能比别人更迅速地掌握音乐的技巧。

天赋这种东西听起来很虚，但其实每一个孩子都有。所以我常常推荐父母多带孩子去体验，尝试一下，就可以发现他是不是有这种天赋。有的家长可能会问："孩子平时喜欢说，但是一让他上台分享就躲，这算有表现优势吗？"如果孩子愿意分享，喜欢讲，说明他的口才是不错的，只不过需要进一步训练当众演讲的能力，天赋也需要后天的培养才能进一步放大。而他的表现优势就体现在，在学习演讲的时候，他会比其他人学得更快更好，因为他已经有相应的基础了。

有三个概念父母要分清楚，第一个叫兴趣，第二个叫能力，第三个叫天赋。兴趣是每个人都会有的，比如我可能对心理学很感兴趣，是指人们被某件事情吸引的状态。第二，能力。比如大家正在阅读亲子教育相关的书籍，这就是在提升亲子教育的能力。或者去学习唱歌、画画，这都是提升相应领域的能力。在学习的过程中，不同的人学习速度有快有慢，但只要认真学，最终都会掌握一定的能力。

第三，天赋。天赋就是我们刚刚提到的表现优势。很多孩子在接受后天训练之前，会展现出一些先天的优势，比如良好的乐感，学舞蹈时优秀的柔韧性，这些就是天赋。这三者是不同的。天赋是一种催化剂，可以使能力倍增。

优势教育中，父母要发现的就是孩子的天赋，即表现优势，它可能决定着孩子的未来。如果孩子长大后真的能在有天赋的领域发展，有悟性、有兴趣还有能力，就可以帮他在这个行业内走得很远。就算孩子未来不从事这个领域，培养起来的表现优势也会成为他一生的财富。在当今快速发展的时代中，有时候多出的一项特长，就可能是孩子脱颖而出的关键。即便不看成就，任何一个领域的发展都可能成为孩子学习之余的爱好，让他的生活充满更多色彩和可能性。所以，家长们发现孩子的天赋是第一步，把天赋培养成能力是第二步，激发孩子的兴趣，能够持之以恒地坚持下去是第三步。

第二类是品格优势。比如懂礼貌，有爱心，正义感强。我们会发现，有些孩子根本不用教就特别懂礼貌，路上遇见人了就笑，还会甜甜地说："叔叔阿姨好。"还有些孩子很有爱心，看到有人需要他就想要去帮忙，根本不是父母教出来的，他们天生同理心就比较强，善于换位思考，有爱心和正义感。这些都叫品格优势。

第三种是性格优势。这一点经常会被父母忽略，因为表现优势和品格优势比如唱歌、画画、懂礼貌，这些都是很显性的，但是性格优势需要父母有更多的知识和觉察力。比如好奇心强，乐观积极，行动力强，等等，这些就是属于孩子性格上的优势。如果对大六人格理论有一定了解，判断孩子的性格优势还是比较简单的。可以看到，在大六人格性格卡牌的两边有箭头，箭头往上代表是优势，箭头往下代表是劣势。在孩子摆完自己的性格特点之后，家长可以通过箭头观察一下，看看孩子有哪些箭头向上的优势牌。

二、性格优势教育

有效的教育正是建立在大六人格与积极心理学的基础之上，其能够挖掘孩子的天赋潜能，培养孩子的性格优势，真正释放孩子的天性。这样的教育才能成就孩子快乐与成功的人生，活出真实的自己。接下来我们就来具体看看，如何根据大六人格认识孩子的性格优势，以及如何培养孩子的性格优势。

1. 大六人格与性格优势

"快乐我"："快乐我"的孩子是最活泼的孩子，他们浪漫天真，活泼可爱，容易忘记不开心的事情。他们往往乐观积极，会成为团队里的开心果。他们善于活跃气氛，喜欢社交，这些都是他们优势的体现。虽然他们往往有难以坚持的问题，但在感兴趣的事情上，他们是可以变得很坚韧且充满行动力的，也可以做得很好。

"敏感我"："敏感我"是最贴心的孩子。他们情感细腻，善于照顾他人，从小就懂得帮父母分担家务，也会帮助老师带领班级。

"完美我"："完美我"是最自律的孩子。在所有的孩子当中，他们在学习上是最不用父母操心的，对自己要求很高，非常注重规则和细节，追求完美，但有时也会被这些规则束缚，想得太多。

"和谐我"："和谐我"是最听话的孩子。他们听话懂事，对父母很顺从。而且情绪稳定，很少会和父母对抗。

"现实我"："现实我"是最要强的孩子。对于他们来说，人生没有失败，只有暂时的不成功。"现实我"的孩子内心强大，敢于冒险，面对权威也敢于挑战。

"权威我"："权威我"是最自我的孩子。虽然看起来攻击性很强，但仗义执言、敢于见义勇为的也往往是"权威我"的孩子。他们富有正义感，也有捍卫自己权利的勇气。

有的父母可能想问：孩子有几种不同的人格怎么办？其实这很正常，我们每个人都有多种甚至六种人格。重要的是我们要去发现孩子的特长，发挥他存在的各种人格的性格优势，也就是找到箭头向上的人格卡牌。另外，人们在不同的情况下展现的人格特点也是不同的。比如工作时可能会展现"完美我""追求完美"的特点，但回到家面对孩子和爱人，又会有"喜欢分享"的"快乐我"特点。所以对于孩子的多种人格特点，父母可以引导孩子在不同的情况下有不同的偏重，什么人格最适合就发挥什么人格的特点。

2. 性格优势教育的重要性

为什么如此强调性格优势教育呢？我们可以一起感受下性格优势在成功中扮演的重要角色：

如果爱因斯坦没有好奇心……

如果创业者没有越挫越勇……

如果心理医生没有同理心……

在这些场景中，如果他们失去了这些性格特点，还会有我们看到的那些成就吗？对于大多数成功的企业家而言，越挫越勇就是很宝贵的性格优势。如果孩子摔倒了以后，他自己就站起来拍身上的尘土继续前进，或是在经历了挫折以后，不是一蹶不振，而是暗自下定决心"我一定要变得更强"，那说明你的孩子拥有成为企业家必备的性格优势。

如果你的孩子好奇心非常强，喜欢问为什么，而且喜欢研究，喜欢拆家里的小东西，比如遥控器和玩具等，那他未来可以从事科研方向，可能成为一名工程师或科学家。因为他拥有"充满好奇心""敢于探索"这些性格优势。

很多职业都是和性格优势密切相关的。比如一个销售员没有了激情，是很难在职业道路上走远的；会计如果不追求完美，粗心大意总是出差错，职业生涯肯定会有问题；领导者如果没有魄力，很多事情可能都无法及时决策而错失机会。

所以父母需要找到孩子的性格优势在哪里，方法就是对照大六人格性格卡牌：

练习：找到孩子的性格优势

1. 拿出卡牌，对照卡牌和孩子查看是否有卡牌中的性格特点,并根据孩子的举例判断这是否属于孩子的性格。

问题范例:"你觉得自己有没有＿＿＿＿＿＿(性格特点名称)呢?""在哪些事情上你是这样的呢,可以说说看吗?"

2. 如果孩子拥有卡牌两边箭头向上的性格特点,记录下来,这就是孩子的性格优势之一。

孩子的性格优势:＿＿＿＿＿＿＿＿＿＿＿＿＿＿＿＿＿＿
＿＿＿＿＿＿＿＿＿＿＿＿＿＿＿＿＿＿＿＿＿＿＿＿

举例:越挫越勇。父母可以询问:"宝贝,你觉得你有没有越挫越勇的特点?"如果孩子说有,父母可以请孩子举例。如果孩子在很多事情上都可以做到越挫越勇,那么这个可以判定为孩子的性格优势。

这里有一个点需要注意区分,叫作行为和性格的区分。如果孩子说自己越挫越勇,因为之前摔倒了没有哭,自己爬起来了,这只是偶尔一次的行为,不足以说明他拥有这个性格特点。而性格是稳定持久的,如果他能够说出在生活上、学习上的不同例证,就可以作为判断依据。比如他在学习中没有考好,他会告诉自己:下一次一定要更好,越挫越勇;被老师批评了,他想:我要争取表现得更好,越挫越勇;参加比赛失败了,他发愤地想:下一次再参加,我会比这次更好。这个就是越挫越勇的性格品质。总的来说,性格是更广泛的,往往表现在生活的各个方面。而如果只是偶尔出现的行为,更有可能是特定环境、对象带来的结果,而不是性格的影响。举例来说,如果孩子只对你的情绪变化非常敏感,很体贴爸爸或者妈妈的心情，但对其他人都没有，这可能就不是"情感细腻"的性格优势，而是亲子关系的结果。因为和父母感情很好，所以很在意你们的心情，而不是他的性格如此。性格优势不是体现在某件事情、某个领域当中，而是存在于很多方面。如果一个孩子有"追求完美"的性格，就不会只是在数学成绩上面追求完美，而是在所有事情上都是如此。所以说性格是持久、稳定的。但这不是说性格不可改变，只不过改变是需要修炼和自发调整的，不会和行为一样可以快速地切换。

为了发现性格优势，父母要学会多去观察孩子。不要只从孩子和自己的相处中观察，而是要更多地去了解他和朋友、同学、老师相处时的表现。

3. 性格优势教育基本理念

在了解性格优势教育的重要性之后，我们来简单了解下性格优势教育中的基本理念，为之后发现及培养孩子的性格优势打好基础。

第一，每一个孩子都是天才，都渴望成为优秀的孩子。就像之前提到的，每一个孩子都有自己的优势，重要的是父母需要去发现它，并且给孩子提供探索的机会。当父母认可、赞美孩子的优势时，往往会发现孩子自己就会行动起来，去主动学习。因为孩子也是希望被认可的，都渴望能够在被肯定中变得优秀。

第二，行为背后有动机，动机背后有需求。孩子的每一次行为都不会是毫无理由的。这也就是为什么孩子身上出现的问题，也许是父母更好地了解孩子的机会。

比如小时候很喜欢和父母分享的孩子，寄宿后经常"报喜不报忧",最后出现心理问题时父母才知道孩子很多事情都不说。这种"报喜不报忧"的行为背后是否隐藏着什么需求呢？是不是父母曾在孩子的倾诉中表现得急躁、不耐烦，还是说过"想这么多做什么，你只要管好学习就行了"类似的话。那么在孩子的沉默背后隐藏着的，就是对父母关注、倾听的需要。

第三，童年未被满足的心理营养，孩子将用一生去补偿。有一句话叫作：幸福的人用童年治愈一生，不幸的人用一生去治愈童年。童年正是孩子精神能量补足的关键时期。如果一个孩子的精神能量空缺了，那么后续的能力提升，行为、环境改变都很难帮助他构建起健康的心理状态。如果一个孩子没能在童年时感受到爱，长大后又怎么能够说服自己，认为自己是值得被爱的呢？这也是优势教育重要的原因所在。作为孩子成长中的关键人物，父母如果能看见孩子的优势，肯定孩子的长处，孩子能获得的心理营养将是不可估量的。

第四，方法总比问题多，关注解决方法而非问题。孩子肯定有缺点，但我们的目标不是改造出一个完美的孩子，而是帮助孩子用自己的方式成长。有的家长可能有疑问："性格优势教育强调发挥优势，而孩子本来就有短处，如果短处出现问题了怎么办？"这就需要具体问题具体分析了。如果孩子的问题很严重，比如网瘾、厌学等等，那首要目标自然是解决问题。但如果孩子的问题在正常范围内，父母的重点应该放在帮助孩子调整具体的行为上，就事论事地解决问题。性格是稳定持久的，但具体情况下的行为我们可以帮助孩子去调整和适应。

有一句古话叫作："海与山争水，海必得之。"大山宏伟，大海宽阔，各有各的优势和壮丽风景。但水往低处流，大海又是海水天然的汇集之处，山海争夺水，必然是有天然优势的海胜利。在孩子成长的过程中，我们也正是要去发现他们的独特优势，帮助孩子走在自己的"天时、地利、人和"之中，成就孩子的一生。

第二课 0~18岁人格发展规律

现在许多家长感到非常焦虑，这种焦虑主要源自两个问题：一是对自己的孩子了解不足；二是对孩子的发展规律理解不深。当孩子出现问题时，他们往往只是解决表面的问题，而不是从更高的角度去理解和处理问题。尤其是许多所谓的"问题"只不过是孩子成长的正常阶段或者是性格的表现，比如一岁左右的孩子开始认生，或者两三岁时突然变得叛逆、不爱说话、不愿意与人交往等等。每个父母都希望自己的孩子成长为一个全面发展的人，但是如果父母不了解儿童的发展规律，又如何能够培养出这样的孩子呢？

如果我们能清楚地知道每个成长阶段孩子最需要的是什么，就能在关键时刻做好关键的事情，对其他的事情不过于苛求，那么养育孩子就不会有太大的问题，自然也就不会感到那么焦虑了。接下来我们一起学习和了解孩子的性格，并学会用全面的发展的眼光看待他们。

一、正确认识大六人格

1. 为什么要了解孩子的性格

性格是一个人对现实的稳定态度和习惯化行为方式的表现，是人的个性特征。我们经常听到这么一句话：性格决定命运。这意味着孩子的性格在很大程度上影响他的成长和发展，决定他的命运走向。

例如，一个积极乐观、抗挫力强的孩子，往往信念更坚定，即使在艰难的环境中，也能看到希望和美好。而一个消极的、自怨自艾的孩子，往往容易贬低自己，看到的都是阴暗面，缺乏积极向上的斗志。

打个比方，一个孩子长大后想要创业，如果他没有越挫越勇的心态，他的创业就不可能成功。因为创业不可能一帆风顺，会经历很多的风雨挫折，用什么样的心态和行动去应对这些挫折，是跟从小养成的性格相关的。

再比如，如今一线城市的离婚率非常高。而据统计，70%的离婚夫妇表示他们离婚的原因是性格不合。

因此，性格不仅决定我们的事业，也决定我们的婚姻。更重要的是，性格决定我们的人生态度，决定我们的人生观、世界观和价值观，决定我们在生活中的每一言每一行。性格的重要性不言而喻，但很多家长并没有真正系统地了解过性格。

我们常常认为性格与自己一样的就是正常的，与自己不一样的就是异常的。这会导致我们无法接受与自己性格不同的孩子。如果家长的性格比较急躁、行动力强，他就可能无法接受性格慢条斯理、拖延散漫的孩子；如果家长注重细节，追求完美，他就可能无法接受孩子粗心大意、半途而废；如果家长性格冲动易怒，喜欢批判指责，他就可能无法接受孩子反抗。

所以性格也决定了我们如何教育孩子。我曾经在北京卫视的节目《我是演说家》中作过一次演讲，主题是"别把问题当问题"，谈到了许多父母把孩子的内向误认为是抑郁、自闭，把孩子的活泼、冲动、叛逆误认为是多动症。很多时候，由于对性格的理解不足，我们会错误地给孩子贴上一个标签，误以为孩子有问题，误以为孩子这样是不对的，从而导致教育出现问题。

每个孩子的性格都是独一无二的，如果只从自己的性格出发去教育孩子，就会导致各种冲突和矛盾。所以，我们应该学会理解和接受孩子的性格，像孔子所说的那样，因材施教。而要做到这一点，我们首先需要了解孩子的性格。

2. 了解孩子性格的途径

我曾在央视《挑战不可能》节目中成功完成了"金婚夫妻配对"挑战，在无法看到丈夫的相貌，也听不到他的声音的情况下，仅通过对夫妻双方的心理提问和行为分析，将三对夫妻准确配对。

我推测的依据是什么呢？其实就是一些外显的行为、情绪和面部表情等因素，因为虽然人的性格是内在的，但它却可以通过我们的行为、面部表情、动作、语言等外在形式呈现出来。

您可以尝试做个小练习，试着皱皱眉头，如果身边有镜子，可以照一照。有的人可能在被要求皱眉时，发现自己并不知道怎样去皱眉，或者即使皱起眉头，眉间的皱纹也不深。这可能代表他的内心非常宽广，不会去过度思考事情，他可能只需要一张床，躺下就能立刻入睡。然而，也有人即使没有皱眉，眉间的皱纹依然很深，这可能代表他经常皱眉思考，可能会给人一种距离感。

那么，我们怎样才能真正读懂自己的孩子，了解孩子的性格呢？有两种途径，第一种途径是通过观察孩子的外显行为和情绪，例如孩子说话的音量，他与朋友的互动是主动的还是被动的，他是羞涩的还是大方的等等。第二种途径是通过我独创的大六人格理论。

我们前面提到过大六人格，这是一个建立在人格心理学基础之上的理论，确定了六种常见的人格类型，即快乐我、敏感我、完美我、现实我、权威我和和谐我。这里再为大家简要介绍一下这六大人格。

（1）快乐我

如果你发现你的孩子"人来疯"，朋友多，思维跳跃，说话时手舞足蹈，脑袋里有不少"坏"点子，做事三分钟热度，喜欢创造快乐，那你的孩子可能就是"快乐我"。

（2）敏感我

如果你的孩子特别贴心，观察能力强，与别人相处时能站在对方的立场上思考问题，同时也会过分解读或在意别人无意间的话，把别人随意开的玩笑当真，对并不存在的危险环境过分警觉。那他可能是一个敏感我的孩子。

（3）现实我

如果你的孩子爱面子，渴望赢，目标性强，知道学习是为了自己，一旦有了目标就会废寝忘食，喜欢证明自己，喜欢大家的目光聚焦在自己身上，那他可能是一个现实我的孩子。

（4）权威我

如果你的孩子从小就是"大哥大""大姐大"，豪爽直接，喜欢发号施令，让大家都听他的，那他可能就是一个权威我的孩子。

（5）和谐我

如果你孩子的口头禅是"你说得对！""我觉得很好！""都可以啊！"，平常特别"佛系"，经常扮演和事佬的角色，不喜欢面对冲突，喜欢慢条斯理的生活，那他很有可能是和谐我的孩子。

（6）完美我

如果你的孩子做事特别细心，写作业没写好就要擦除重写，挤牙膏一定要从牙膏的末端开始，连牙刷杯子的位置都要固定，否则就会不舒服，那他很有可能就是完美我的孩子。

3. 大六人格与其他性格学说的区别

很多人应该都听过性格分析的理论，比如九型人格、性格色彩以及现在很火的 MBTI（迈尔斯 - 布里格斯类型指标）测试。那么，大六人格和其他性格分析理论的区别在哪里？

第一个区别在于，我们不会用大六人格把人分为三六九等。像九型人格会有一号到九号，性格色彩会有蓝色、红色、黄色、绿色等，都有明确的性格区分。这些性格理论会判断你是属于什么类型，比如说会描述你是一号加三号人格，或者是黄色性格。但大六人格不会直接一刀切，认为你就是某一种或两种性格，而是认为每个人身上都有着六个人格，在某些时候，某些地方，面对某些人，做某些事，你可能会展现出一种性格，但在其他情况下，你可能会展现出另一种性格。比如，你的孩子在学习时可能展现出快乐我的性格特点，在面对父亲时可能会展现出权威我的性格，在面对母亲时可能会展现出快乐我的性格。

大六人格没有给人贴上某一个标签，而是描述你在什么时候，面对什么人，做什么事时，可能会展现出哪种性格。这样可以更加客观、直接、准确地认识我们的孩子。

心理学上有一种效应，叫作自证预言，是指人们会不自觉地按已知的预言来行事，最终让预言成真。简单来说，我先假定了一个事情的结果，然后我会找证据来证明我是对的。打个比方，你认为你的孩子是一个敏感我的孩子，敏感我很容易受伤、安全感缺失，然后你会找到无数的事实来证明他是敏感我，渐渐地，你会发现孩子好像确实越来越敏感了。

我们为什么不能真正地读懂孩子、理解孩子，因为我们没有发现孩子在不同的时候、不同的地方、面对不同的人，会有不同的行为，所以我们会发现好像怎么看他都看不懂。所以，我常说读懂陌生人最容易，读懂自己越熟悉越亲密的人则很难。

第二个区别，大六人格不仅关注现在的你，还关注你的过去和将来。它试图探究你是如何从过去变成现在的，你又将如何从现在发展到未来。就好像哲学的三大命题：你是谁？你从哪里来？你将去往何方？九型人格和性格色彩理论主要关注的是现在的你，而大六人格关注的是人的一生的发展规律，关注你一生的变化和能力。

从心理学角度来说，我们把人格分为先天气质和后天性格。人的气质是先天的，与生俱来且很难改变。而性格是后天养成的，是成长过程中塑造的结果。例如，一个孩子的先天气质比较随意，喜欢分享，做事有头无尾，但他的家庭环境可能是非常守旧且刻板，规则意识很强，这种环境的影响下，这个孩子就可能会形成完美我的性格。这个完美我的性格不是他与生俱来的特质，而是后天形成的。因此，性格并不是一成不变的，父母需要顺应孩子的气质特点，寻找适合的养育方式。

如果教育和引导不当，可能会使孩子形成不良的性格特征。例如，情绪反应激烈的孩子，如果教育不当，可能会形成脾气暴躁的性格。顺从、平和的孩子如果引导不好，可能会形成懦弱的性格。

大六人格的目标是让大家明白，人与人是不同的，孩子与孩子也是不同的。由于人格类型的不同，父母可以因材施教，发挥各自性格的优势，培养出优秀的孩子。每个孩子都是独特的，每对亲子搭档也是独特的。找到亲子间最好的组合方式，按照孩子的气质，而非你的需求，来调整亲子间的关系。

二、0~18岁人格发展规律

一个人从出生到18岁会经历婴儿期、儿童期以及青春期几个主要阶段。这期间，孩子每天都在不断地发展和变化，身体在成长，心智在成熟，认知在提升，人格在完善。如果我们想要更好地与孩子相处，那么理解他们的发展过程就变得非常重要。

从出生到18岁，是一个人心理发展的关键阶段，遗传基因和环境的相互作用在这个阶段中决定了一个人的心理特性。

1. 0~2岁人格启蒙期

心理学上有一个概念叫作"童年失忆症"，指的是人类通常无法记住自己在2岁之前的事情。所以，这个阶段也被视为人格启蒙期，孩子的认知在这个阶段非常易于受到外界的引导，他们的大脑在这个阶段就像一张白纸，极易被外部世界染色。在这个阶段，父母的行为和情绪会对孩子产生重要影响。例如，如果父母经常吵架，尽管孩子可能并不明白他们为何要争吵，也搞不清是非对错，但是他们能够感受到父母的情绪并被其影响，这就是心理学上著名的"静止脸实验"所阐释的现象。

> 静止脸实验由爱德华·特罗尼克教授及其研究小组在20世纪70年代进行。研究的主要目的是探索母亲对孩子的情感回应模式对孩子情感认知发展和亲子依恋模式的影响。在这个实验中，妈妈和孩子开始正常互动，妈妈对孩子的反应给予热情的

回应。然后，妈妈开始改变表情，由热情的回应变为面无表情。无论孩子做何反应，妈妈的面部表情都保持静止、空洞、无变化。在短短 3 分钟时间里，孩子尝试了各种方法，如笑、指向远处、挥舞胳膊、大叫、哭闹，试图引起妈妈的关注和回应。在反复尝试失败后，孩子的表情开始变得无助、游离和痛苦。然而，当妈妈恢复正常状态时，孩子的情绪也很快恢复。

根据心理学家爱利克·埃里克森的人格发展理论，每个人在成长的不同阶段都会经历一些冲突，并需要完成不同的心理任务。如果他们能够积极地解决这些冲突，就更可能发展出健康的人格。

在出生后的第一年，需要解决的冲突是"基本信任"与"基本不信任"。这是孩子对其主要照顾者产生信任感或不信任感的关键阶段，也是安全感建立的关键期。对于新生儿来说，这个世界对他们来说都是新鲜的，他们很可能会感到害怕。但是，如果他们能够把父母当作自己的安全基地，知道一旦自己感到害怕，就可以跑到父母身边寻求安慰和支持，那么他们就会感到周围的人是可以信任的，并能由此扩展为对一般人的信任。

因此，在 0～2 岁期间，孩子的重要社会心理任务是建立与主要照顾者的信任关系。在这个阶段，孩子需要完全依赖母亲。如果母亲对孩子的需求比较敏感，能够有规律地、及时地满足孩子的需要，孩子就会对母亲产生基本的信任感，建立起对母亲的安全依恋。当孩子有了对母亲的安全依恋，母亲就成为他们探索世界的强大后盾，他们就会展现出更多的积极表现。

根据大六人格学说，我们可以将婴儿分为六种气质类型：

如果宝宝的典型特征是乐群性，非常热情、快乐，会很快喜欢上自己遇到的陌生人，而且很快就和这些人成了朋友。当人们冲他们做鬼脸的时候，他们会笑得前仰后合，十分开心，那么这类宝宝可能就是"快乐我"。

如果宝宝的典型特点是敏感性，与"快乐我"相反，他们非常敏感，比较害怕陌生人，抱一下可能就会哭，只黏自己的母亲。那么这类宝宝可能就是"敏感我"。

如果宝宝的典型特点是自律性，规则意识非常强，几点起床，几点睡觉，该干什么，都像有生物钟一样，严格执行。那么这类宝宝可能就是"完美我"。

如果宝宝的典型特点是稳定性，情绪很稳定，行为很稳定，非常乖巧，父母给他拿个玩具，他可以玩一整天。那么这类宝宝可能就是"和谐我"。

如果宝宝的典型特点是独立性，到一个陌生的地方，能很快地融入这个环境，不恐惧，不害怕。那么这类宝宝可能就是"现实我"。

如果宝宝的典型特点是兴奋性，精力特别充沛，一天只需要睡几个小时，一哭起来"惊天动地"，精神特别亢奋。那么这类宝宝可能就是"权威我"。

0～2岁人格特点	
快乐我	好奇心强、情绪多变、注意力容易被转移、开心
敏感我	特别需要陪伴、害羞、依赖性强、爱哭、猜不透
完美我	生活规律、安静、看上去带有忧郁气质、专注
和谐我	乖巧、满足、反应缓慢、适应能力强、易被安慰
现实我	独立、意志坚强、漠不关心、天生就具有冒险精神
权威我	哭闹不止、大叫引起家长注意、精力充沛、掌控性强

通过观察和理解这些特点，父母和照顾者可以更好地理解婴儿的需要，以及如何最有效地满足这些需要。每个孩子都是独一无二的，他们在成长过程中会展现出各种不同的人格特点。记住，没有哪一个人格类型是"好"或"坏"的，每种人格类型都有其独特的优点和劣势。重要的是学会欣赏和鼓励每个孩子的独特性，而不是试图改变他们。

2.3～6岁人格的形成期

中国有句俗话叫"三岁看大，七岁看老"，意思是在小孩三岁时，可看出其长大后的心理、性格等；在孩子七岁时，可看出其一生的发展状况。美国心理学家布鲁姆对孩子智力的研究也证明了这一观点。如果将一个人 17 岁时达到的智力水平视为 100%，那么在 4 岁时他已经达到了 50%。

3～6 岁的孩子身心发展有以下特点：第一，五大天性（好吃、好动、好奇、好胜、好表现），这些都是"快乐我"的特点。第二，模仿能力强。许多父母会发现，这个阶段的孩子都是模仿高手，他们会模仿大人的表情和动作，说同样的话。也会模仿动画片和故事中的角色的语言和行为，喜欢玩扮演游戏和假想游戏。这意味着在这个阶段，父母的性格很容易影响孩子的性格。第三，思维想象力丰富，经常有天马行空的创意和想法。第四，求知欲强，喜欢提问，兴趣广泛。第五，喜欢和其他小朋友一起玩，对社交的需求增加。

心理学家爱利克·埃里克森认为，学龄初期（约 3～6 岁）需要解决的冲突是主动性与内疚感。在这个阶段，家庭氛围、文化背景和父母的价值观对儿童的成长有重要影响。如果儿童的好奇心和主动性探索活动得到了大人的鼓励和回应，有更多的机会参加各种活动，儿童就会感到愉快，主动性也会得到进一步发展，自主意识更强，更积极地探索周围的环境，以自己认为有效的方式行事，使自己的潜在能力得以发挥。

同时，这一时期随着孩子语言技能的迅速发展，他一方面通过语言探索获取新知识，另一方面也刺激了他的沟通意识或主动沟通的能力。因此，他们的行为主动性也随之提高。

相反，如果父母对儿童的主动性采取否定、压制的态度，对孩子的自我创造、想象等进行挖苦、嘲笑甚至辱骂，就会使他们认为自己的游戏是不好的，自己提出的问题是笨拙的，致使儿童产生内疚感、挫败感甚至罪恶感。长此以往，他们就更倾向于生活在别人为他们安排好的狭隘的圈子里，追求一种循规蹈矩的生活。

如果用大六人格来阐释这一阶段的孩子的特点，表现如下：

快乐我：乐群、三分钟热度、不懂遵守规则、话痨、爱炫耀。

我的女儿就是一个很典型的"快乐我"。在她3～6岁这个阶段，她想尝试画画、弹钢琴与古筝，但每种都是练了几节课就放弃了。我告诉她："我允许你尝试，也不会要求你必须坚持。"在尝试了20多个兴趣班之后，她选择了舞蹈并坚持了下来。现在，她一周上几次舞蹈课，周末有时全天上课，但是她很开心。因此，对于孩子上兴趣班这个问题，我的建议是在孩子3～6岁时允许孩子尽可能多地尝试、犯错、体验，甚至放弃。但7岁之后，要培养孩子的现实性，要么不做，要做就要坚持，不达目的不罢休。

敏感我：内向、对环境敏感、安静、害羞、不易表达情绪、性格脆弱。

特别需要注意的是，3～6岁的"敏感我"类型的孩子通常不容易表达自己的情绪，家长需要学会帮助孩子表达情绪，最好的方法就是与孩子分享你的情绪和感受，给孩子做示范。例如，如果你今天工作压力大、心情不好，你可以告诉你的孩子；如果与另一半发生争吵，也可以跟孩子聊一聊。不管是开心的还是不开心的，都可以拿出来说一说，让孩子知道表达自己的情绪没有错，表达本身就是疏解情绪的方法。

完美我：高要求、严肃、坚持、有耐心、喜欢安静的手工活动或阅读。

"完美我"类型的孩子对自己要求较高。比如搭积木时，完美我的孩子会要求搭出来的积木在各个角度都线条笔直，若有一点偏差，他们就会拆掉重来。父母此时无需干涉，这就是完美我的特点，它会让孩子做任何事情都仔细、认真、严谨。父母需要做的，就是适时开导孩子，让孩子不要陷入精神内耗。

和谐我：包容、易取悦、不给人添麻烦、动作缓慢、较安静。

3～6岁的"和谐我"类型的孩子可能有拖延行为。有些父母喜欢催促孩子，但频繁的催促可能会导致孩子更加拖延和缺乏主见。面对这类孩子，父母需要退居二线，以鼓励孩子独立。父母包办得越多，孩子的依赖性就越强，成长得就越慢。

现实我：早熟、大胆、目的明确、照顾弱小、生气时难以转移注意力。

3～6岁的"现实我"型孩子展现出了早熟的特质，我建议父母在陪伴他们的时候，尽可能多带他们去体验不同的事物，多与他们进行角色扮演游戏，比如职业模拟游戏，让孩子扮演医生，父母扮演患者。让他们与现实世界产生更多的连接。

权威我：精力旺盛、动作敏捷、脾气急躁、对抗、性急、不考虑后果。

3～6岁的"权威我"型孩子相对于其他孩子来说可能会更有反抗性，如果你责骂他们，他们可能会反驳你，如果你打他们，他们可能会还击，这让父母感到非常头疼。因此，面对这类孩子，家长需要尊重他们，并适当地让他们参与家庭事务，增强他们的责任感。

3.7 ~ 11岁人格的逐步定型期

7 ~ 11岁的儿童个性特征开始明显表现，最突出的是儿童自我意识的发展。这一阶段的儿童都应在学校接受教育，属于个体学龄期。爱利克·埃里克森认为此时儿童主要的发展任务是获得勤奋感和克服自卑感。当他们顺利完成学习课程，就会获得勤奋感，这使他们在今后的独立生活和承担任务中充满信心。

7 ~ 11岁婴儿期的人格特点	
快乐我	易被影响的、充满热情的、受挫后容易恢复的、单纯无邪的
敏感我	腼腆的、有艺术天赋的、喜欢抱怨的、敏感的、消极悲观的
完美我	道德感强的、有责任感的、值得信任的、完美主义者
和谐我	默不作声的、袖手旁观的、简单随意的、富有耐心的、宽容的

续表

7～11岁婴儿期的人格特点	
现实我	锲而不舍的、努力的、敢于冒险的、独立性强的、敢说敢做的
权威我	容易烦躁不安的、竞争性强的、武断的性格冲动的、爱争辩的

4. 12～18岁人格定型期

在12～18岁的人格定型期，孩子们的问题可能会变得越来越复杂，许多问题常常在这一阶段凸显出来。这个阶段的第一个特点是孩子们处在自由与控制、反抗与依赖的矛盾之中。他们依赖父母，但又想反抗父母。在这个阶段，亲子关系的重要性超过一切。如果亲子关系受损，孩子成为问题少年的可能性会增大。如果亲子关系良好，孩子的总体发展方向通常会更好。

第二个特点是闭锁性和开放性。闭锁性指的是孩子会有自己的隐私，有许多秘密，很多事情都不愿意跟父母分享。开放性则指他们对其他人比如同学、朋友更加开放。当孩子对父母的闭锁性增强时，相对应，他们对异性的开放性可能就会增强，这可能导致更容易发生早恋。

第三个特征是勇敢与懦弱。在这个阶段，孩子开始进入青春期，他们渴望挑战，但又会感到恐惧。此时父亲的角色变得尤为重要，孩子需要父亲的引领和陪伴，父亲象征着外部世界，象征着探索与挑战。父亲给予更多的陪伴，能让孩子更有勇气去面对困难，培养他们的抗挫力，提升他们的心理免疫力。允许孩子自由地探索，也允许孩子跌倒，并在他们失败的时候帮助他们重新站起来。这对他们的人生和未来都是非常有价值的。

第四个特征是高傲与自卑。青少年可能在内心觉得自己非常了不起，但骨子里又有自卑的成分，因此会产生一些内心的冲突。无论多么成功、多么自信的人，都有自卑的一面，但自信的人会忽略这一点，他们会将焦点放在自己关注的擅长的事情上。父母需要做的就是引导孩子做他们擅长的事情，发扬长处而非过分修补短处，让长处越来越明显，充分发挥自己的优势。

第五个特征是否定童年又眷恋童年。青少年一方面觉得自己已经长大了，会习惯性地否定自己的童年，对过去一切不成熟的痕迹进行否定。然而，他们内心深处却仍然怀念童年，怀念童年的无忧无虑和自由自在。

12 ~ 18 岁人格特点	
快乐我	善于交往、乐观、情绪化、兴趣导向、容易忘记不开心的事情
敏感我	对环境变化敏感、安全感缺失、情绪低落、不愿表达、容易疲劳

续表

12～18岁人格特点	
完美我	稳重、生活有规律、优柔寡断、专注、墨守成规、记忆力强
和谐我	利他、情绪稳定、富有耐心、善于倾听、反应迟钝、拖延
现实我	实干主义者、目标明确、善于解决问题、自信坦率、永不言败
权威我	冲动易怒、精力充沛、害怕失败、缺乏耐心、充满竞争意识

在这个阶段，父母的角色非常重要。他们需要理解和接受孩子的成长，尊重他们的主体性，同时也要保持与他们的亲密关系。对于孩子来说，他们需要的是理解、耐心和引导，这样他们才能成功地度过这个关键的成长阶段，变得更加成熟和独立。

了解0～18岁的人格发展规律，可以帮助我们以一个动态发展的眼光来看待孩子。举例来说，如果一个孩子在3～6岁时非常快乐、善于交际，但从7岁开始变得越来越沉默寡言，就需要引起警惕，说明孩子人格发展的曲线发生了巨大的变化，需要父母去寻找原因，及时干预。

如果孩子天生就是一个敏感且不爱说话的人,并且现在仍然如此,这说明他的发展是一致的,没有问题。在这种情况下,作为父母,我们需要慢慢将孩子向完美我引导,帮助他将那种敏感、爱思考的特质转化为生产力。

每个孩子的性格都是独一无二的,他们的性格可能并不是一成不变的。个体差异意味着没有一种养育或教育方式能适合所有的儿童。只有当我们理解孩子 0~18 岁的人格发展规律,了解孩子的人格变化,我们才能真正实现因材施教,发挥每个孩子的优势,促进儿童个性化的发展。

在这个过程中,我们需要耐心和爱心,需要用开放和接纳的心态去对待孩子的每一次变化,去鼓励他们挑战自我,去支持他们追求自己的梦想。我们的目标不仅仅是教育孩子,更重要的是,我们要和孩子一起成长,一起学习,一起走过这段美好而又充满挑战的成长之旅。

第三课　大六人格性格卡牌读懂孩子

很多父母都在感叹越来越不懂孩子，越来越难管教孩子。尽管阅读了大量的育儿书籍，学习了许多育儿理论，但面对孩子的问题时，仍然感到无所适从。

因此这一课里，我向大家介绍一套非常实用的工具——基于大六人格理论研发的性格卡牌，帮助父母来读懂孩子。

一、大六人格性格卡牌的价值与使用规则

大六人格性格卡牌应用在家庭教育上，有以下几点作用：

一是读懂孩子，了解孩子。

二是开启潜意识：卡牌作为心灵的镜子，可以映射自己和孩子的内心。

三是心理评估：通过卡牌我们能够了解孩子的性格优势、精神需求、心理冲突等，能够对孩子进行系统的心理状态评估，甚至可以预测孩子的未来，激发孩子的潜能。

此外，大六人格性格卡牌也可以帮助我们了解自己和身边的人，协助调整人际关系，改善家庭和职场上的问题。

作为一套系统、完整、科学的卡牌工具，在使用过程中，有一些使用规则需要父母们了解。

第一：卡牌显示孩子有这种性格，但并不意味着孩子有这种性格的全部特点；

第二：卡牌没有对与错之分；

第三：卡牌没有好与坏之分；

第四：卡牌不涉及道德；

第五：卡牌分析不能脱离当事人本人。

人格理论有一个重要的原则，即人格本身并无好坏之分。大六人格性格卡牌也遵循这一原则，没有对错和好坏之分。人格卡牌旨在帮助我们了解孩子的人格特点和类型，明白每个人都是独一无二的，每个孩子也都是不同的。当父母能够更好地读懂孩子，明白孩子的人格特点和天赋所在，就可以因材施教，发挥孩子的性格优势，培育出优秀的孩子。

二、大六人格性格卡牌的玩法

那这套人格卡牌我们应该如何使用呢？

大六人格性格卡牌一共30张，快乐我、完美我、敏感我、和谐我、现实我、权威我各5张牌，每张卡牌是一种人格有代表性的性格特点，每种人格对应一种颜色：红色（快乐我）、蓝色（完美我）、灰色（敏感我）、紫色（和谐我）、黄色（现实我）、棕色（权威我）。

我们可以找出跟孩子有关的卡牌，按照符合程度排成3排，每排 5 张。

第一排为孩子最符合的行为特质，就是面对很多人、很多事都会有的。

第二排为比较符合的行为特质，就是面对较多的人、较多的事会出现的行为特质。

第三排为有些符合的行为特质。就是面对有些人、有些事会出现的行为特质。

其他很少出现或未曾出现过的放在一边。

卡牌读懂孩子					
最符合 X5					
比较符合 X3					
有些符合 X1					

例如，有个孩子展现出了"快乐我"的特质，她非常喜欢分享，无论是在家里、学校，还是在外面和陌生人。因此，我们可以把"心里有想法喜欢分享"的卡牌放在第一排，因为它最符合孩子的行为特质。

如果这个孩子在家里的情绪波动较大，一会儿生气一会儿笑，但在学校却不表现出这样的行为，那么"情绪化"的卡牌就可以放在第二排，因为它较符合孩子在特定环境下的行为特质。

比如，这个孩子特别喜欢画画，在画画时会表现出强烈的好胜心，不希望别人的画超过自己，但在其他方面，无论是学习还是玩耍，都表现得相对冷静、淡定。那这种情况可以看作部分符合的行为特质，因为它只在特定的情况下（如面对特定的人或事）才会出现。因此，我们可以把这个特质放在第三排。

根据所摆出的性格卡牌，按第一排记 5 分，第二排记 3 分，第三排记 1 分的规则累加计分，算出每种人格的得分。

最符合 X5	心态平和	心里有想法喜欢分享	容易忘记不开心的事	粗心大意	难以坚持
比较符合 X3	情感细腻	缺乏安全感	情绪化	难以拒绝	仗义执言
有些符合 X1	内心保守	觉察力强	好胜心强	低调内敛	抱怨指责

例如，上表中"快乐我"（红色）卡牌第一排有四张，第二排有一张，那"快乐我"（红色）= 4×5 + 3 = 23 分。"敏感我"（灰色）卡牌第一排没有，第二排两张，第三排两张，那"敏感我"（灰色）= 2×3 + 2×1 = 8 分。其他人格也是同样算法，在此不再赘述了。

三、大六人格性格卡牌的解读

接下来我们该如何解读大六人格性格卡牌呢？可以借助大六人格六维分析系统进行分析。

1. 高低分维度

如果孩子的某个人格分数≥10分，那说明该人格特质显著，我们可以直接运用下面的人格特点进行正向解读，≤5分则反向解读。

（1）"快乐我"：高分组≥10分；低分组≤5分反向解读

①能在集体中和他人较好地相处，喜欢交朋友，引人注意；

②自愈力强，即使没考好也能很快从沮丧中恢复过来；

③心态乐观，很少感到紧张、焦虑；

④面对考试非常乐观积极，具有阿Q精神；

⑤创造力强，活力充沛，富有激情，善于变通，容易适应环境；

⑥兴趣广泛，做自己感兴趣的事情时动力充足，读书时容易出现偏科现象；

⑦做事时不拘小节，容易粗心大意；

⑧情绪化，情绪易受他人影响，心情起伏较大；

⑨面对枯燥的学习任务时，难以坚持，缺乏自律，容易逃避压力；

⑩注意力容易被分散，难以长时间集中。

（2）"敏感我"：高分组≥10分；低分组≤5分反向解读

①可能在某些科目、艺术上独具天赋，才思敏捷；

②观察能力较强，注意力集中，做事比较谨慎；

③在集体中表现得很安静、内向，更喜欢自己学习；

④情绪容易低落，持续时间较长，而且不容易恢复；

⑤经常沉溺在不开心的往事中；

⑥在学习或生活中出现问题时，比一般的人更容易感到苦恼；

⑦不擅长表达自己的情感和想法，容易对自己感到不自信，沉默寡言；

⑧面对将要到来的事情，会比别人更焦虑紧张；

⑨容易沉浸在自己的世界里，忽略当下要做的事情；

⑩过于焦虑时，想到或谈到考试会出现心跳加速、心慌气短、手心出汗等问题。

（3）"完美我"：高分组≥10分；低分组≤5分反向解读

①对自己要求严格，力求做得更好；

②追求公平公正，遵守规则；

③不能忍受自己犯错，会不断地调整改变；

④自律性强，喜欢为自己制订计划，按计划完成任务；

⑤能够长时间专注于学习，避免做一些浪费时间的事情；

⑥注意细节，在学习、做事时很认真仔细；

⑦低调内敛、不浮躁，不喜欢炫耀自己的成绩；

⑧有时候很固执，喜欢较劲，接受新事物的能力可能会弱一些；

⑨在陌生的环境中可能会感到不适，不喜欢环境被改变；

⑩时常被不满足感所催促，认为现在的自己还不够好，可能会给自己过多的压力。

（4）"和谐我"：高分组≥10分；低分组≤5分反向解读
①大多数情况下的心态都很平稳又平静；
②情绪不易受到他人和环境的影响；
③富有耐心，能按部就班完成任务；
④学习欠缺主动性，过于平和可能导致被动散漫；
⑤目标感较弱，安于现状；
⑥注意力不够集中，学习容易分心；
⑦在学习中，通常会避免困难或复杂的事情；
⑧不喜欢出风头，课堂上很少主动回答问题；
⑨在学习上可能存在拖延的问题，学习任务通常在最后时间节点完成；
⑩遇到学习方面的问题时，习惯于向老师或同学求助，缺乏主见。

（5）"现实我"：高分组≥10分；低分组≤5分反向解读
①希望自己大多数时候都能成绩优秀；
②把学习当成一种乐趣，能够随时随地进入学习状态；
③目标感强，注重学习效率，确定目标后会努力去实现；
④情绪一般较为稳定，沉着冷静；
⑤自信心强，相信自己的付出与努力；

⑥不畏困难，敢于接受挑战，能够迎难而上；

⑦不在意他人看法，不喜欢别人对自己正在做的事情泼冷水；

⑧心态乐观，不管遇到什么样的困难或挫折，都不会胆怯或退缩；

⑨自主性较强，独立性较强，不需要他人监督与催促；

⑩过于在意成绩，有时可能会把成绩当作成功的唯一标准。

（6）"权威我"：高分组≥10分；低分组≤5分反向解读

①希望自己在老师和同学心目中是非常厉害的存在，具有不服输的精神；

②内心强大，只要下定了决心，很少会被失败所打倒；

③能够为了自己想要的成绩而努力，需要得到他人的认可；

④当有明确的学习目标时，活力源源不断；

⑤容易指责抱怨，把失败归结为外部原因；

⑥讨厌被人质疑，喜欢以自己为标准；

⑦考试前可能会感到浮躁，比较容易被激怒；

⑧学习或考试时，容易受到他人或环境的干扰，并表现出攻击性；

⑨讨厌被别人纠正错误，不喜欢旁人指点或提醒，不善于自省；

⑩喜欢和他人作比较，有时不太能接受别人比自己好。

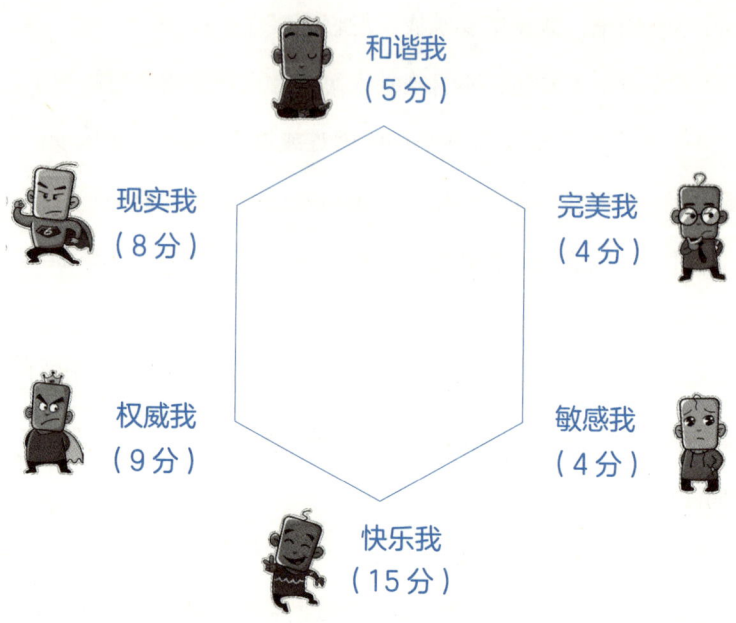

以上图为例,这个孩子的快乐我得分最高,有15分,那说明该孩子的主要人格是快乐我,有快乐我的典型特点,我们可以直接用快乐我的人格特点进行卡牌解析,如活泼开朗,积极乐观,喜欢分享美好的事物,创造力强,兴趣广泛,拥有丰富的想法和好奇心,容易适应环境……但情绪也易受外界影响,喜怒都写在脸上,面对枯燥的学习任务时,注意力容易被分散,难以坚持,缺乏自律,容易逃避压力,出现偏科的现象。

2. 内外向维度

我们还可以通过内向外维度,了解孩子是内向性格(指向主观内部世界)还是外向性格(指向客观外在世界)。

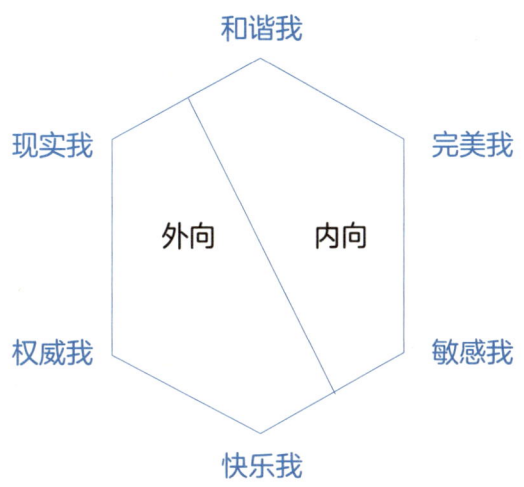

外向分是把"快乐我""权威我""现实我"的分数加起来，内向分则是把"敏感我""完美我""和谐我"的分数加起来。相加的分数大于 25 分才有意义，如达不到 25 分，则说明此人内、外向平衡，即时而外向，时而内向。可能在遇到熟悉的人或事时表现得相对外向，在遇到陌生的人或事时表现得相对内向。

	外向分 > 25 分	内向分 > 25 分
性格特点	生性活泼、精力旺盛、健谈、坦陈己见、自信大方、缺乏耐心、能说会道	情感细腻、温柔细心、能迅速觉察到他人的情绪和感受、非常具有同情心、优柔寡断、耐心闲适、善于倾听、生性矜持、谨言慎行

续表

	外向分 > 25 分	内向分 > 25 分
行为	积极主动参与集体活动、希望能被众人所关注到、能够轻松交到朋友、有一定的表现欲、敢于冒险、善做决断	喜欢独处、害怕被暴露在陌生的人群和陌生的环境中、比较被动、重情义、愿意牺牲与付出、避免风险
需要避免的问题	粗心大意、骄纵、冲动、莽撞	自卑、述情障碍、孤独、抑郁、焦虑

以上页图为例，把"敏感我"（11分）、"完美我"（10分）、"和谐我"（8分）加起来，一共是29分，即内向维度＞25分，那这个孩子可能性格安静、体贴、温柔、情感细腻，会换位思考。但同时需要注意的是，内向维度高分的孩子内心敏感，面对大人的批评指责，容易受伤，在意他人对自己的评价和看法，习惯压抑自己的情绪，一旦情绪无法消解，容易向内攻击，出现焦虑、抑郁、讨好型人格等问题。

3. 情绪稳定维度

想知道孩子情绪是否稳定，可以把"现实我""完美我""和谐我"的分数加起来，如果大于25分，那证明孩子情绪相对稳定，这并不意味着孩子没有情绪，只是反应程度较低，自我控制能力较强。如果是"快乐我""权威我""敏感我"的分数加起来大于25分，那可能孩子情绪起伏较大，容易被激怒，但情绪来得快去得也快。

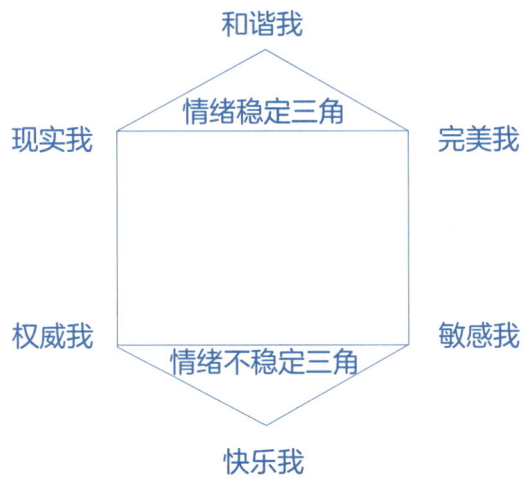

	情绪不稳定三角	情绪稳定三角
情绪	难以管理自己的情绪，易冲动，在意自己的感受，容易被一点小事点燃愤怒情绪，情绪起伏较大，自控力差，容易被外界左右	情绪稳定，适应性强，遇事冷静思考，不被周围人所影响，能够有条理地按照计划行事，很少发脾气
行为	行为上可能表现出一种失控的焦虑，当出现不如意或无力改变或控制的事情时往往缺乏耐心，先行而后思，向外发泄自己的强烈不满	思维缜密，行事有度，懂得进退，能控制自己的行为，先思而后行，情绪调节能力强
需要避免的问题	攻击性强，叛逆，不会换位思考，容易早恋	麻木，情感淡漠，自私，忽略他人感受

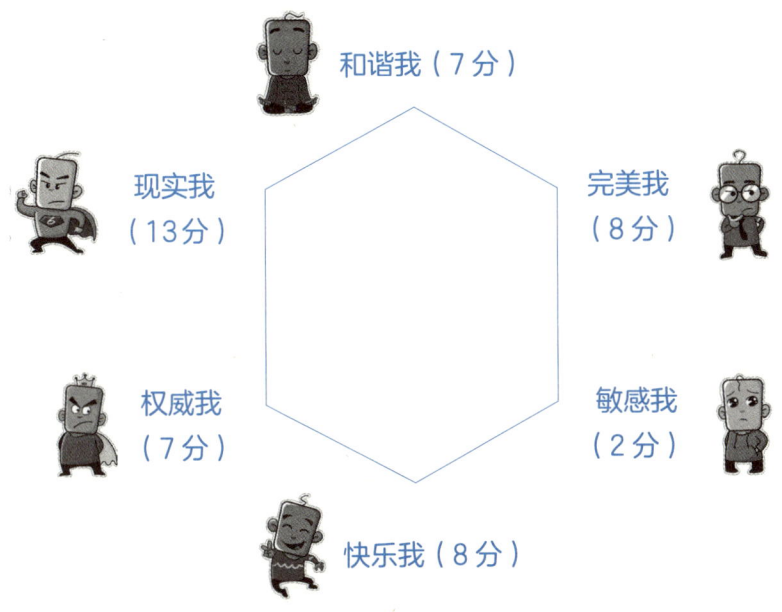

以上图为例,把"现实我"(13分)、"和谐我"(7分)、"完美我"(8分)加起来,一共是28分,即情绪稳定三角区大于25分,那这个孩子可能情绪相对稳定、起伏较小,有较强的情绪管理能力,能够控制自己的行为,很少发脾气,不被情绪牵着走。

4. 人际交往维度

从人际交往维度来说,如果"现实我"+"完美我"的分数大于20分,即为对事线,是以事情结果为导向,目标力较强,坚持己见,不受他人影响;如果"和谐我"+"快乐我"的分数大于20分,即为对人线,以人与感性为导向,重视友情、亲情,不太坚持原则;如果"权威我"+"敏感我"的分数大于20分,即为对人对事线,以人与事为导向,既坚持原则,也容易受到他人影响。

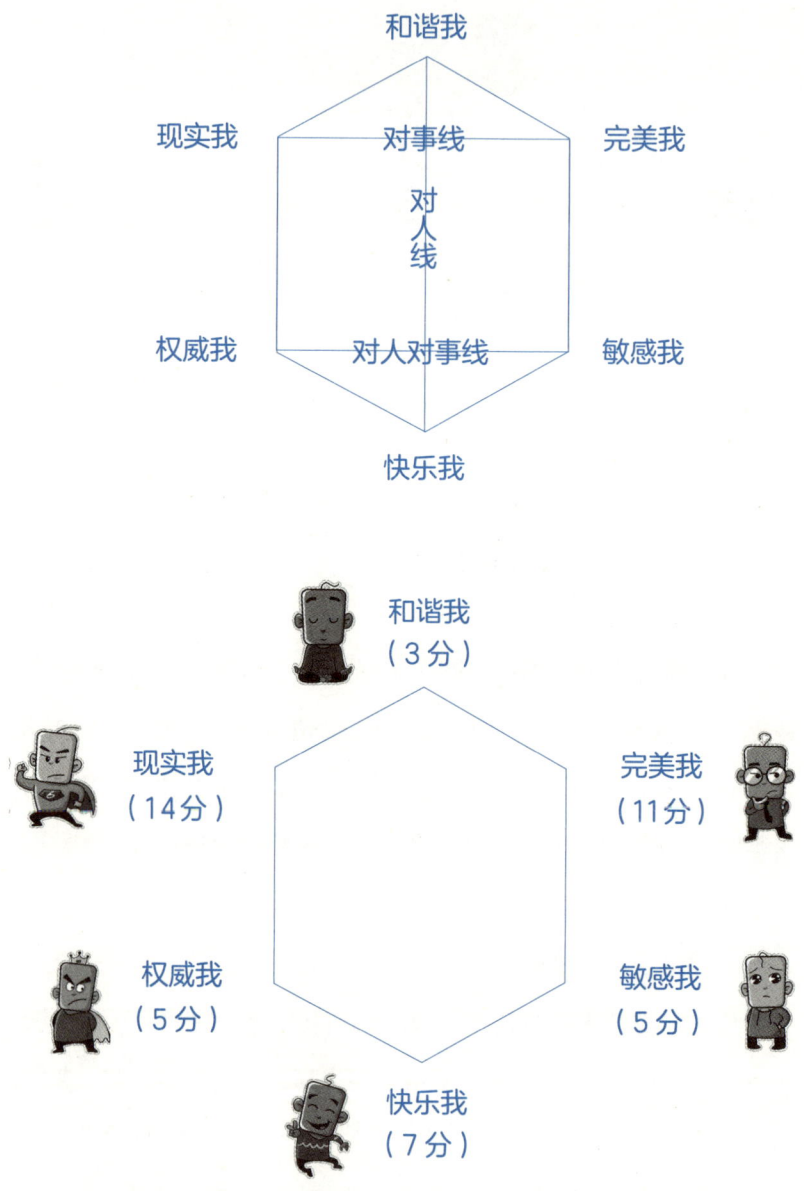

从上图来看，这个孩子在人际维度中"现实我"+"完美我"大于20分，所以处于对事线上，做事以结果为导向，善于给自己制

订学习目标，自觉完成学习任务，坚定自己的目标和选择，认定的事情就一定要做好，很难被他人所影响。

案例1：

孩子性格卡牌分数："快乐我"11分，"敏感我"10分，"完美我"13分，"和谐我"1分，"现实我"2分，"权威我"8分。

需解决问题：为什么他很想成为学霸，但总是做不到？

解析：这个孩子的"现实我"只有2分，而"快乐我"有11分，这已经解释了他有成为学霸的想法，但行动力不够的原因。同时，他的"完美我"有13分，这种类型的孩子具有向内自省、善于总结的特质。所以，他可能现在进步得较慢，行动力不足，但内心渴望改变，渴望朝好的方向发展。我们作为父母，不应批评和责备，而应该多加鼓励，教给他学习的方法，这样孩子还是有可能成为学霸的。

案例2：

孩子性格卡牌分数："快乐我"12分，"敏感我"10分，"完美我"11分，"和谐我"7分，"现实我"5分，"权威我"0分。

需解决问题：孩子没有动力，没有目标，和家长不沟通。

解析：这个孩子的"权威我"得分为0分，意味着他可能不够自信，甚至有自卑的情绪。此外，他的"敏感我""完美我""和谐我"的总分为28分，大于25分，这表明孩子较为内向敏感，非常在意别人对自己的看法，可能会压抑自己的情绪。家长需要多感受和接纳孩子的情绪，打开亲子沟通的大门。同时，多欣赏和赞美孩子，以增强孩子的自信心。

案例3：

孩子性格卡牌分数："快乐我"9分，"敏感我"1分，"完美我"3分，"和谐我"1分，"现实我"14分，"权威我"17分。

需解决问题：6岁孩子容易发脾气，喜欢跟妈妈对着干。

解析：这个孩子的"快乐我""现实我""权威我"的分值都很高，这说明孩子非常外向，坚持自己的看法，并且喜欢挑战权威。因此，他喜欢与父母对抗，现阶段已经有点叛逆，青春期可能会更加叛逆。同时也可以推断出他喜欢打破常规，不走寻常路。她未来往宜动不宜静方向发展更为有利。

"宜动不宜静"是说这个孩子不适合做需要大量脑力的工作，如科学家，而更适合做企业家、销售、讲师，或在团队中充当领导者的角色。那么父母应该如何培养呢？

首先，释放孩子的运动天赋和潜能。运动可以释放内心的能量和身体内的不安感，一旦释放了负面情绪，孩子的心理状态就会趋于稳定，回家后能更和谐地与父母交流。

其次，学习方式多样化。孩子在学习时可能没办法长时间坐得住，更喜欢做而不是看或听，擅长通过实验、动手操作等方式理解和消化所学的知识点。那么父母就需要配合孩子的特点，丰富学习方式和学习场景。

最后，培养孩子的领导力。例如，多鼓励孩子参加集体活动，并担任领导角色，放手让孩子去探索，给予孩子一定的自主权。

案例 4：

孩子的性格卡牌分数："快乐我"16 分，"敏感我"1 分，"完美我"9 分，"和谐我"6 分，"现实我"7 分，"权威我"6 分。

我们从卡牌的四个维度对孩子进行分析：

高低分维度：孩子的"快乐我"得分为 16 分，这表明"快乐我"的人格特质非常显著。他是一个活泼开朗的人，喜欢交朋友，能够快速忘记不愉快的事情。对于他感兴趣的事情，他刚开始会有很大的动力，但可能会显现出"三分钟热度"的特点，难以坚持，可能会逃避压力。

内外向维度：外向分＝快乐我＋权威我＋现实我＝29 分，超过 25 分，这表明孩子比较外向，喜欢表达自己，能说会道，自信心强。

情绪稳定维度：没有任何一个区的得分超过 25 分，这说明孩子在遇到熟悉的人或事时容易出现情绪反应，而在陌生的人或事面前，他的情绪相对稳定。

人际交往维度：孩子的"对人线"＝和谐我＋快乐我＝22 分，超过 20 分，这说明孩子的人际交往能力很强，他是一个以人和情感为导向的人，他的同理心和同情心都很强，但有时候容易受他人影响，动摇自己的原则。

面对这样的孩子,家长需要做的是:

①多赞美他,让他感到被接纳和鼓励。

②帮助他锻炼持久力,提高注意力。

③提高做事的趣味性,以克服他可能存在的"虎头蛇尾"缺点。

④采用具有启发性、挑战性和灵活多变的教育方式。

⑤呵护他的好奇心,保护他的奇思妙想。

孩子就像一颗种子,我们需要更深入地了解他,才能为他提供合适的温度、土壤和水分,让他更好地生根、发芽、成长、开花。让孩子的生命之花绽放,是我们每个家长的责任。每个孩子都是独一无二的!了解孩子的性格,读懂孩子,才能给予孩子最需要的爱!

第四课 发现孩子的性格优势

在前面我们讲到了孩子拥有的三种优势，分别是表现优势、品格优势和性格优势。有些父母希望孩子什么优势都有，样样都好，于是把孩子送到各种补习班，结果是孩子的激情被磨灭了，越来越叛逆，而且各方面的能力提升都一般。因此，为了最大限度地发挥孩子的潜力，我们需要抓住孩子最大的优势，提纲挈领地进行核心优势的培养。在职场中，行业精英们通常都有某一项非常突出的能力，这也正是他们成功的关键。同样地，我们的孩子也是如此，有针对性地发展才能扬长避短。

接下来，让我们一起来探讨如何发现孩子的核心优势，并了解大六人格分别有哪些核心优势。

一、核心优势的要素

核心优势包括三方面的要素：表现突出、充满激情和经常运用。下面来一一解读：

首先是表现突出，即和别人相比，孩子在哪些方面有明显的优势。这个范围是十分广泛的，例如孩子比别人更懂礼貌、社交能力更强、口才更好等。在舞蹈、绘画、唱歌等领域中，那些能够在同龄人中脱颖而出的孩子，也属于表现突出的范畴。

第二是充满激情，指孩子对他的某一项突出能力是富有热情的。这一点非常重要，因为即使孩子有很强的逻辑思维、口才或绘画等能力，如果缺乏热情，也无法持之以恒地发展。举个例子，一个孩子可能有很强的艺术天赋，但如果他对绘画没有热情，那么就很难坚持练习并成功发展成独特的优势。因此，孩子的核心优势必须与他们的兴趣爱好相结合，才能更好地发挥其潜力。

第三是经常运用，指孩子的核心优势是经常使用的。如果孩子的优势只是在某些特定的场合下才能得到运用，那么这些优势也很难得到充分发挥，甚至会逐渐退化。因此，孩子应该经常有机会去表现自己的能力。当然，这种机会是可以自己创造的。比如帮孩子报名参加比赛、多带孩子参与相关活动等。当孩子能够经常使用自己的核心优势时，他们对此的热情也会越来越高，能力也会得到更好的提升。

这三个方面是相互促进的，只有三方面平衡发展，孩子的核心优势才能够得到最大限度的发挥。

二、性格优势的分类

性格优势可以分为天赋优势、发展优势和习得优势。以核心优势的三要素为依据进行分类：天赋优势是"表现突出""充满激情""经常运用"三种要素都满足；发展优势只具备"表现突出"

和"充满激情"两种要素，往往运用得比较少；习得优势的特点是"表现突出"，但是激情不足，运用不够；如果"表现突出""充满激情"和"经常运用"三个要素都比较缺乏，那就是劣势。也就是说，在培养孩子的过程中，父母需要重点发掘和关注孩子的天赋优势。

天赋优势是与生俱来的，3岁以前比较容易看到孩子的天赋优势。比如有些孩子刚刚出生时就哭得很久，一哭就哭个半个小时，一个小时，甚至更久。这样的孩子优势在哪里呢？第一个优势是肺活量大，以后可以发展一些运动方面的能力，而且他们可能会表现得比较活泼好动。第二大优势是坚持，一旦确定了努力的方向，往往会"不达目的，誓不罢休"。

另外一种类型的孩子表现得非常乖巧，遵从指令从不违背，即使他们可能会哭泣，稍加安抚就能很快平息情绪。这类孩子具备哪些天赋优势呢？首先，这类孩子拥有平和的心态，能够自我调适并适应环境的要求，展现出强大的心理适应能力。虽然他们的未来可能不会像史诗般波澜壮阔，但通常会比较平稳安逸。此外，他们也是出色的执行者。

其实，一个人的人格往往由两部分组成，分别为先天气质和后天性格。先天气质是与生俱来的，也是天赋的潜能。后天性格是可以通过学习修炼获得的。虽然这两者本质不同，但相辅相成。父母应该首先发掘孩子的天赋潜能，并通过后天的修炼来进一步培养。例如，某些孩子在很小的时候就展现出了记忆方面的天赋，记东西又快又好，这就是他们的天赋潜能。父母可以帮助孩子进一步学习和修炼，充分发挥这方面的优势。

三、大六人格与性格优势

大六人格能够更为深刻地解释人类的心理活动和行为特征。一旦掌握了大六人格,就能够更好地理解孩子,发现孩子的性格优势。

接下来我们详细解读下各个人格的性格优势:

1. "快乐我"的性格优势

"快乐我"的心理原型是孩子,因此"快乐我"往往表现得非常活泼和开朗。他们典型的特征是情绪来得快去得也快,可能前一秒号啕大哭,后一秒就捧腹大笑。此外,"快乐我"的兴趣广泛,尽管往往难以坚持。

那么"快乐我"的天赋在哪里呢?在于表达,也就是分享和交流。"快乐我"喜欢分享,喜欢说话。例如,"快乐我"的孩子常对人说:"我告诉你一个秘密,你不要告诉别人。"虽然"快乐我"想要保守秘密,但往往控制不住自己的分享欲。这是典型的内心有想法就喜欢分享、藏不住秘密的表现。在"快乐我"年幼的时候,父母就可以发现他们一直讲个不停,每天说的话远比同龄人多。

具体而言,对于"喜欢分享"这一特点,其相关优势数不胜数:温暖、率真、活泼、豁达、豪爽大方、具有创意、善于交友、多才多艺、精力充沛、乐于助人、幽默风趣、热情洋溢、好奇心强、天马行空,等等。当然,"快乐我"的孩子不一定具备所有这些优点,但是他们通常都拥有其中一部分,也能比较轻松地培养出这些优点。

如果你发现孩子是一个特别热爱分享的"快乐我",可以着重培养他的口才，例如进行演讲和口才训练，让他学习表达技巧等。他们可能会成为教师、主持人或靠口才谋生的人。所有与口才有关的职业，"快乐我"的孩子做起来都能事半功倍。

"快乐我"孩子的另一个优势是他们容易忘记不开心的事情，即他们具有积极、乐观的心态。这种个性非常适合从事心理学相关的职业，因为他们不容易受到他人负面情绪的影响，具有稳定的积极正面的心态。此外，这种心态也让他们适合从事需要进行公关和社交的工作，他们开朗、不拘小节，在人际交往中非常受欢迎，有很多朋友。

2. "现实我"的性格优势

"现实我"的第一个优势是越挫越勇，即哲学家尼采说的"杀不死我的，会让我更强大"。这些孩子可能会屡屡跌倒，但他们总是能重新站起来。

在心师的暑期夏令营——追光少年营中有一个叠纸牌塔的游戏，看谁能把纸牌叠得更高。

有些孩子叠到一定高度后，就不敢再继续了，担心塔会倒塌，因此害怕去冒险、去犯错。这些孩子可能有"敏感我"的特点，对风险非常敏感。但是另一些孩子却会不断挑战自己，尝试叠得更高，甚至在其他孩子已经结束游戏时，他们还在坚持尝试。他们的目标就是挑战最高难度，做第一。

第二类孩子即为"现实我",他们拥有越挫越勇的特质,因此具备强大的竞争力。无论遭遇何种困境,他们总会不屈不挠地再次站起来,直到达成目标为止。这种孩子习惯用行动证明自己,说得少,做得多,执行力非常强,习惯用结果证明一切。

这种特质在创业者中尤为重要,因为创业需要不断摸索、面对各种机遇和挑战,并在现实的磨砺中不断成长。我自己也是一名创业者,深刻理解"越挫越勇"的精神对于克服种种困难、坚持前进的重要性。

二十多年前,我初次创业,选择开了一家心理咨询室,因为我深信心理咨询的重要性,相信很多人都需要。毕竟,在一个人的一生中,谁能保证心灵永远不会受到伤害呢?

当时我在火车站附近租了一个门面,招牌上用大大的字写着"心理咨询"。我想,火车站的客流量如此之大,肯定会有很多人上门。可是两个月过去了,只有一个学生来了,而且还说没有钱,于是我不得不关门了。后来,我一直在不断地创业,尽管失败了很多次,但我依旧不断地努力。如今,我们的心师平台课程已经在六七十个城市开设,有六七十个分院院长和1000多位合作伙伴。能够发展到今天,也正是因为我身上有着"屡战屡败,屡败屡战"的"越挫越勇"精神。

因此,如果你的孩子以后想要创业,你应该多鼓励他,并给他更多磨砺自己的机会,让他明白失败并不可怕,因为失败之后还能重新站起来。很多人一旦失败了，就再也无法振作了。但是，"越挫越勇"的优势可以让你的孩子充满韧性，坚持不懈地前行。

"现实我"的第二个优势是执行力强。执行力和行动力是不同的概念。行动力指的是想到什么就马上去做，而执行力则注重目标和结果。举例说明，假设一位助理被要求去买奶茶，如果他直接起身去买，这就是行动力强；如果这位助理在出门前询问要喝哪个品牌的奶茶，需要多少糖，温度如何，以及是中杯还是大杯，然后再去执行，这就是执行力强。因为执行力要同时具备目标和结果这两个要素。"快乐我"在感兴趣的事情上行动力很强，但他们快速的行动往往只有目标没有结果。例如，猪八戒的师父叫他去打水，他二话不说就去了，但打完水后就躺在路边睡觉。这种情况下，他的行动力很强，但执行力很弱。

如果你的孩子具备"越挫越勇"和"执行力强"这两个特点，请记住，他们最发达的器官是四肢。因此，你应该让他们多动起来，参加一些运动，例如打篮球、踢足球等，更好地运用他们的四肢，激发他们的活力。同样一个运动项目，例如拳击，"快乐我"可能会感到害怕，因为他们害怕被打伤。但"现实我"不一样，他们就喜欢那种拳拳到肉、切中要害的刺激感。"现实我"的人特别喜欢充满对抗性的竞技运动，这些运动也能够进一步培养他们的韧性。因此，如果你的孩子具备"现实我"的特点，可以让他们学习跆拳道、武术、拳击、散打等有力量感的竞技运动，或者需要力量感的舞蹈，例如街舞或拉丁舞。

当然，不论哪种类型的孩子，这些运动都是值得一试的，但其效果却因人而异。若孩子本身比较胆小，缺乏自信，容易气馁，那么参加这些运动可以帮助他们培养"越挫越勇"的性格特点。对于"现实我"的孩子来说，街舞、拉丁舞和竞技性运动往往能够释放他们的能量。这种差异就是天赋和后天培养之间的区别。天赋潜能让"现实我"的孩子在需要"越挫越勇"和"执行力"时表现出色，而这些优势也能成为他们一生中最宝贵的财富。

3. "敏感我"的性格优势

之前提到了两种优势器官，分别是"快乐我"的嘴巴和"现实我"的四肢。而对于"敏感我"来说，他们的优势在于眼睛，因为他们擅长觉察事物。

"敏感我"的孩子从小就喜欢观察世界，他们愿意去观察和发现。在陌生的场合或人群中，他们不会很快融入其中，而是倾向于躲在一个角落里，或者独自坐着，默默地观察。相较于"快乐我"的人，他们不太善于社交，而更善于观察。"敏感我"的优势就在于他们的觉察力强，即对细节和感受的敏锐度高。

需要注意的是，观察和觉察是不同的。观察是比较客观的描述，例如，我能够观察到你的情绪，比如你哭或者笑。而觉察则更多是揣摩人的内心。当妈妈哭泣时，观察到的孩子的反应是："妈妈，你哭了。"而觉察到的孩子则会走向妈妈，抱住她，甚至一起哭泣，因为他们同理心很强，能够感受到妈妈的憋屈或者苦闷。总而言之，观察是指"我看到了"，而觉察是指"我感受到了"。所以，"敏感我"是在用心去观察这个世界，从而更加敏锐地觉察世界的各个方面。

"敏感我"是觉察力强、情感细腻、感受力极强的一类人。因此，"敏感我"在需要依赖感受的职业和工作方面有着独特的优势，比如心理学工作者。当听到别人抱怨"我好惨，我好难过"的时候，有些人会不屑地说："这有什么惨的？我曾经遭遇过更惨的事情，你这算什么？"然而，痛苦无法用言语来量化，这样的回答只会让人感到被排斥和冷漠。不同的是，"敏感我"的情感细腻，能够深刻理解他人的内心，对他们的痛苦感同身受。事实上，"敏感我"可以成为很好的心灵伴侣。他们往往能够在没有言语的情况下理解对方，因为他们能够敏锐地感知到对方的情感。成为彼此的灵魂伴侣是一件很难的事情，如果有一天他成了你的灵魂伴侣，那就说明在你们的亲密关系中，他的敏感我已经形成了。

4."完美我"的性格优势

"完美我"最发达的器官是大脑，他们分析和推理的能力非常出众。举个例子，有一个脑筋急转弯：树上有 10 只鸟，用枪打死了其中一只，还剩下几只？很多人可能会回答：没有鸟了，因为其他鸟都被吓跑了。但对于"完美我"来说，这个问题并不完整，因为它并没有提供足够的信息。他们可能会询问：枪是否有消音装置？树上的鸟是否为真鸟？树上的鸟是否存在听力障碍？树上的鸟是否有失去飞行能力的情况？……这些问题可能会让其他人感到头痛，但对于"完美我"而言，这些都是非常有意思且值得深入钻研的。他们热衷于分析、探究并总结问题，因此大脑是他们最发达的器官。他们适合从事需要深入探索的工作，例如 IT 行业、工程师或科学家。

由于他们充满好奇心，且能够耐心地进行深度探索，所以他们的头脑敏锐，思考全面。

牛顿就是这种类型的人，据说当他坐在苹果树下时，有一个苹果砸在他头上，这启发了他的思考："为什么苹果从上面掉下来，而不是从下面掉上来？"虽然当时许多人可能会认为他在钻牛角尖，但是他不断地思考，最终发现了万有引力。如果你的孩子也特别喜欢问问题，那么一定要让他充分发挥大脑的优势。作为父母，千万不要因为孩子喜欢问问题而感到烦恼，这是孩子善于思考、喜欢探索的表现。如果不知道答案，可以大方地告诉孩子自己不知道。因为这种类型的孩子，他们在意的不是对错，而是探索的过程。如果父母知道答案，那很好，问题就解决了；如果父母不知道，也没关系，可以坦然承认，并帮助孩子一起寻找答案。

5."和谐我"的性格优势

"和谐我"最为发达的器官是屁股，因为"和谐我"坐得住，很能静下心来，是最沉静的人格。"和谐我"能够重复做一件事情，虽然这可能会让很多人感到无聊并放弃，但"和谐我"却可以坚持下去，因为"和谐我"有足够的耐心。

因此，"和谐我"最适合从事需要耐心的工作。《西游记》中的沙僧就是一个很好的例子。如果要让孙悟空和沙僧来接听投诉电话，显然沙僧更为适合。因为他富有耐心、善于倾听、低调稳重。如果让孙悟空来接听投诉电话，很可能会与人发生争执，把小事变成大事。而"和谐我"的沙僧心胸非常开阔，宠辱不惊。虽然最后可能并没有解决问题，但客户仍会感到被安抚了，矛盾得以缓解。因此，"和谐我"善于化解矛盾，将大事化小，小事化了。

"和谐我"的另一个发达的器官则是耳朵。一方面，"和谐我"的孩子很听话，能够心态平和地接受很多事情，顺其自然；另一方面，"和谐我"很善于倾听。大家一起聊天时，他可以不说一句话，认真倾听他人的发言。

6. "权威我"的性格优势

"权威我"像孙悟空一样气场很强大，可以明显感觉出来他们好胜心强，能够激励自己不断提升自身能力，追求更卓越的表现。

"权威我"和"现实我"都很有领导力，但又有所不同。如果面对战争，"权威我"会一边冲锋一边大喊："大家跟我冲！"他们总是敢于冲在最前面，以身作则地激励他人。而"现实我"则更多地选择在队伍后面观察情况并制订计划。所以说"权威我"本身就是团队向上的催化剂，他们一往无前的拼搏精神会直接感染和带动他人，从而发挥领导作用。如果团队遇到了困难，"权威我"会挺身而出，鼓舞士气。他们很少感到疲倦，即使每天只睡三四个小时，依然能保持充沛的精力，甚至越累越精神，越充满斗志。

第五课 培养孩子的性格优势

上一节课中分享了如何发现孩子的性格优势,并强调了培养孩子性格优势的重要性。天赋可以帮助孩子快速掌握特定的技能,而后天的培养则是最大限度发挥出孩子潜能的关键。

那么,父母如何找到合适的方法,培养孩子的性格优势呢?在本节课中,我们将介绍培养性格优势的原则,根据孩子的人格类型介绍不同的养育方式,并探讨不同性格优势的培养方法,希望可以帮助家长们探索出适合自己孩子的教养方式,实现因材施教的目标。

一、培养性格优势的原则

在培养孩子的性格优势时,第一个原则便是孩子必须要有自发的意愿,即孩子自己也想要发展特定方面的天赋和潜能。如果你的孩子善于表达自己,能够巧妙地运用语言,准确传达出自己的想法,那么可以询问他们是否有兴趣学习演讲或者其他能够提高表达能力的技能。如果确定孩子有意愿去发展自己的能力,就可以开始培养。或者孩子对于心理学特别感兴趣,并且有很强的分析和总结能力,也可以在这个领域深耕。总之,只要孩子有天赋和意愿的方向都值得进行培养。

在生活中，我们可能会发现孩子有许多兴趣爱好和想要学习的技能。例如，当孩子看到别人在玩滑板、轮滑和溜冰时，他可能会想要学习；看到别人在舞台上歌唱、演奏时，他也想学。如果孩子只是感兴趣，并非在这方面有明显的天赋，父母可以让孩子尝试，但不需要过分坚持。而对于孩子已经有天赋并且很感兴趣的领域，父母必须坚持。因为孩子很容易被眼前的困难和疲惫击倒，但父母可以帮他们看到长远的成长与回报。

第二个原则是，要培养孩子已经拥有的优势特质，这便是"取长补短"的思路。在时间和精力有限的情况下，应该将重点放在孩子更有可能脱颖而出的天赋上。

第三个原则是，不要试图直接改变孩子的性格劣势，而是通过发挥性格优势来间接改变。大六人格性格卡牌上两边的箭头向下，则判断为劣势牌，例如粗心大意、逃避困难、难以坚持、容易陷入消极情绪中、冲动易怒等。如果孩子容易陷入消极情绪中，直接告诉他"别想了！乐观一点"毫无用处，因为孩子也不想这样，而是受性格影响。更有效的方式是通过发挥孩子的优势来改变。假如孩子因上次考试失利一直沉浸在难过中，那就找一个他的优势项目，去参加比赛，当他取得好成绩时，就会认识到自己的价值，从而摆脱之前考试失利的消沉情绪。

对于孩子的性格劣势，父母切忌给孩子贴上标签，比如"粗心的小孩""调皮的小孩"等。而是应该通过发掘他们的优势来扬长避短，让孩子变成"有创造力的孩子""擅长运动的孩子"。如果父母一直强调孩子粗心大意，他反而会因为抵触情绪变得更加消极，并深信自己就是一个粗心大意的孩子。但如果帮助他找到自己的优势，比如思维跳跃，常有奇思妙想，然后将其发挥到极致，孩子会感到更加自信，更加有动力，最终自发地去克服粗心的毛病。

其实，来自父母和身边成年人的鼓励，正是成就孩子自信心的关键。不要低估这种自信，它能够使人从内心深处相信自己、彻底改变自己，这是一种非常难得的能力。实际上，人们对自己的信心往往会随着年龄增长逐渐降低。我曾经做过一个测试：

> 我在幼儿园，问小朋友们："你们认为自己是天才吗？如果是，请举手。"结果许多小朋友都举了手，并表示："我是天才！""我比你更天才！"我在小学问："谁认为自己是天才，请举手。"十几个人举了手。然而，我看到一个没有举手的小男孩对着举手的同桌说："你是天才？你成绩没有我好。"于是他把同桌的手拍了下来，并加了一句"蠢材"。结果，我再次询问时，就没有多少人敢举手了。
>
> 到了中学，同样的问题就只有零星几个人举手了。再到大学里，压根就没有人举手，而是开始和我辩论什么是天才，什么不是天才。我也问过训练营的家长："你认为自己是天才吗？"那就更没有人敢举手了，每个人都觉得太丢人了。

但这里的"天才"其实是孩子们对自己的评价，反映的不只是能力，更是一个孩子自信的程度。我们不应低估这种信念的价值。

当孩子认为自己是天才时，他们未来的成就很可能会高于其他人。例如，在面对一个难题时，"天才"和"非天才"的思考方式是不同的。天才会想："我有这个能力，我一定能够解决它。我要坚持下去才能知道结果！"如果孩子认为自己不是天才，他们可能会想："这太难了。我本来就没有这种天赋，还是不要浪费时间了，失败了多难堪。"这种想法会使孩子失去自信，很多时候甚至不敢尝试。此外，当孩子认为自己是天才时，也会明确知道哪些领域需要努力，哪些领域他们已经很出色了。他们会放弃自己不擅长的领域，专注于自己擅长的领域。这就是天才：放弃应该放弃的，专注于应该专注的。他们勇于尝试，并将自己的天赋发挥到极致，也就会越来越自信。

第四个原则是，发挥孩子的性格优势，从而增强表现优势。父母应该认识到孩子的性格优势对其表现优势的积极影响。例如，孩子擅长画画，艺术方面的才华是他的表现优势。如果孩子同时具备敏感、觉察力强、情感细腻等性格优势，这些与孩子的表现优势是相匹配的。在此基础上，父母要引导孩子发挥自己的性格优势，把自己的情感体验放进作品里，引发观众的共鸣。如果孩子有演说能力的表现优势，并且是一个心里有想法喜欢分享的人，那么这也是匹配的性格优势。通过放大孩子的性格优势，增加他们的表达欲，让他们更享受演说，从中获得乐趣，并长期坚持下去。因此，在为孩子进行技能培训的同时，父母也应该掌握培养孩子性格优势的方法，以更大限度地发挥孩子的优势。

核心优势＝性格 × 能力 × 兴趣

这个公式是说，核心优势是人格、能力和兴趣的结合。兴趣就是人们内心想做的事情，能力是能够做到的范围，而性格则是人们的个性特点。这三者之间的匹配很重要。

如果一个人只有兴趣和能力，但是缺乏性格基础，就不适合从事某些职业。比如会计、医生等职业需要非常细心和严谨，如果一个人性格本身比较马虎、随意，就会发现自己和职业不适配。

如果一个人有性格优势和兴趣，但是缺乏相应的能力，那么他只要努力提升自己的能力即可。因为他有动力去学习，而且他的性格特点适合这个方向，只需要后天加强培养即可。

而如果一个人具备性格优势和能力，却缺乏兴趣，那就意味着他缺乏动力去做这个方向的事情。

二、大六人格与育儿之道

使用大六人格性格卡牌了解到自己的孩子是哪种人格后，下一个问题就是：对待某种人格的孩子，如何养育才能最大程度地发挥孩子的优势呢？接下来就将对各个人格的孩子进行分析，探讨合适的养育方式。

1."快乐我"

适合"快乐我"孩子的教育模式应该是具有启发性、挑战性和灵活多变的。灵活多变的意思是，不能死板地按照某种理论或书本来教育孩子。因为"快乐我"孩子情绪化的特点很明显，好的时候好得不得了，但不好的时候也特别让人抓狂。因此，面对他们，需要采取"两手都要抓，两手都要硬"的策略。具体而言，一手是关爱和陪伴，给孩子一些宽容，多一些个人空间和自由；另一手则是在某些关键问题上给"快乐我"孩子更多的控制。

我曾经遇到一个典型的"快乐我"孩子，他母亲的养育方式中缺乏控制，反而让亲子之间的相处很不愉快。

这位母亲在学习了一些育儿知识后，会克制自己打骂孩子的冲动。但她也向我坦言："月波老师，我真的太难受了。每当我看到他打游戏，真的很想去管他，但我又担心管了会出问题，所以我非常难做。"我了解了一下这个孩子的情况，在初中时因老师的严格管理，成绩相对较好。但是后来老师一放松，他的成绩就有所下滑，现在有时甚至会玩游戏直到深夜。因此，我向孩子的母亲建议："管教的关键是要掌握一个度。过度的管教肯定不行，会导致亲子冲突。但绝不是不管，因为你的孩子本身需要外力的监督。"

而且，管教也是讲究方法的。之前这位母亲看到孩子玩游戏，会说："能不能不玩了？"孩子回答"好的"。但一会儿后再去看，发现孩子还在玩，于是母亲又说："能不能不玩了？"孩子又说："好的"，其实仍然没有停止。如此再三，管教毫无效果。我给孩子母亲的建议是调整方法，和孩子约定好玩游戏的时长，一旦到时间，就应坚定地提醒孩子该结束了，甚至可以站在旁边看着他玩。这时孩子会感到心理上有压力，打游戏的兴趣会逐渐降低。这才是管教的正确打开方式，要让孩子有压力，但不能过度。

养育"快乐我"孩子是一门学问，掌握了其中的窍门以后特别有意思。比如在我们的育儿授课现场，"快乐我"的孩子往往很配合，也很能聊。你问什么他们都很坦白，甚至会告诉爸妈怎么来"搞定"他。

另外，父母要学会给"快乐我"孩子放电。他们的精力是非常旺盛的，这些精力如果不用合理的方式消耗掉，他们就可能用来干一些不太健康的事情，比如沉迷游戏。所以父母要找一些能健康地消耗孩子精力的方式，比如打篮球等体育锻炼。

2."权威我"

"权威我"是最具备精力和血性的个性类型，常常表现出易怒、冲动和直率的特点。他们的内心简单而纯真，不畏惧权威，愿意帮助弱者，反对不公。行动通常会比思考更为迅速。

对于"权威我"孩子的养育，重点在于分散和转移他们的精力，并提高他们的情商。因为"权威我"通常不善于与人相处，性格直截了当。在他们心目中，只有两类人：一种是看得顺眼的人，另一种是看不顺眼的人。对于看不顺眼的人，他们往往会直接表现出反感，清楚地表明自己的态度。所以"权威我"的性格非常鲜明，爱憎分明。

针对这种孩子，提高他们情商的方法是讲述一些英雄的故事和名人传记，在他们的心目中树立榜样，让他们行事不再冲动，多顾及他人的感受。

对待"权威我"的孩子，父母不能轻易妥协，且坚持就事论事，不上升到个人。具体的做法是温柔地坚持自己的立场，温柔和坚持缺一不可。比如当"权威我"孩子哭闹时，父母应该坚守自己的立场，不随意妥协。但表达"不可以"的态度应该温和而不是暴躁。如果父母生气打孩子一顿，他可能也会用暴力来解决问题；如果父母能温柔地坚持，他便能学会冷静与坚持。因为"权威我"孩子的性格是"遇强则强"，父母的行为会在他们的模仿和学习中被放大。

3."和谐我"

在对待"和谐我"的孩子时，父母切勿采取指责和压迫的方式，而是应该多倾听、与他们交流，帮助他们认识和表达自己的需求。为了更好地指导他们，可以制定明确的目标和时间表，并给予清晰的指引和规则。

需要注意的是，仅仅制订计划是不够的。对于"和谐我"的孩子，父母必须跟进时间表。在工作职场中，我们可能会遇到一些人制订了计划却没有执行的情况。这种拖延行为在和谐我身上是比较常见的。"和谐我"的孩子通常性格较为温和，不急不躁，因此容易出现拖延的情况。作为父母，我们要起到引导的作用，制定时间表并跟进整个计划的执行过程。此外，可以适当让孩子承担拖延的后果，同时用奖励和表扬来激发他们的积极性。

4. "完美我"

对于"完美我"的孩子而言,他们追求规律和秩序,注重细节并且乐于完成任务。然而,他们也有一些缺点,比如喜欢纠正别人、教育别人,有时候过于固执刻板,对事情过于较真。因此,针对"完美我"的孩子,需要注意培养他们的灵活性和弹性。在日常生活中,可以通过开拓孩子的思维,启发他们从多个角度思考问题,避免孩子过于固执,钻牛角尖。

此外,"完美我"的孩子往往会给自己设置很高的目标,让自己处于很大的压力之中。在这种情况下,父母应该帮助孩子提升情绪管理能力,让孩子学会放松,协助他们减轻压力。

5. "敏感我"

"敏感我"的孩子往往情感细腻,直觉敏锐,却也容易受到情绪的困扰。他们通常比较温和友善,但也常常感到孤独和胆怯,往往会压抑自己的创意和感情,以规避犯错的风险。

为了帮助这些孩子,父母需要避免纵容他们的情绪,因为他们一旦陷入自己的情绪中就难以自拔,帮助他们更加客观地看待问题,并且多参与实践性的活动。同时,父母也应该把孩子当作朋友来对待,多谈心和交流。

另外,我强烈建议敏感我的孩子学习一些心理学知识,因为这些孩子天生具有成为心理学家的洞察力和敏锐度,掌握一定的心理学知识可以引导他们更深入地思考问题,并帮助他们从更积极、客观的角度来理解自己的情感和想法,用自助的方式摆脱情绪困扰。

6. "现实我"

对于"现实我"的孩子，需要注意培养他们的谦虚品质和责任感。父母可以多强调团队精神和合作意识，让孩子明白个人的成功离不开他人的支持和帮助。在孩子表现好的时候，父母可以适当地表扬他们，但也要注重分寸，不要过分赞美，以免让孩子变得自负。

另外，"现实我"的孩子可能会忽略梦想和想象力的作用。父母可以适当引导他们关注自己的内心世界，鼓励他们发掘自己的兴趣爱好，培养自己的创造力和想象力。同时，也要帮助孩子意识到现实与梦想并不矛盾，可以通过努力和实际行动来实现自己的梦想。

三、如何培养出大六人格的优势？

如果想后天培养，或者加强孩子某一方面的人格特质，应当如何做呢？

1. 如果想像快乐我一样乐观……

父母可以尝试借助镜子来帮助孩子感受快乐。首先，父母站在镜子前想想这一天中发生的令人高兴的事情，观察自己在镜子中的表情，然后邀请孩子一起做。尤其对于"敏感我"的孩子，不要只是简单地告诉他们怎么做，他们需要的是陪伴式的教育，父母需要先行示范，让孩子相信这件事是安全的、有趣的、有意义的。

如果想像快乐我一样保持乐观心态，可以经常与性格开朗的人在一起，因为人很容易受到周围环境的影响。如果每天和脾气暴躁的人在一起，总是发生争吵甚至肢体冲突，孩子也可能会慢慢地变得暴力。有些家长可能会发现，孩子在家从来不说脏话，但在学校里会频繁说一些污言秽语，这大概率是受到环境的影响，孩子的玩伴中可能有人说脏话。因此，如果想要孩子变得乐观，就要让他们经常与积极乐观的人在一起，多接受正能量。

父母自己也不要害怕展示自己的快乐。跟孩子在一起时，可以适当夸张表情和语言，比如用放声大笑来感染孩子。

有的父母可能会问："这些方法看着好简单，但孩子已经上高中了，合适吗？"其实我们可以问问：这些方法适不适合自己？如果我们每天对着镜子多笑笑，多和乐观的人在一起，是不是会让自己的生活更加明媚呢？很多方法其实是通用的，快乐没有那么复杂。

2. 如果想像"和谐我"一样拥有耐心……

如果希望像"和谐我"一样拥有耐心，可以从培养一个能每天坚持的好习惯开始。当然最好别只要求孩子一个人去做，最有效的方法是全家人一起行动，共同坚持一个好习惯。找到那些全家人都愿意做的事情，例如每天阅读半小时，每天散步半小时等，坚持一段时间，就会发现有所变化。

此外，我们还可以跟孩子一起做一些需要耐心的活动和游戏，例如下围棋、叠叠乐（拿卡牌或其他纸牌，看谁可以叠得更高）等。

3. 如果想像"完美我"一样拥有细致……

如果希望像"完美我"一样细致，父母可以从生活中的小事来训练孩子，比如整理收拾自己的房间，用完东西要放回原处等。

此外，还可以和孩子一起玩一些有助于提升专注力的小游戏，比如舒尔特方格，找不同等。

4. 如果想像"权威我"一样拥有自信……

如果想像"权威我"孩子一样拥有自信，勤奋学习，掌握更多的知识是最好的途径。当一个人了解的东西越多，他的自信程度也就越高。相反，自卑的人常常会觉得自己在别人面前什么都不懂。

当孩子感到信心不足或受到打击时，我们可以给他们来一场"优点大轰炸"，即在短时间内密集地赞扬孩子的优点，让孩子感到：原来我也是很出色的。

5. 如果想像"现实我"一样勇敢……

首先，面对自己害怕的东西时，可以指着它并发出大笑声。一旦害怕什么，就更要勇于去面对什么。害怕的根源在于人们不敢去面对，而是逃避它，这会导致害怕的情绪越来越强烈。只有勇敢地面对自己的恐惧，甚至指着它大笑，才有可能战胜它，这也是系统脱敏疗法的一部分。

其次，树立目标，并努力去达成它们。有了目标，就有了前进的方向，也才能在遇到困难时，有一往无前克服障碍的勇气。

最后，鼓励孩子多去尝试，多去探索，即使失败也没关系。孩子知道无论如何父母都会在身后为自己托底，才会更勇敢地去拓展自己的边界。

6. 如果想像"敏感我"一样拥有觉察力……

这一点可以通过引导孩子观察他人的情绪来进行训练,比如"老师的表情是什么?他/她有什么情绪?""同学的表情是什么?""同学和老师的个性特点是什么?"借此培养孩子思考和观察的能力。长期下来,孩子也会养成观察的习惯,进而培养出更为敏锐的觉察力。

其次,我们可以鼓励孩子保持一分小小的好奇心,多问"为什么"。"为什么消防员的衣服是橘色的,而医生的衣服是白色的?""为什么路中间要种花?""为什么公鸡会打鸣?"……当孩子们养成了问"为什么"的习惯之后,就会渐渐发现世界上原来有那么多值得深思的神奇之处。

Chapter 2
读懂孩子的性格与心理

第六课　读懂孩子的叛逆和坏脾气

家里有个叛逆期的孩子是一种什么体验？

"你说一句他能顶上十句，把人给气死。"

"成天抱着手机，躲在房间不出来，出来了也不跟我们说一句话。"

"经常因为一点小事不如意就大发脾气。"

很多家长对处于叛逆期的孩子束手无策，不管是硬碰硬，还是讲大道理或是耐心劝诫，好像都没太大作用，父母与孩子之间的距离越来越远，亲子关系也越发紧张。这一课我们就来解决如下问题：什么是叛逆？为什么孩子会出现叛逆行为？如何灵活地应对孩子的叛逆行为？只有当父母能读懂孩子叛逆行为背后的心理需求时，才能调整自己的教育方式，做到在不破坏亲子关系的前提下，更好地帮助孩子，实现亲子共同成长。

一、辨别孩子的叛逆与坏脾气

叛逆是指反叛的思想、行为。忤逆父母，违背正常的规律或他人的本意，常常做出一些出乎意料的事情。叛逆是一种强烈的自我表现欲，在思维形式上属于"求异思维"，希望通过"标新立异"，甚至"唱反调"来引起别人的注意，试图改变别人对自己原本的看法，而孩子的叛逆往往通过坏脾气的方式呈现出来。

在生活中，父母对孩子"叛逆"的判定主要来源于两个方面：

一是违背社会公认准则的叛逆。校纪校规里规定学生在上课时候不准讲话，但孩子却偏要在课堂上和同学讲悄悄话，不认真听讲，甚至和老师顶嘴，扰乱课堂纪律。这种行为就属于叛逆，因为违背了社会公认的准则。

二是与父母意见不一致的叛逆。比如妈妈不喜欢孩子吃饭吧唧嘴，要求孩子细嚼慢咽，但是孩子依然不改。其实吃饭发出声音是很正常的，不会造成很大的负面影响。但由于孩子和妈妈的意见不一致，也被贴上了"叛逆"的标签。

从孩子成长的角度来看，只是违背了父母个人的意愿，并没有违背社会准则的行为不一定是真叛逆。很多父母会有意无意地控制孩子，要求孩子听话与顺从，但如果将孩子"不听自己话""不服从自己的意见"定义为叛逆，这显然是一种强者驯服弱者的说辞。

在之前的咨询中，我就遇见过这样的一个家庭。在和父母交谈时，妈妈心痛不已，不断地说孩子以前多么听话黏人，像一条小尾巴。但最近却越来越叛逆，一点点小事就会对父母大喊大叫。我请妈妈举一个例子，她说："比如今天早上来这里，我让她换一件干净点的衣服，但她硬是要穿那件松松垮垮的卫衣，没有一点精神！结果我们吵了一早上，她还冲我吼'你讨厌死了，你别管我！'要不是她是我女儿，我会管她吗？她穿得再丑我都不管！"

　　之后我和孩子单独交谈时，看到了那件卫衣。我问她是不是很喜欢这件衣服，结果她居然说："一般般。"这就让人很好奇她为什么不惜和妈妈吵了一早上还要穿。孩子说："每次我穿什么衣服她都要嫌弃，只有她自己选的才是好的，硬要我换。烦都烦死了，我都这么大人了，连穿什么都不能自己做主吗？"我问："因为妈妈总是否定你的选择，才让你这么反感听她的话吗？"孩子思考了一会儿，说："也许是吧。其实有时候我知道她说的有道理，但是每次一听到她说'你穿这个丑死了'的时候，火气一下就上来了。其实换一换也不是什么大事，但就是不想顺着她，想让她别老管我了。"

　　看似是关于"穿什么"的争吵，但从孩子的角度，却是"我能不能决定自己穿什么"的自主权之争。当孩子说"我已经是一个大人"时，很多父母都当这是一句玩笑话，听到后只会亲切地拍拍孩子，一笑了之。但对孩子来说，这是一次独立的宣言，他们想说的其实是："我是一个大人了，很多事情可以自己决定了。"孩子这种独立自主的意识，不该被父母所扼杀。

　　由此可见，父母能否辨别什么是真正的叛逆，对孩子的成长是至关重要的，因为父母一旦给孩子下了"错误诊断"，给孩子贴上"叛逆"的标签，往往会发现孩子越来越叛逆。

　　如果觉得自己的孩子叛逆，不妨先把孩子叛逆的行为写下来，然后给自己一点时间思考一下：这是孩子真的叛逆？还是他有了自己的想法，只不过和我的想法不太一致？

二、了解孩子叛逆背后的原因

接下来，我们通过对两个案例的解读，来探寻孩子叛逆背后的动机。

案例 1：
> 小泰今年 15 岁，性格很急躁，有时候还喜欢跟父母对着干，父母要他往东，他偏要往西。前几天硬要父母给他买双 800 多元的名牌运动鞋，可是小泰家庭条件一般，父母想着给他买双便宜一点的鞋。但小泰不听，大哭大闹，说班上有同学已经穿上新款了，他也必须有。见父母不同意，他就跳上家里的窗台说："那行，你们不给我买，我就从这跳下去！"没办法，父母只好依着他。

我们可以先来判断一下小泰的行为表现是正常人格的心理特征，还是已经触及红线或者是心理问题甚至是心理疾病。

首先，正常的孩子是不会因为家长拒绝买鞋就要跳楼的，小泰的行为已经触及了红线。

其次，小泰只会在家长不答应自己的要求时才会威胁父母，说明这种行为还没有泛化到其他方面，所以还没到心理问题的程度。

最后，再来思考一个问题："小泰是威胁性地要去试探父母，还是真的有可能跳下去？"从这个案例的描述来看，小泰性格急躁，父母说什么都不听，还喜欢对着干，这反映了遇强则强，易被激怒的权威我性格。所谓你牛，我要比你更牛；你吼，我就比你吼得更大声。当他面对父母的激将法"你根本就不敢跳，敢跳你跳给我看！"，那他很大可能真的会去跳楼。这也提醒父母们要有一定的危机意识，能够掌握孩子行为背后的风险指数。大六人格理论可以成为一个有效的指南。

情绪激动时，不同人格孩子的心态不同，背后的风险指数也不一样。

"快乐我"孩子的性格本身就有情绪化的特点，情绪来得快，去得也快。他们会提出很多想法，情绪激动的时候也可能会有激烈的语言，但他们大概率不会真的去实施，所以"快乐我"的孩子叛逆行为背后的风险指数相对较低。"现实我"的孩子虽然也会使用威胁的方法，但他们更爱惜自己，不太会去做伤害自己又不讨好的事情，更多会采取"君子报仇十年不晚"的态度。"权威我"的孩子就不一样了，情绪激动时，他们说跳楼就真的可能会跳楼。

所以，父母要去理解孩子是什么人格，不同人格有什么特点，这样才知道该如何和孩子相处，该怎么去应对孩子提出的挑战，也能避免很多不必要的麻烦和悲剧。

案例 2：

　　天天的父母特别羡慕别人家的孩子听话，因为天天脾气暴躁，个性好强，无法接受批评，一批评就顶嘴，还会对父母大吼大叫，甚至动手打人。前几天他带了几个朋友回家一起打游戏，妈妈叫他们吃饭，天天说不吃，还叫妈妈别烦他们。爸爸又去试着叫了一句，这把天天惹急了，迎头就给了爸爸一拳，大骂道："怎么回事？说了不吃啊，滚！"天天父母哀叹："这才十几岁就这么叛逆，等以后长大了可怎么办呢？"

从描述来看，案例 2 和案例 1 有所不同，案例 1 中孩子的社会功能还没有受损，只是在特定的场合之下才会和父母发生冲突。但案例 2 中的天天脾气暴躁，已经不分场合地与父母发生冲突，甚至伤害父母，说明社会功能已经受损了，存在心理问题。

对这两个案例有了一个基本的判断以后，再来找寻叛逆背后的原因。之前的内容中讲到横向归因有四个方面，因此也可以从这四个方面入手进行分析。一是成长环境的影响，比如父母都脾气暴躁，这一点被孩子模仿和学习到了。二是性格劣势的影响，比如孩子天生性格比较急躁。三是心理创伤的影响，比如经历了某次创伤让孩子性情大变。四是心理或生理问题，如果孩子有躁狂症或者精神分裂症，也会导致孩子脾气暴躁。

作为一名有二十多年咨询经验的心理医生，我见过太多叛逆的孩子，也发现了一个规律：如果孩子的叛逆程度属于正常范围，或者只是稍稍有些问题时，这种叛逆往往和孩子的性格有一定关系。就像案例 1 中的孩子，都受"权威我"易怒性格的影响。

既然性格是影响孩子叛逆的重要因素，那进一步了解孩子的性格特点，可以帮助父母更好地去理解孩子的行为，应对可能会出现的问题。接下来的练习和解读，就是为了帮助大家更好地认识不同人格和叛逆之间的关系。

练习1：

拿出大六人格性格卡牌，让孩子比画一下不同人格的动作。比如让孩子做出快乐我卡牌上的姿势。看看孩子学哪种人格的动作学得最像？

大六人格性格卡牌上呈现的每个动作都是经过精心设计的，如果孩子目前受制于知识水平还不能自己摆出性格卡牌，那么最简单的办法就是让孩子对着卡牌上的动作比一比。如果孩子比某个人格卡牌上的动作比得最像，就说明他身上拥有这种人格的特点比较多。

练习2：

1. 请大家在性格卡牌当中找出自己认为代表"叛逆"的人格特点，然后把这张牌拿出来。比如拿出"坚持自己是对的""抱怨指责""忽略他人的感受""粗心大意""难以坚持"等等。

2. 根据拿出的性格卡牌数量和颜色，请大家判断，哪一种人格拥有的"叛逆特点"最多呢？换句话说，哪种人格的孩子更有可能做出"叛逆"的行为？

在练习2中，黄色卡牌一般是占比较多的，这就是"现实我"

的孩子，因为他们有"独断专行"的特点。大家可以看到独断专行的卡牌画面：道路前方有一座断桥，后面有人说这个桥是断的，但"现实我"依然坚定地继续向前。因为"现实我"认为：路是人走出来的。"现实我"的"叛逆"往往是以自己的结果和目标为导向，不会带有强烈的情绪。打个比方，如果"现实我"的孩子想要学武术，但父母反对并叫他好好学习，他会跟父母对抗。对抗的方式往往不是哭哭啼啼大吵大闹，而是坚持到底，甚至离家出走上少林寺。他们有一种强者的心态，能够像韩信一样忍受胯下之辱，像勾践一样卧薪尝胆。他们坚持自己的想法，以自我的愿望为中心，不听他人的劝阻。所以"现实我"孩子的叛逆从本质上来说是他们对自己想法的自信。

也有人会抽取许多蓝色卡牌，这是"完美我"。"完美我"的叛逆往往体现在他们的思想中。他们会默默无闻地追求完美，一直坚持下去，但不一定会表现出激烈的反抗行为。

相信大家也拿出了很多棕色卡牌，这就是"权威我"。"权威我"的叛逆是一种让父母非常难受的叛逆，容易引起激烈的对抗情绪。父母喊他往东他偏要往西，叫他不要做他偏要做。而且父母凶他，他比父母更凶，打他他就会还手。在大六人格中，如果要评选最让父母头疼的叛逆，就是来自"权威我"孩子的叛逆。

"权威我"孩子叛逆常见的行为表现
1. 父母老师教育时,孩子喜欢说:"我不要你管!";听不进正确的建议和劝告,喜欢说:"我的事情我做主。"
2. 遇到事情不喜欢和长辈商量,常常与家长顶嘴
3. 故意唱反调;故意违反规章制度,不准做的事情偏要做;喜欢挑战权威
4. 遇到问题时不会轻易向家长或他人求助,想要用自己的方式解决问题
5. 对正统的东西看不顺眼,喜欢讽刺他人正常的行为
6. 为了显示自己的与众不同,故意在衣着和言行上表现怪异
7. 不太理会和考虑别人的感受;沉浸在自己的世界里,孤独冷漠,对什么都无所谓
8. 冲动易怒,遇到事情不够理智,报复性和破坏性强,喜欢用暴力解决问题

如果孩子出现了表格中 5 种以上叛逆行为，他可能就属于"权威我"的叛逆了，这就需要父母更多地了解如何应对"权威我"孩子的叛逆。

三、与"权威我"叛逆孩子的相处之道

任何一种性格都具有两面性，既有它的优势，也有它的劣势。"权威我"一方面会坚持自己是对的、冲动易怒、情绪容易不受控制；另一方面，他们仗义执言，富有领导力，善于管理团队，喜欢帮助他人，自信果断，行动力强。当父母能够理解权威我的内心世界时，就会更清楚地知道该如何与他们相处了。

1. 改善表达方式

首先，"权威我"的孩子一般胆子大，希望自己能够独立，不受别人影响，所以父母一定不要轻视他们，否则他们就会进入战斗状态。比如父母对"权威我"的孩子说："这么简单的题目都不会做，笨死了。""你看看人家多努力，再看看你那个吊儿郎当的样子，什么德性。""我跟你讲了多少遍了，叫你不要打游戏，说不听是不是？"……这些话立马会使他们"炸毛"。

很多时候和孩子说话，特别是有叛逆倾向的"权威我"孩子，一定要注意表达的方式，因为他们遇强则强。同样一句话用不同的语气表达，对于"权威我"的孩子来说，结果会非常不一样：

比如"你怎么那么笨"这句话，如果是用开玩笑的语气说出来，

孩子可能会笑着回一句："你才笨。"因为他明白这是说着玩的，也能感觉到话里的亲近和喜欢。但如果父母是用严肃、责备的语气说："你怎么就这么笨呢？"孩子可能一下子就开启战斗状态，"我笨谁生的，还不是你生的？"说他一句他回十句，让父母气得心痛。

所以，当孩子特别叛逆，经常顶嘴，说出一些伤人的话时，父母需要反思一下自己：是不是自己说话的方式、语气语调有问题，本身就带有较强的攻击性，一秒把孩子激到战斗状态，和自己对着干。

"如果一个孩子生活在敌意中，他就学会争斗。如果一个孩子生活在善意和体谅中，他就学会尊重。"尝试改变我们自己的语言，和孩子的沟通可能就会有意想不到的改善。

2. 冷静是制胜法宝

如果孩子已经处于战斗状态了，我们就要注意避免和他们正面交锋，冷静才是制胜法宝。

举例来说，案例 1 中的小泰闹着要买名牌鞋时，如果父母开始说教："你看我们家经济条件一般，赚点钱也不容易，你能不能换一个便宜点的？"还有的父母甚至不是说教，而是批判指责："穿名牌有什么用，能当饭吃吗？你看看你的成绩，配吗？"这些势必会引起孩子的反感和厌恶。

所谓冷静就是先解决情绪，再解决问题。让孩子先把情绪发泄完，不要急着和他正面对抗。在心理学中有个"拍球效应"，指的是越用力拍球，球弹得就越高。夫妻之间也是如此，如果发生争吵，两个人都不停地拉高声音，架会越吵越大，根本停不下来，而如果一方又吵又骂但另一方不说话，双方的情绪可能会随着时间的推移慢慢缓和下来。

有的家长可能觉得难以做到情绪稳定，尤其是在面对孩子的问题时，忍不住朝孩子大吼大叫。这可能是因为家长小时候也曾被父母以同样的方式对待过。这就是心理学上定义的"创伤的代际传递"。苏珊·福沃德在《原生家庭》中说："家，是爱与温暖的传递通道，也是恨与伤害的传递通道。"如果一个人的原生家庭不幸福，从小在吼叫的环境中长大的话，也很可能会习得这种"教育"方式，用同样的方式对待自己的孩子。每个孩子都是大人的一面镜子。当你能从和孩子的相处中意识到原生家庭的影响，慢慢修炼自己，做一个情绪稳定的父母时，你的孩子也会受益一生。

3. 温柔地坚持

那当孩子在气头上时，父母是不是要一味附和，予取予求呢？法国著名的教育家卢梭曾说："毁掉一个孩子最好的办法，就是对他百依百顺。"在孩子面前，父母要温和冷静，但同时要有自己的立场和原则。这个立场和原则就是温柔地坚持。

孩子表达愤怒的方式是多种多样的，他们可能会哭闹，可能会在地上打滚，甚至有的孩子会拿头撞墙、摔东西。越是这个时候父母越要保持冷静，如果孩子的行为会伤害自己，那么先稳住孩子是第一要务。凡是没有威胁到生命健康的，没有触碰到底线和原则的行为，父母可以尝试着跟孩子说："我明白此时此刻你非常难受，也非常理解你的心情，因为我小时候也遭遇过。但是你要明白，无论你怎么哭闹，我都会坚持我的原则，不会妥协的。"等孩子情绪平稳下来，再去进行沟通，告诉孩子自己拒绝的理由，包括原因和需要承担的后果，让孩子清楚父母的原则。

当然，表达的过程中语气也是非常关键的，温柔且坚定地表达出"不可以"就足够了。如果带上了对抗的语气，比如："我看到你很生气，你想干吗？我告诉你就是不可以！"这只会让冲突一发不可收。

如果做不到温柔地坚持，后果是什么呢？就是孩子学会了：只要我哭闹，就一定会得到我要的结果；如果连哭闹都没有用，我就威胁；如果连威胁都没有用，我就真的去做危险行为。

孩子有时会由于冲动或为了达到目的，不断地突破"界限"。作为父母一定要学会温柔地坚持，当孩子认识到父母的坚定后，他们就会清楚这个界限是需要遵守的。

在与"权威我"孩子沟通的过程中，还有一点需要注意的是，一定要诚实地说出自己的主意和想法，不要欺骗孩子或有所保留。"权威我"的人最无法忍受的就是欺骗和隐瞒，如果孩子发现被欺骗，情绪往往会更加强烈。所以一定要有一说一，在注意表达方式的同时，把真实的情况告诉孩子。

四、如何应对青春期孩子的叛逆

除了"权威我"性格的孩子会比较叛逆外，很多孩子进入青春期，因为自我意识的快速发展，也会变得叛逆。很多孩子就像变了个人一样：本来性格很好的孩子，突然变得很别扭；活泼的孩子突然沉默寡言；内向的孩子更加阴沉不爱说话；性情温顺的孩子开始变得暴躁起来。

但其实从发展心理学的角度来说，孩子是进入了第三个叛逆期：青春叛逆期（12～18岁）。这不属于心理问题，而是孩子的一种正常的心理时期。有些孩子叛逆时间比较短，一两个月自己想通了就好了。但也有的孩子叛逆时间特别长，自从进入青春期之后，就让家长特别揪心。那面对这种青春期的叛逆行为，家长究竟应该如何应对呢？

首先，学会给孩子"叛逆"的空间。很多父母会在孩子表现出"叛逆"行为的当下做出回应，但这时的回应往往是火上浇油，让双方的战火越燃越旺。如果孩子表现出不平、不满的情绪时，不妨让他的情绪释放一会儿，给孩子一些发泄的空间。因为不管怎么压抑，"坏情绪"始终在那里。一味地回避，最终会让孩子的"坏情绪"无法控制，彻底爆发。

二战时期，心理学家唐纳德·温尼科特被政府指派去儿童避难所工作。最开始，有的孩子很顺从，有的孩子很"叛逆"，时常搞破坏、吵架什么的。大家都觉得那些顺从的孩子心理状态更好。但最后，反而是原本顺从的孩子们表现出了更长期且难以修复的心理问题。因为这些孩子们一直压抑痛苦情绪，最终变成了向内的自我攻击，把自己弄得遍体鳞伤。

孩子"叛逆"的当下往往是情绪最激烈的时候，如果可以给孩子一点时间，让情绪放缓、理智回笼，不但给孩子留了面子，也让孩子有机会把激烈、极端的行为进行调整，不再抗拒沟通。那具体可以如何操作呢？

第一，把握好度。孩子犯了小错可以当场劝告，但如果是比较大的、严重的问题则可以暂且搁置，晚一点再拿出来讨论，留给孩子一些自我消化的空间。举例来说，孩子在学校里因为与同学发生争执把同学的贵重物品砸坏了，内心非常惊慌。即使是孩子的问题，也要先安抚孩子的情绪，可以带孩子回家吃饭、散步，慢慢帮助孩子平静下来。等第二天再和孩子细细分析，此时孩子也更能接受父母的建议，承认自己的错误。

第二，如果孩子对我们有情绪了，我们也要先倾听孩子的不满，给他们发泄情绪的空间。即使很多时候我们内心无比想打断孩子，说："我根本不是你说的这样。"但也要尽量克制自己，保持平静，先听孩子说说他的想法。很多时候说出来了，情绪就消散了大半，而且孩子会从我们身上学到倾听的态度，从而更愿意去倾听父母的建议。

第三，在表达的时候，尽量避免全面否定。我们可以先肯定一部分，表示哪里是做得比较好的。心理学上有一个有趣的效应——"三明治效应"，指的是人们在批评一个人的时候，将批评夹在赞美之间，会让对方更愉快地接受。比如："我觉得你是一个比较乐观积极的孩子。""我知道你的行动力非常强，做事情也很积极。"多给孩子一些认可，再来提出我们的建议。很多时候，孩子其实也知道自己是有缺点的，但在互相争吵时，他们可能就要争那一口气，犟着说：

"我没错!"多给孩子一些肯定,告诉他:"爸爸妈妈不是说你不好,只是说你还可以更好。"孩子的反抗态度也会软化下来,更愿意和父母进行交流。

第四,满足孩子独立的心理需求。处于叛逆期的孩子,一方面有着强烈的独立自主的需求,但另一方面能力却不足以让他能够真正独立。这种情感上对父母既依赖又分离的状态,造成了孩子矛盾的心理,让孩子的情绪波动起伏很多。如果这个时候,父母还是高压控制,过度保护,必将招致孩子更为激烈的反抗和叛逆。

父母这时候真正需要做的是学会慢慢放手,满足孩子独立的心理需求。在学会慢慢放手的同时,注意培养孩子独立的能力,在适当的范围内给孩子体验的机会。如果孩子独立自主的能力从小就得到父母的认可和支持,他对于自我的认识也就更加全面,自主处理问题的能力也能得到充分的提升。

心理学家希尔维亚·克莱尔说:"世界上所有的爱都是为了相聚,只有一种爱是为了分离——那就是父母对孩子的爱。"我们做父母的,最应该做的就是分清爱的边界,从容不迫地放手,让孩子尽早作为一个独立的个体从我们的生命中分离出去,自由生长。

最后,有些父母可能想问:"我也想对孩子更好一点,但是过往的经历让他已经对我产生了敌对情绪,那该如何交流呢?"在这里分享两个比较实用的小技巧:

第一,如果语言沟通已经不太有效,可以用书信或日记与孩子交流情感,慢慢建立沟通的渠道。写字比说话要慢,动笔时会经过更多的思考,表达出来的情绪会相对舒缓。不要以为孩子肯定不会看我们的信，孩子们都有一颗好奇之心，当他看了以后，慢慢也会对父母有一些理解。而且有时候偷偷地写信比直接给效果更好，更容易引发孩子的好奇和触动。可以偷偷地把信或日记放在某一个地方，假装不经意地让孩子看到。

　　第二，借助第三者传达我们的想法，减少双方的误解。当孩子见到我们就很有情绪时，可以请他的兄弟姐妹，或者爷爷奶奶进行沟通。通过第三者的沟通也许会更加平和，孩子也会更自在地表达出自己的想法，或许这时我们就能找到互相理解的基础。

　　其实所有给父母的建议的出发点都在"尊重"二字上。青春期孩子的叛逆是自我意识的崛起，尊重孩子的独立自我是让父母与孩子实现良好沟通的突破点。相信当孩子获得足够的尊重以后，对于父母的抗拒也会相应地减弱。叛逆虽然可能还会存在于内心，但是在行为上会变得相对理智而温和。

　　当然，以上所有的建议，仅限于孩子处于正常的心理状态，或者稍微触及"红线"的范围。如果孩子已经出现心理问题或心理疾病，或者说孩子现在非常叛逆，和父母基本没有沟通了，亲子关系出现了很大的问题，那这些方法就不太适用了，这时就需要更专业的介入——心理咨询来解决了。

第七课　读懂孩子的拖拉与逃避

大多数父母都会觉得自己的孩子拖拉：写作业总是拖到吃完饭才开始，做家务总是喊了半天不动……感觉做什么事情都要拖到最后一刻，没有干脆利落的时候。但孩子的拖延也许只是出于贪玩或者尚不明白学习的重要性，随着年龄的增长，有些孩子会慢慢变得自律，不需要父母的过多干预。那什么样的拖延是需要父母采取措施的？如果需要，又有什么方式可以有效纠正呢？

一、为什么孩子总是拖？

我们先来看一个案例。

小 M 今年读三年级，是个乖巧听话、慢性子的女孩。每天放学，她不用妈妈催就会乖乖地开始写作业。但是每次到吃饭的时间，妈妈一看，就写了几个字。吃完饭继续写作业，妈妈在旁边督导，发现小 M 总是写几个字就擦掉。这样反反复复一两个小时就过去了，作业也没有实质性的进展。有时妈妈急了，就在旁边不停地催她快点写。小 M 连连说好，但还是继续磨蹭。

根据案例描述，小 M 写作业的态度是非常好的，只是做得很慢。如果这种情况再往下发展，可能会影响到孩子的社会功能。比如，现在三年级的作业已经应付不过来了，等到了四五年级或者初中，学业负担更大时，很可能会跟不上教学进度；或者在考试的过程中，别人已经做完了，自己还剩一大半。所以，小 M 的拖延已经触碰到红线了，需要父母及时干预。

那么小 M 拖延背后的原因究竟是什么呢？很多孩子都有拖延的表现，但背后的原因是各不相同的。只有找到孩子行为背后的原因，才能从根源上解决问题。有些孩子做作业拖延是因为他们假装在做作业，其实在偷偷摸摸地看小说、漫画或者玩手机、iPad 等等。而小 M 却是真的在做作业，但总是返工，进度很慢。所以小 M 的问题不在态度上，而在性格上。她性子比较慢，有和谐我的特点，父母叫她往东，她不会往西，但做事很慢。因为和谐我的内心存在逃避、畏难的心理，和贪玩导致的拖延有本质不同，解决方法也不一样。所以父母一定要学会透过表象发现原因，理解孩子，不能所有的问题都用一套方法解决。

二、大六人格与拖延

1. 性格对拖延的影响

从上面的案例可以看出，人格不同，在拖延这个问题上的表现也不同。在大六人格中最不容易拖延的是现实我和权威我，因为这两种人格特点的人性子往往比较急。比如权威我的代表孙悟空，几乎从不拖延散漫，一有事情瞬间就冲出去了。而完美我的人做事情有时会很慢，但并不是拖延散漫。因为他们是在一遍遍地修改，确保成品尽善尽美。所以他们所做的每一步都是有实质性进展的，而不是像案例中的小 M 一样在浪费时间。

相对而言，"快乐我""敏感我""和谐我"的孩子容易出现拖延的倾向，但背后的原因是不一样的。

"快乐我"孩子的拖延有两个主要原因，一是因为他们容易分心、贪玩；二因为不感兴趣。也就是说，如果事情本身能引发"快乐我"孩子的兴趣，他们几乎不会拖延，行动甚至会比"权威我"和"现实我"的孩子还要强。因为"快乐我"是比较冲动的类型，看到感兴趣的事情一下就冲上去了。所以"快乐我"孩子的拖延问题不在于性格或者态度，而在于能否发掘事情的趣味性。

> 我女儿就是一个"快乐我"。在我们一起参加沙漠徒步时，第一天她体验到的是绝望，因为我们一天就走了二十多公里，但整个过程的感觉都是茫然且没有依托的。人在茫茫无际的沙漠当中走着，想着："还有多远呢，什么时候是尽头呢？"后面什么都没有，四周也什么都没有。所以我女儿不想走了，因为她找不到任何有趣的事情，没有动力。
>
> 第一天结束后我开始思考："女儿的拖延是因为她不感兴趣，没有动力。怎么能够把困难转化为动力呢？"于是第二天我在背包里装了一包棒棒糖，说："你走一公里就奖励一根棒

棒糖。"结果第二天的行走中，女儿反过来拖着我往前冲："爸爸快！爸爸我们走了多远了？"我说："现在 800 米。"然后她冲到一公里处，开开心心地吃到了棒棒糖。

所以"快乐我"的孩子是需要一些刺激的，比如把繁杂的任务转化为挑战，让他们从中感受到乐趣。对于他们来说，解决拖延的关键就在于发现乐趣，在玩中学。

相比于"快乐我"和"和谐我"的孩子，"敏感我"孩子的拖延没那么常见，因为他们的拖延其实是内心纠结的表现，即想做又不敢做。"敏感我"害怕做错时来自他人的批评，如果做了就有出错、被批评的可能，为了避免犯错，他们可能干脆不要开始，拖延行动，甚至放弃行动。

所以对于"敏感我"的孩子，很多时候不想去学校不是因为贪玩或者厌学，而是由于一种畏惧："如果我不学习，就不会显示出能力不足，爸爸妈妈就不会对我失望，老师就不会批评我。"甚至有一种儿童心理疾病叫作学校恐惧症，表现为一提到去学校，孩子就会各种不舒服，头疼、胃疼，感到恶心等等。这些症状不是孩子装出来的，而是他们真实感受到的，但做身体检查却查不出任何不对。而且只要上学的压力一消除，这些身体症状就会消失。其实这就是对上学的畏惧作用在身体上的表现，为了能获得逃避学习的借口，他们无意识地给自己制造出了身体的痛苦。

"和谐我"是最容易出现拖延倾向的人格，前面案例中的小 M 就是"和谐我"。"和谐我"的孩子不是不想做，而是经常在犹豫、磨蹭。这种性格优势的一面是随和、平静，劣势的一面就是缺少紧迫感，在完成任务时常常处于比较被动的状态，别人推一下，动一下。

2. 应对不同性格孩子的拖延

（1）"和谐我"

如果"和谐我"孩子的性格容易产生拖延问题，是不是代表父母需要时时监督，多加催促呢？其实"催"往往是最无效的，真正有效的方法是引领，通过各方面的引领增强"和谐我"孩子自身的行动力。那具体应该怎么做呢？

首先，父母可以给孩子做关于时间观念的训练。缺乏时间观念是导致拖延散漫的重要原因。

练习：时间观念训练

目的：慢慢改变孩子对时间的感觉，帮助孩子提升紧迫感。

示例：告诉孩子限定一个小时完成作业时，悄悄把孩子的闹钟调到 55 分钟。让孩子将 55 分钟当作一个小时去感受，从而产生时间的紧迫感。

孩子适应后，可以再慢慢地把一个小时调整为 50 分钟。随着孩子对时间紧迫感的提升，他做事的速度也会加快。

其次，引领需要父母的亲身参与，针对性地帮助孩子提升能力。引领不是告诉孩子："你快点做作业！"而是亲身上阵，给孩子演示更有效率的办事方式。

只催不做是很多父母存在的问题。面对孩子的拖延，父母更多的是催："你作业这么久了怎么还没做完？""你看你才写了几个字？"这些话语容易让孩子感到着急，一着急心乱了反而更加做不好。而且不仅这一次做不好，下一次也只知道着急，不知道怎么改，因为他根本没有掌握更好的方法。

"催"尤其不适用于"和谐我"的孩子。"催"的作用体现在，孩子不想动，父母通过催促迫使孩子开始行动。但是"和谐我"的孩子不是不愿意做，而是已经行动起来了，但是方法有问题，没有效率。比如案例中的小M，父母要做的是帮她一起找到解决问题的方法，而不是只会催。

最后，父母要学会欣赏孩子，肯定他们能做到的，而不是一味地数落和指责。因为父母批评得越多，他们越不知道该怎么做，从而更想放弃。比如孩子做作业很慢，明明很简单的题目也要想很久才敢下笔。这时父母千万不要急，应该看到，孩子虽然慢，但是他们的耐心和专注力很足，愿意对着一道题目思考很久。看到孩子的优点，多鼓励，同时给方法，才能有效地帮助"和谐我"的孩子解决拖延问题。

（2）"快乐我"

从前面的讨论中我们可以发现，"快乐我"拖延的主要原因是贪玩。"快乐我"的孩子在学习时常常分心，东摸西摸，或者甚至就在那里发呆、幻想，做白日梦。比如：

《西游记》当中的猪八戒就是典型的"快乐我"。师父叫他去打水,他就跑到一个地方先偷睡一下,醒来再打水。好不容易打了水,还自己先喝一口。

　　遇到困难时猪八戒也常常逃避。比如师父被妖怪抓走了,猪八戒第一反应是:"师兄!师父已经被妖怪抓走了,咱把行李给分了,你回你的花果山,我回我的高老庄。"

　　猪八戒的这些行为就暴露了"快乐我"的缺点:贪玩、容易分心,完成任务很慢,而且遇到困难就逃避。但是猪八戒某些时候的表现会变得很好。什么时候?那就是有大师兄管着的时候。每当猪八戒犯错,唐僧就看一眼孙悟空,孙悟空就会跳出来教训猪八戒。看打得差不多了,唐僧就来了,说:"悟空算啦。"所以猪八戒特别喜欢师父,因为师父总是维护他。但其实唐僧每次都是等孙悟空教训够了才出面的。从这里可以看出,当"快乐我"处于权威的压迫之下时,往往会更加听话。当然如果压迫过头孩子会承受不住,反而生出自暴自弃的想法,所以这时需要一个类似唐僧的人出来打圆场,说:"没事了,没事了,把事情干好就可以了。"

　　面对"快乐我"孩子的拖延,我们也可以采取类似的方法。比如当孩子不听话,或者做作业比较拖延的时候,妈妈可以出来用比较严肃的态度教育孩子。这时候爸爸不要说话,等看到孩子玩心收得差不多了之后,再说:"可以了,我们一起把作业完成就好了。"

　　有些家长可能会担心:"开始的教训会不会给孩子造成心理创伤?"其实这是一个度的问题。父母正常范围内的管教,不用太担心会给"快乐我"的孩子造成心理创伤和阴影。"快乐我"孩子的一个特点就是"容易忘记不开心的事情",他们比较容易从悲伤的情绪中走出来,善于自我排解,发现生活中的乐趣。也正是因为这样,他们才表现得贪玩、容易拖延,因为常常淡忘规则与责任。

综上,面对"快乐我"孩子的拖延时,夫妻两人需要配合,一个唱白脸,一个唱红脸,威严和引领相结合。如果两个人都很惯着孩子,"快乐我"孩子通常会越来越无法无天。

还有一个原则很重要:事和情要区分,事和事要区分。

首先,事和情要区分,不要因为爱孩子而无底线地包容孩子。比如作业拖拉必须得表现出威严,展示出在这件事情上无可商量的态度。如果因为心疼而无止境地包容孩子,这种过度的爱也会成为一种伤害,所以事和情要分开。

其次,事和事要分开,在生活的不同领域采取不同的态度。学习时是威严的,玩耍时可以是宽容的、关爱的。学习上可以追求完美,但在生活当中尽可能地给予包容和陪伴。这并不代表不爱孩子,而是给出有原则的爱。如果父母不能在生活中树立原则,"快乐我"孩子感觉不到监督和束缚,就容易放飞自我,更加拖延和散漫,从而出现种种问题。

此外,还有一个增强"快乐我"孩子行动力的秘诀就在于——激发兴趣。比如孩子认字的时候,可以把那些字卡摆在地上,然后玩游戏:妈妈喊到哪个字,看爸爸和孩子谁先踩到那个字上就赢了。这就是"快乐我"孩子要的东西,好玩有趣的体验式学习。

（3）"敏感我"

"敏感我"拖延的主要原因是担心行动可能带来的风险和批评，最好的应对方式就是父母带孩子一起体验。在体验的过程中，孩子可能会受伤，但父母的陪伴会让他们感受到挫折甚至失败都没有想象中的可怕，不要因为担忧存在的风险而拒绝开始。

同时，父母要做好预防工作，避免对孩子造成过于严重的打击，否则就适得其反了。

一旦"敏感我"对于不确定的担忧消失，他们就会果断勇敢地开始行动。

（4）"权威我"和"现实我"

"权威我"和"现实我"人格的孩子的拖延相对来说是比较少的，但是他们很坚持自己的想法，也会让父母头疼。比如《西游记》中的孙悟空，虽然他没有猪八戒贪玩，但是一旦他不认同师父的想法，那是怎么都不肯做事，真正成为拖延的"刺头"，任何威逼利诱都不奏效。如果孩子是这种性格，父母要如何应对呢？我们可以从《西游记》中唐僧和孙悟空关系的转变获得一些启发：

> 为什么最开始孙悟空和唐僧会有很多冲突？因为他们的目标不一致。最开始孙悟空认为目的就是取得真经，而且他是快刀斩乱麻，以目标为导向的"现实我"，所以他想的就是："我一个筋斗云翻到了西边，给你把经书取回来不就行了？"但唐僧不是，他认为必须自己去经历这九九八十一难才叫取得真经。

所以孙悟空对唐僧"磨磨蹭蹭"的取经行动怨气满满，但是迫于紧箍咒的压力无处释放，所以表现出很多叛逆行为。

为什么孙悟空后来变得非常听唐僧的话？因为他最后终于找到了自己神圣的使命——他的使命根本就不是去西天取经，那是唐僧的使命，他的使命是保护唐僧。当他领悟到这一点之后就不断地放水，让唐僧被妖怪抓走。唐僧被抓走了以后，孙悟空就出来喊："师父，俺老孙来救你啦！"这样他的价值感才不断得到升华。如果西天取经的过程中风平浪静，孙悟空就没有任何的价值感。

二者关系转变的关键就在于唐僧帮助孙悟空找到了属于他的价值感和方向。对于"权威我"和"现实我"的孩子来说，不确定性和风险不可怕，自我管理能力也不是问题，真正的问题往往在于他们缺少价值感，或者对于价值的认知和父母不一致。这种情况下就会出现很多家庭矛盾。

所以如果家中有"权威我"和"现实我"的孩子，家长可以尝试主动赋予他们价值感，让他们能够更多地承担起家庭的责任。当他们感受到了："原来我是家的一分子，这个家是我的。"可能行为表现就会不一样了。或者父母可以想办法帮助孩子多去思考人生的意义，他的价值感应该从何处来？当想清楚了这些以后，孩子的人生观都会不一样。所以父母要不断地去引导"权威我"和"现实我"的孩子，让他们尽早去接触这个世界，接触这个社会。因为他们往往是早慧的孩子，更深入的思考能帮助他们成长。可以让他们了解一下医生是怎么工作的，律师承担着什么样的责任等等，拓宽眼界。古话说：读万卷书不如行万里路，行万里路不如阅人无数。当孩子的心胸和眼界都开阔了，目标感和价值感也会随之产生。那个时候就不用父母操心了，他们比谁的执行力都要强。

三、如何应对孩子学习上的拖延？

很多家长表示，孩子在学习上的拖延往往是最严重的。比如有的孩子可能平时很积极，但做作业就总是拖着。以下是几个应对的方法：

首先，要始终确信孩子的功课一定会完成得很棒，因为信念会影响到我们的行为和情绪。心理学中有个现象叫自证预言：如果父母先对孩子有一个假设，最终往往会发现这个假设在孩子的身上被证实了。

曾经有一个父亲和我抱怨他的孩子太贪玩，总是说在学习，但其实是偷偷在玩。结果当我问孩子为什么的时候，她说："他总是觉得我在玩，那我当然要玩啊。"原来，当孩子进入学习的关键期，她也被班级氛围激励得想要努力学习了，于是常常熬夜奋战，夜间屋里也灯火长明。结果某天吃饭，父亲对她说："都快考试了你怎么还在玩，一点不上心！"她说："我没有，我最近一直在努力学习啊！"父亲接下来的话一下子打消了她所有的学习热情："我还不知道你！熬那么晚肯定是在玩游戏了，还找借口。"所以这个孩子说："如果爸妈一直觉得我是贪玩的，那我学习了还感觉更委屈，为什么要学习呢？"

如果父母觉得孩子就是贪玩，那看到孩子做作业慢，第一反应就是觉得他在贪玩而不是在思考。这样给孩子贴上标签，反而会无形地"推"着孩子成为消极标签代表的形象。所以要改变孩子学习上的拖延问题，首先一定要改变自己的信念，学会去相信孩子。比如相信孩子一定会变得非常的优秀，哪怕他现在厌恶学习，哪怕他现在沉迷于网络游戏，都要相信孩子一定有属于自己的才能尚未被发掘。当父母带着积极信念的时候，行为也会相应地变得更加积极和包容，孩子也会感受到父母的支持。

其次，在应对孩子学习上的拖延时，家长可以根据情况采取一些具体的方法。如果孩子只是暂时性地缺乏动力，可以给孩子制订奖励机制，比如做完作业就可以出去玩一下，或者吃到好吃的东西。也可以故意反着来让孩子不做功课，间接提醒他要承担的后果，这样反而会强化孩子写作业的欲望。比如我的孩子偶尔作业没做完就去玩耍了，我就说："我觉得是可以不用做，真的别做，反正作业是老师布置的，你是向老师交任务。"她反而会说："那还是不行，不做的话老师会骂人的。"然后乖乖去做了。但如果孩子已经厌学了，千万不能反着来。使用这个方法的前提是孩子只是有点贪玩，但还是在乎学习的。

另外，如果孩子是想学习，但是迟迟进入不了专注的状态，家长可以先陪他玩一会，或者让他先整理一下桌子，通过与学习相关的行为构建"仪式感",帮助他慢慢进入做功课的状态。如果孩子有自己的偏好,比如特别喜欢某一门功课,也可以让孩子先做他喜欢的功课,进入学习状态后再去做没那么喜欢的功课。

长期来说,解决学习上的拖延,提升孩子的能力很重要。能力强了,问题自然就解决了,从学习中获得的积极感受也就越强,拖延自然会减少。提升孩子的能力就要求父母参与到孩子学习的过程中,比如看一下孩子不会做的部分,通过搜索软件或者其他途径自己理解,最后总结出一套方法教孩子。

教育孩子是一门艺术,父母很多时候需要自己先学习,然后再来教育孩子。育儿先育己,才能跟孩子一起共同成长。

第八课　读懂孩子的自卑与胆小

见到了亲戚，孩子就是躲在背后不敢打招呼；

遇到了老师，孩子拉着自己一定要绕开走；

和小伙伴一起玩耍，孩子不敢表达自己的想法，受了委屈后回家自己默默消化……

作为父母，也许时常会担忧：孩子胆子这么小，甚至有点自卑，以后怎么办呢？我们能陪孩子一时，却不可能护着孩子一世。其实家长们大可不必如此担忧，每个孩子性格不同，你以为的问题很多时候正是孩子独特个性的表现。

本节将探讨什么情况下自卑与胆小会成为孩子成长中的问题；如果是问题，那么问题背后的原因是什么，家长应该如何应对。

一、孩子的自卑与胆小是问题吗？

有些家长可能会感到困惑："胆小与自卑怎么会不是问题，不需要干预呢？"其实大家可以先反观自身，就能了解这一个问题的必要性。

我自己其实有很多胆小、自卑的一面。比如我的社交能力不强，上学时和同学们有比较强的距离感。后来学习了很多心理学知识，也知道怎么能够快速地同人建立连接，但我不想去改变。因为我觉得这不是问题，社交方面的"胆小"并不影响社会功能。我能和他人友好交往，只是很难做到和人快速地亲近。所以社交的"胆小"不需要去解决。

再比如我五音不全，虽然我内心也很渴望唱一首不跑调的歌，但我做不到。所以大家唱歌时我基本不开口，只是认真听别人唱，在这方面我是"自卑"的，但也没必要去改变，因为也不影响我的社会功能。

每个人都会有自卑的一面，胆小的一面，但并不是每一个自卑、胆小的表现都需要解决。那该如何判断是否需要解决呢？首先看是否影响社会功能。社会功能是指作为一个社会人经常会使用到的能力，或是会面对的一些问题。举例来说，如果一个孩子特别害怕坐快艇，上船了就会吓得一直号啕大哭。假设他一直无法克服这种恐惧，这是问题吗？当然不是，不坐快艇并不影响他的正常生活。但如果这个孩子害怕置身于公共空间，连去学校都非常害怕，这需要解决吗？需要，因为这种害怕会使他无法正常地完成学业，甚至失去绝大部分社交生活，这就已经影响到社会功能了。

所以是否需要干预，应该关注孩子自卑与胆小的方面是否会影响孩子的基本社会生活。除此之外，是否影响孩子的社会功能也是一个程度的问题：比如孩子在和陌生人社交时会有一些害怕。而老师提问的时候，虽然内心紧张，但也可以对答如流，能够比较和谐地和老师相处。这个在陌生人面前"胆小"的问题就不一定需要解决，因为孩子的社会功能并没有严重受损。

对于有些家长来说，可能因为自己是一个非常外向、胆子很大的人，所以容易放大问题。比如一旦发现孩子在外面看到亲戚朋友就躲，就会觉得这是孩子没有礼貌的表现，问题很大。但其实如果孩子该礼貌的时候非常礼貌，只是有时候害怕和不认识的人打招呼，这就不一定是问题。因为礼貌关于品德，如果品德不好，孩子会对很多人都不礼貌，甚至说脏话。但是如果孩子该保持社交礼仪的时候愿意且能做到，就没有影响他的社会功能。

关键在于，家长要学会尊重孩子的个性，给孩子成长的空间。这也是为什么本书一直在强调大六人格。因为在了解了人与人之间的差异性后，家长也能够更深刻地去理解和尊重孩子们的个性。

二、如何看待孩子的胆小、自卑？

首先我们来看一个案例。

> 丽丽的妈妈脾气暴躁，每天丽丽都会因为小错误被妈妈吼上好多次，有时候稍有反抗，就会迎来妈妈的一顿臭骂，甚至是暴揍，这让她有些害怕。丽丽每天都提心吊胆，做什么都会首先看妈妈的脸色。要是觉得妈妈心情不好，就一句话不敢说，憋在心里。

在妈妈的暴脾气下，丽丽变得越来越小心翼翼，不敢和他人交往，生怕自己一不小心说错话、做错事就会惹别人生气或引来责骂。有时候，别人无意间的一句评价都会让丽丽焦虑得吃不下饭。老师有一次无意中看见丽丽的笔记本上写着："我什么都做不好，就不该来到这个世界。""为什么别人都比我好，我要怎么做别人才会喜欢我？""是不是我死了就可以不用承受这些痛苦了。"

从案例中可以看到，丽丽的人际交往存在问题：她不敢与他人交往，生怕自己一不小心说错话、做错事就惹人生气；甚至别人一句无意的评价都会让她吃不下饭，说明社会功能已经中度受损了。因为她现在还没有到完全将自己封闭起来的程度，并且没有自残行为，只停留在想法层面，所以没有到达心理疾病的程度，但超越了红线的范畴。而且丽丽的心理健康已经出现问题了：有过自杀的念头，觉得活得很累，还不如死了算了。需要家长和心理专家共同干预应对。

接下来就是横向归因，案例中原因表述得很明显，是丽丽妈妈的暴脾气，还有妈妈的不断否定，造成了丽丽的心理问题，说明成长经历对她的影响很大。

那么如何改善丽丽的问题呢？首先看策略干预的四个部分：精神，信念/能力，行为/情绪以及环境。根据案例，可以发现丽丽其实最匮乏的是精神层面。精神是指心理营养，这就好比每一个人的身体成长都离不开锌、钠等元素，孩子的心理成长也需要养分，这就是父母的关注和爱护。那为什么说丽丽最需要的是精神层面的补充？因为在帮助孩子解决问题时，基本的原则是从上到下、由高到低，不要从低到高。

从低到高的改变不仅更加困难，也很难有效果，因为上层的匮乏会不断侵蚀已有的成果。比如，如果想从环境开始帮助丽丽改变，那么她妈妈现在要开始改变她的暴脾气。从这里入手会非常慢，因为个人的性格改变需要时间，不是一蹴而就的。而且丽丽的性格已经受到影响变得自卑胆小了，就算现在妈妈改变了，丽丽的性格改善还是非常困难。所以，虽然环境需要改变，但是从环境开始改变只会事倍功半，需要先从更高的精神层面开始。

精神层面，丽丽缺乏认可和关注，她觉得自己不被认可，不值得被爱，这是很严重的精神层面匮乏。有一种补充精神养分的有效方法是催眠：

> 我对丽丽进行了催眠。催眠时我让她回到妈妈肚子里，重新被生出来，重新去感知这个世界。让她去感受当她开始学会爬的时候，学会坐的时候，学会走路的时候，学会跑的时候，学会说话的时候，让她去感受自己的一点一滴的成长，同时感受自己的能力。

在孩子已经全盘否定自己的时候，对他说："你的爸爸妈妈是爱你的，你的老师是认可你的，你的同学也是鼓励你的。"这是很难起作用的，因为这时孩子已经把自卑刻到了心里。他们也很想自信，想要相信自己，但他们做不到，因为他们已经习惯性地否定自己了。

听到"你要自信呀，要相信自己呀"之类的话，他也会觉得很有道理，但是没有用，这就是有用的废话。而催眠可以让孩子真实地感受到自己的潜力，产生自信。

第二步就是提升孩子的能力，改变她的信念。因为如果止步于精神层面，精神层面相信了，回到现实生活当中再遭受打击，很容易被打回原形。甚至下一次再通过催眠创建未来，丽丽也不会相信了。能力这个层面就是我们要教会丽丽，如何获得他人的认可，如何与他人建立正向的连接。

第三步是行为/情绪，要帮助丽丽将理论付诸行动。

最后，环境部分。家庭的环境，妈妈的脾气要做出改变。

这四步缺一不可，但关键要先从精神层面开始。如果一开始不使丽丽相信美好的未来，接下来改变她的信念，影响她的行为都是非常困难的。

总结一下，首先判断问题很重要：什么问题要解决，什么问题不该解决。其次解决时要注意方式，要从上到下，从精神到环境进行策略式干预。

三、敏感我与胆小自卑

大家应该可以发现，敏感我的孩子是最容易出现胆小、自卑倾向的。敏感我有优点，但也有劣势。如果父母想要了解敏感我的孩子有哪些特点，可以拿出大六人格性格卡牌，查看灰色牌上的文字。总的来说，敏感我的优点是觉察能力强，他们喜欢去观察，并且情感很细腻。从小到大父母会觉得孩子非常懂事体贴。他们也像小侦探，喜欢去琢磨和去思考。他们喜欢问十万个为什么，也特别善于察言观色。他的同理心非常强，感受力也很强。但劣势在于，敏感我的孩子容易沉溺在不开心的事情中，而且内心比较保守不愿意说出来，同时比较缺乏安全感，总是有着对于关系的担忧。

如果孩子的敏感我特点多，又有胆小和自卑的倾向。有一点是非常需要家长关注的，那就是"内心保守"。内心保守代表着孩子不喜欢和别人说内心的想法，不愿意分享。比如案例中的丽丽，她只是在日记中抒发自己的情感，却没有和任何人说过。如果她可以和值得信任的人分享，比如妈妈骂她，她可以和爸爸分享，那丽丽也不会发展到有心理问题的程度。

心理学的研究表明，面对压力时，只是简单地倾诉出来，就可以增强自身的抗压能力。一场涵盖八百名参与者的实验表明，在持有秘密的压力事件时，能够倾诉出来的被试者比无法倾诉的心理状态更好。因为他们在倾诉时感受到了来自对方的支持，从而感觉自己更有能力面对当下的难题。

所以我会对我女儿说："你在爸爸这里说的话，我不会告诉妈妈，不跟妈妈讲。"而且我也是坚持这么去做的。因为我要给孩子提供一个安全的空间去表达和探索自己的感受，让她感受到父亲的支持，不能让负面情绪不断地积压，而她只能一个人苦苦支撑。对于敏感我的孩子，父母要尤其注意沟通的大门不要关上了，保持交流和连接。

因为敏感我很容易发展出述情障碍[1]，即顺利表述自己情绪情感的障碍，这会阻碍他们通过倾诉获取支持，加重胆小、自卑的问题。

大家可以将人的情绪理解为向气球吹气。"快乐我"的孩子，他们有情绪，气球就会吹气膨胀，然后"快乐我"的孩子也容易忘记不开心的事，坏情绪能一下就放掉，气球恢复原状；"和谐我"的孩子情绪比较淡，常常是吹一点点，都看不出这个气球鼓起来；"现实我"的孩子能够很好地化解自己的情绪，一般都不会吹气；但是"敏感我"的孩子吹了气以后就扎紧气球，下一次有情绪又吹气，气球越来越大。如果他们一直没有渠道去倾诉，就会一直无法放气。积累太多之后，情绪气球可能砰的一下就爆炸了。

所以父母要理解孩子的差异。每一个孩子都是有情绪的，但他们应对情绪、表达情绪的方法是完全不一样的。对于"敏感我"来说，沟通的大门就是气球的放气口。所以父母要学会尊重他们的情绪，看到他们内心保守的倾向，向敏感我的孩子敞开沟通的大门。

四、如何解除孩子的胆小自卑？

如果孩子的胆小自卑没有触碰红线，不影响正常的社会功能，我们有什么可以参考的干预技术呢？

一个原则是：父母应该为孩子建立安全感。孩子安全感的重要来源就是在父母处体会到的无条件的爱。

---

[1] 述情障碍（Alexitymia）：也译作"情感难言症"或者"情感表达不能"，是一种患者无法用语言描述自己情感的精神疾病，常表现为讲述与自身相关的事件时情绪表达的词汇匮乏，对情绪变化的领悟能力差。但患者不一定没有情绪，只是表达存在困难。

无条件的爱[1]是和有条件的爱相对应存在的,有条件的爱即指:"只有你达到了xx,我才会爱你。"比如一些父母只有在孩子考试成绩优秀时才对孩子和颜悦色,成绩差时便非常冷漠。这时孩子会形成一种认识,即:"我父母只喜欢成绩好的我。"于是在生活中非常没有安全感,一旦成绩要下降或者表现不完美就会觉得将要同时失去他人的爱,自己是一个"不配被爱的人"。但人怎么能永远完美,永远没有失误的风险呢?生活在有条件的爱中的孩子就像时时处于失去爱的悬崖边上,摇摇欲坠,不曾感觉安心。所以父母一定要为孩子构筑起无条件的爱,让孩子明白:"不论你会变成怎样,会经历些什么,我永远爱你、支持你。"

具体来说,父母可以告诉孩子:"不管结果怎么样,我永远都爱你。"有爱的孩子会越来越自信。如果需要拒绝孩子时一定要跟他解释清楚,说明拒绝的理由,对事不对人,尽量避免让孩子有被抛弃的感受。另外,当孩子丧失信心时,及时提醒他以前那些辉煌的成绩,成为孩子的支持者。这样也可以帮助孩子更客观地认识自己,避免全盘否定带来的自暴自弃。

但是有父母说:"我会天天和孩子说我永远爱你,让他更有安全感。"其实这种做法是需要斟酌一下的。这句话不是错的,但是任何东西都要讲究度。比如一道美食,如果天天吃,会有两种可能的结果:第一种,离不开它。第二种,慢慢地失去兴趣。如果父母从来都不和孩子说我爱你,那这个孩子可能是极度缺爱和认可的。但如果天天说,可能导致孩子特别依恋父母。他会特别在乎父母的

---

[1] 无条件的爱(unconditional love):在心理学中,指不附加任何条件,不添加任何限制的爱护和关注。例如:"不论是否成绩优秀,父母都爱着孩子。"这是无条件的爱的表现。

感受，特别在乎父母还爱不爱他。而如果父母稍微对他凶了一点，或者没有以前那么关注他了，他会得出一个结论：你们不爱我了。所以掌握合适的度很重要，物极必反。

如果不能反复跟孩子说我爱你，是不是也代表不能经常鼓励、夸奖孩子了呢？不是的，多关注孩子的优点，经常夸奖是很好的。但是在操作上，父母可以调整一下使用的语言。比如把："我永远爱你。"换成："你一定很爱你自己。"孩子成绩很好或表现优秀时，不一定要说："爸爸/妈妈真为你感到骄傲！"可以换成："你一定为自己感到骄傲！"

著名心理学家阿德勒说过，对于自卑，从来不是"没有缺点就好了"，而是"就算有缺点，我们也有勇气做好"。每个孩子都有自己的特点，我们要能够包容他们的不足，帮助他们去接纳自己。我们最终的目的不是改造孩子，而是赋予他们接纳自己的勇气，让孩子在关爱中成长为独特的自己。

第九课 读懂孩子的冷漠与自私

孩子见到亲戚朋友淡淡的,招呼都不打。

见到地震的新闻,孩子说:我不看,我要看动画片。这都是别人的事。

面对父母的辛苦,孩子很少表达感谢……

作为父母,我们应该如何理解孩子的冷漠与自私?这是孩子天生的性格,抑或是后天环境的影响?本节就将关注孩子表现出的冷漠与自私,以及家长应该如何理解与应对。

一、如何看待孩子的冷漠与自私

首先我们还是先来看一个案例。

一个苦恼的妈妈向我诉苦说:我有一个 15 岁的女儿叫小娜,她是典型的处女座性格。喜欢讲星座,对什么事情都追求完美,不管是学业上的还是生活琐事,她都很固执,想把每一件事情都做得完美无缺。是大六人格当中的"完美我"。成绩不错,属于那种"别人家的孩子"。在学校里和老师同学关系都能处理得很好。我跟她爸就是普普通通的打工族,可能她觉得我们俩不够完美,职业不够高大上,对我们充满着鄙视,对待我们也非常冷漠。有时候对我们还颐指气使,把我们当作佣人一样使唤。我们夫妻俩从早忙到晚都是为了孩子,但是孩子非但不感恩,对我们还这么冷漠,感觉十分痛心。

和之前一样,我们首先判断孩子有没有问题,以及是否需要干预。这一步主要是查看孩子的社会功能是否受损。孩子学习成绩好,对自己要求也很高。在人际交往当中,小娜和父母有很多的冲突,对父母有一些颐指气使;但在学校里面和同学老师的关系都很好。所以我们可以判断小娜的社会功能没有受损,但是和父母的关系出现了问题。

得出这个结论之后,小娜的父母可能需要反思:如果孩子的心理状态和性格没有出现问题,是不是自己的某些行为影响了亲子关系?因为有的时候不一定是孩子出现问题,而是父母认为孩子出现了问题。

小娜对同学很温和,但一听见父母说话就故意表现得爱答不理的,存在问题的就很可能不是孩子,而是父母的认知或亲子的相处方式。案例中小娜的妈妈可能把自己的主观认知加在了女儿身上,误解了女儿的行为。比如她说女儿"对我们还颐指气使,把我们当作佣人一样……"这是妈妈的想法,不一定代表了全部事实。就好像刚刚提到的母亲一样,她是通过自己的主观加工,把自己的感受综合起来，下结论说孩子是怎么样的。这往往和客观事实是有出入的。客观的陈述应该有事情的经过，比如我在过程中询问到的："有哪些表现？""你为什么会这么觉得？"即判断对方得出结论的依据是什么。就好比去医院，医生会问："有哪些症状，有哪里不舒服？"另外还需要再做一些检查，通过检查再判断。作为父母，如果想对孩子的心理有更深入的理解，那首先要保持一点对主观判断的怀疑，包括自己的主观判断。因为很多时候人们会下意识地得出一个印象，这种印象往往很快速，却很可能失之偏颇。如果想要真正地了解一个人，我们需要从客观事实出发。

怎么去接近客观事实呢？一个有效的方法是运用 ABC 模型[1]。在认知心理学的疗法中，常常被用来帮助来访者识别问题行为（behavior）出现的前提（antecedents）和后续影响（consequences），这可以让来访者对问题的认知更加客观。比如孩子冲着父母大喊大叫发脾气，为了更客观地认知这一行为，父母可以探究行为的前提：孩子生气之前发生了什么事？见了什么人？处在什么样的环境？处于什么样的时间点……也可以探究行为的后续影响：孩子生气了会导致大人的情绪和行为如何变化？孩子会获得或者失去什么？孩子自己的行为会发生什么变化……有时孩子生气主要是因为他处于特殊的时间点——大考之前情绪不稳定；有时孩子生气主要是因为生气能让父母满足他的要求。但是如果只关注"孩子生气"这个单一行为，我们会错过许多重要信息，甚至直接给孩子贴上"暴躁""不

---

[1] ABC 模型（Antecedent Behavior Consequence model）：一种行为分析模型，主要包括前提条件、行动、后续影响三个部分，常被用于分析人们的行为。该模型认为人的行为和前提、后续影响密不可分，如果改变后两者行为也将发生改变，广泛被用于心理治疗中，以期通过改变前提和后续影响矫正问题行为。

懂事"的标签。所谓"当局者迷",而找到前因后果的 ABC 模型正是帮助我们拨开迷雾,更清晰地认知事件的方法。在感到快被情绪控制时,可以根据模型简单梳理下前因后果,事情便会清楚许多。

在本案例中,了解更多小娜行为的前因后果后,会发现小娜其实并不是真的冷漠和自私。

在和小娜交谈后我发现,她是因为父母在很多时候特别的唠叨,所以产生了刻意疏远父母的想法。特别是她妈妈,经常会说:"我都是为了你好!你知不知道我们家里条件不好,我和你爸都是打工的,你看看你,你怎么还这样?""你怎么可以那么大声对我说话,你根本不懂得感恩!"

我们可以发现,所有的行为背后都是有动机、有原因的。所以第一步要做的是先来判断这是不是真的构成问题,问题到了什么程度。第二步是了解问题为什么会发生,背后的原因和动机是什么。因为很多时候人们看到的都是单个的行为或者事件,没有前因后果。而只有了解了背后的动机和原因,才能真正解决孩子的问题。

二、"现实我"与冷漠自私

要理解行为背后的原因,离不开对人格的认识。从大六人格的角度,"现实我"是最可能被评价为冷漠自私的,这并不是说他们真的冷血,而是他们的性格容易给他人留下类似的观感。

如果家长觉得自己的孩子是"现实我",对人对事比较冷漠,那同时也可以观察孩子面对逆境的表现，感受他们坚强的一面。例如孩子摔倒，或者遇到了挫折时，现实我的孩子很少哭泣，非常坚强。他们很少会去抱怨诉苦，而更愿意通过自己的能力去证明一切，不达目的誓不罢休。"现实我"的孩子内心是极其强大的，他们的情绪受外界影响的波动很小，所以他们表现出来的冷漠自私往往是源自内心的强大。

既然"现实我"是最容易被判断为冷漠自私的孩子，那有什么方法可以和他们友好相处呢？从大六人格性格卡牌上，我们能看到他们身上有很多无可取代的优点。父母可以从优点入手，从欣赏孩子开始，与孩子建立良好关系。具体来说，父母可以根据实际情况，尝试以下几种方法：

第一，肯定"现实我"的能力，欣赏他们的智慧，夸奖他们的成就和闪光点。因为比起批评，他们更加渴望得到肯定。

第二，让孩子知道你会永远支持他们，并且相信他们一定会成功。

第三，必要时可以采用激将法唤起孩子的动力。"现实我"的孩子有一个特点，就是太简单的东西反而不愿意去做，觉得浪费时间。他们喜欢挑战，新的刺激会激发他们的斗志。所以他们喜欢竞争，有竞争才有动力。不过在鼓励竞争的同时，父母最好也能和孩子分享成功的方法，给予孩子更多的支持和信心，让孩子感受到父母是自己最坚强的壁垒。

第四，关注孩子的现在，避免"翻旧账"，总是提起孩子过去的错误。他们喜欢不断成长的自己，不愿意被过去的错误定性。

如果父母希望弥补孩子的弱势，提升孩子的同理心，可以从引导孩子关注自己的感受开始。

我之前有个学生，她曾在反恐一线待了二十多年，是一个很坚强的人。部队体检的时候发现她有乳腺癌，医生说要做手术，需要家属陪伴。她却说："我不用家属，你直接给我做。我自己来签字。"最后医生给她做完了，她也一个人在医院里休养。她一个人扛下来了所有事情，亲人包括伴侣和孩子都不知道，这足以证明她内心的强大。

但她在读书时，很多同学会觉得她是一个冷漠的人。因为有时课堂上同学会分享自己过去悲惨的经历，其他同学都忍不住落泪，但她几乎没有反应，她的感受是："这很苦吗？有这么夸张吗？"对他人的经历几乎无法共情。

而我正是通过不断提醒她关注内心的感受，慢慢提升了她的共情能力。比如走在大街上，有一对情侣在吵架，我会问她："你看到这个有什么感受？"她说："这能有什么感觉？很丢人？"我说："别的感受呢？看到他们在吵架，会不会联系到自己的婚姻。如果你的婚姻很好，可能会想要更珍惜自己的婚姻？如果你的婚姻不好，会不会想到要怎么去解决婚姻中存在的问题？这些关联有没有让你触碰自己的内心呢？"又比如有一次我请大家吃大闸蟹，我让每一个人讲讲吃大闸蟹的感受，她很崩溃："吃大闸蟹还有什么感受啊？不就是吃个饭吗？你能放过我吗？大闸蟹好吃可以吗？"我说："不行啊。吃大闸蟹怎么能没感受呢？如果这是你第一次吃大闸蟹，那你怎么会没感受呢？如果你曾经吃过大闸蟹，之前你在哪里吃，和谁一起吃的？现在在哪里吃，和谁一起吃的？一起吃的人不同，感受会一样吗？"

后来她变成了一个共情能力非常强的人，她讲课的时候，底下人哭她就哭。她说："我真的控制不了自己，听到别人的经历，我自己也会特别有感受。"

所以父母要理解有时候所谓的冷漠，并不代表无动于衷或者自私自利，也可能是孩子过于坚韧的表现，这往往是性格、环境、经历等多种因素共同塑造的。而这可以通过增强感受力的训练进行改变。

三、如何培养孩子的感受力

日常生活中父母也可以尝试使用以下方法来培养孩子的感受力，增强孩子的同理心。

第一，可以在房间里贴上孩子喜欢的偶像照片或是偶像说过的话，鼓励孩子学习偶像的优点。因为对于喜欢的人，孩子已经建立了情感上的连接。在此基础上鼓励孩子感受偶像内在的精神品质，更容易引发孩子内心的情绪波动，增强同理心。但需要注意筛选，选择比较正能量的偶像。

第二，利用休息时间多陪孩子出去感受大自然。在旅途中也可以像之前提到的一样多问问："你看到这棵树有什么感受？"我女儿回答："但是爸爸，看棵树能有什么感受呢？"我说："你看这种树和别的树有什么不同，对比看才有感受。比如这种树的树叶它是怎么样的？你见过内蒙古额济纳旗的胡杨林吗？那个胡杨千年不倒，千年不死，就算死了还屹立不倒，和这种树是一样的吗？"引导孩子观察、回忆、体验，从而刺激孩子的感受力。

在对话的过程中，父母也可以有意识地多加入描述情绪的词语，帮助孩子提升表达和反思自己情绪感受的能力。情绪专家莉莎·费德曼·巴瑞特教授认为，很多时候情绪并不是不存在，而是人们不理解如何感受和表达。比如一个对他人悲惨经历无动于衷的人，他内心可能只有"悲伤"和"平静"两种感觉，自己只能选择"哭"或者"不哭"。但他没有意识到，"悲伤"和"平静"中间还可以存在"哀伤""惋惜""遗憾"等微妙的情绪。他可以选择"不哭"，但是同时感受到内心的悲凉和无可奈何，从而更容易对他人的经历共情。这也正是巴瑞特教授提出的"情绪粒度"。情绪粒度高的人能够用于描绘情绪的词语更加丰富，也拥有着更强的感受力和掌控情绪的能力。如果希望提升现实我孩子的感受力，父母不妨尝试用更多样的词语描绘情绪感受，增加情绪粒度。

综上，千万不要给孩子随意贴上冷漠自私的标签。"冷漠""自私"是道德的标签，但孩子不一定有道德问题，可能只是性格使然。重要的是父母要去了解这种性格背后形成的原因。如果是与生俱来的，可以将重点放在培养孩子的感受力上，增强同理心。如果是因为一些特殊的经历，那可能父母要做更多的分析或者反思，改善孩子所处的环境，改变孩子的认知。

第十课　读懂孩子的贪玩与粗心

本节开始之前，想问大家一个问题，如果要给孩子分类，你会选择哪一项呢？

A. 孩子很贪玩，不太自律，容易粗心大意；
B. 孩子不贪玩，非常自律，做事也比较细致。

选好后再来看下一个问题。如果要给孩子分类，你会选择以下哪项呢？

A. 孩子很贪玩，不太自律，容易粗心大意；
B. 孩子不贪玩，非常自律，做事也比较细致；
C. 孩子在有些事情上认真自律，而在有些事情上不认真、容易粗心。

在第一个问题中，很多父母会选择前者。但到第二个问题中，C选项出现的时候，是不是感觉C选项合理很多？通过这样一个对比，我们会发现在认识孩子的问题时，拥有全面的视角是非常重要的。

在教育孩子的过程中，父母往往会发现，孩子并不是一直都很贪玩或者粗心的，而是会有时很贪玩，有时又很专注。但如果父母习惯了直接通过孩子的某些行为下结论，很可能就会给孩子贴上一个个标签。比如："这是一个贪玩的孩子""这是一个不爱学习的孩子""这是一个将来没有出息的孩子"……而一旦有了标签，人们往往更容易注意到符合标签的行为，忽视了孩子的其他面。

一、认识孩子的贪玩与粗心

先来看一个案例：

小乐从小特别粗心大意，做事不走心，注意力很容易被其他事情分散。虽然妈妈天天跟在孩子后面叮嘱："要细心、细心、再细心！"可小乐粗心的毛病还是越发严重。老师说孩子反应快，脑子灵活，接受能力强，但成绩总是不理想。不论是作业、小考，还是期中考试，小乐的卷面正确率总是不高。不是少写个小数点，就是多写个0，不是看错了题，就是少做了个题目。

为此妈妈担心不已：如果升学考试还这样，那可怎么办？妈妈还说，除了学习上粗心导致成绩不佳，生活中小乐也天天丢东西。每天回来文具盒不是少了这个就是少了那个，丢的铅笔、橡皮、尺子不计其数，甚至连课本也丢。小乐却不以为意，还乐呵呵的。

首先我们来判断一下小乐的粗心是不是问题？如果是问题，严重程度如何？小乐经常丢文具，但不丢贵重的东西，其实对生活没有太大影响。但小乐考试非常粗心，卷面正确率总是不高。这种粗心现在可能没有多大危害，因为还在小学阶段。但是等到了中考和高考，小乐很可能因为粗心和自己梦寐以求的学校失之交臂。所以这种粗心大意即将影响社会功能，不得不干预，已经触碰到了红线。

当然"正常"和"触碰红线"的区分是一个度的问题，需要父母多关注孩子平时的状态，具体情况具体分析。比如孩子虽然平时做作业粗心，但是在考试时因为重视或者紧张会更仔细地检查，这种粗心在可控范围内，便属于"正常"。而且也不能因为一张试卷出现一个错误就认为孩子粗心大意。

如果不好判断，父母可以寻找一些比较客观的参考标准。比如：粗心出错到什么程度触碰了红线呢？可以查看孩子的正确率。统计学允许误差率5%。因为即使是最严谨的数据统计也存在误差，所以学者们定下了一个常用标准5%：如果结果的误差在5%之内，可以接受；误差超过5%，就需要引起重视了。沿用到孩子的粗心问题上，如果卷面分100分，粗心扣分超过了5分，就需要引起重视了。当然，这个标准需要根据卷面的分值分布和体量、试卷难度等进行综合考虑，家长可以和老师沟通，获得更准确的判断标准。

所以，面对孩子的贪玩、粗心，家长一定要判断清楚再行动，避免过度干预。比如一张试卷孩子因为粗心丢了两分，这是很正常的。但是如果父母天天就盯着孩子粗心的问题，每时每刻念叨："你要小心点，你要注意点，你要专注一点。""你看这么简单的题目怎么会做错呢？"结果孩子真的觉得自己粗心到无药可救，问题越来越严重。

孩子一旦失去自信，改正问题只会难上加难。这是因为孩子的自我效能感[1]已经在一次次的指责中不断下降。自我效能感是指个人对于自己是否能够完成任务的信念的强度，即相不相信自己能够达到目标。很多时候不是孩子的能力出现了问题，而是他们的信心出现了问题，出现了所谓的"畏难情绪"。

案例中的小乐虽然粗心大意，但他还是乐呵呵的，小乐却不以为意，说明小乐是一个非常自信乐观的人，他并不会对粗心导致的这种错误耿耿于怀，觉得自己改不过来了。他的自信心没被摧毁，在这一点上父母都应该高兴。对于这些出现了小问题的孩子，保护孩子的自信心，这一点很重要。

二、"快乐我"与贪玩粗心

判断完之后，我们就要去找寻贪玩、粗心背后的原因了。

综合来看，案例中小乐的粗心和性格是有很大关系的。

为什么这么归因？根据前面讲到的内容，横向归因有四个部分。

第一是成长环境的影响，第二是性格劣势的影响，第三是心理创伤的影响，第四是生理或心理问题。如果小乐受心理创伤的影响

---

[1] 自我效能感（self-efficacy）：由心理学家阿尔波特·班杜拉（Albert Bandura）提出，指人们对自己解决问题，或者解决特定领域问题的能力的信心。众多研究指出，自我效能感是影响人们学习成果、压力应对、自我认知等方面的重要因素。班杜拉认为，高自我效能感的人会把困难看作自己需要掌握的挑战，低自我效能感的人则倾向于回避。

导致粗心大意,比如某次重要的考试没有考好,留下了阴影;或者是因为父母经常批评他、指责他,给他造成心理的创伤,他一定不会有那种乐呵呵的样子。而如果是生理问题导致的粗心,比如多动症,那小乐一定会在生活中的其他方面也表现出问题,比如坐不住、非常好动等,但小乐没有。因此很有可能是性格劣势的影响。

既然原因在性格劣势,我们来分析大六人格中哪种人格有这个特点呢?快乐我。那我们要如何引导"快乐我"孩子减弱这一性格劣势的影响呢?

我们要知道,"快乐我"永远都是朝着父母赞美的方向发展的。父母赞美和关注他什么,他就发展什么。如果父母关注的是他的缺点,他的缺点就可能越来越明显。父母可能会发现快乐我孩子一个典型的特点,如果他在哭,这时候去抱他、去安抚他说:"不哭了,没事了。"他反而会哭得更加撕心裂肺;如果在他哭的时候你看着他但不理他,或者你离开了,他就不哭了。

如果父母愿意关注"快乐我"好的方面,他就会非常配合,在那些事情上表现得越来越好。

我女儿就是典型的"快乐我",她玩成语接龙上很厉害,我们平时也经常夸她,所以她就特别喜欢玩。只要有人愿意和她玩成语接龙,或者比赛背成语,她都会很兴奋,不会觉得有压力、是负担,因为她能从中获得成就感。

所以当父母关注"快乐我"表现好的一面时,他们会更愿意配合。但如果父母用责骂的态度,总是说孩子,他反而会用情绪来跟父母对抗。比如父母说一句:"你怎么这么叛逆!"快乐我的孩子就会变得更加叛逆；父母说一句："你怎么那么粗心！"快乐我的孩子就会更加粗心。所以要了解与"快乐我"的相处之道，学会多去夸赞他们表现优秀的一面，让"快乐我"更有动力去展示自己严谨、细心的一面。

三、如何应对贪玩粗心

1. 从上至下的干预策略

策略干预一共有四个层面，分别是精神、能力/信念、行为/情绪，还有环境。

应对粗心贪玩的第一步，就是在精神层面千万不要打击孩子的自信心，而要在精神层面多关注孩子。如果孩子经常因为粗心丢分，考试成绩不理想，他的自信心可能已经受到了影响。父母现在要做的事情，第一步不是想办法改变孩子的粗心，而是要增强他的自信，先学会鼓励自己的孩子。比如："你有粗心的小毛病，但你也有很多优点。"激发孩子的自信心，同时在生活当中多去关注他表现好的一面，多鼓励他。要使孩子相信他的能力非常棒的。当孩子有了自信以后，再来解决他的粗心问题。这就是从上往下的思维模式。第二步才是提升能力和信念。可以尝试让孩子制订计划表，根据计划完成功课；还有做功课无法集中注意力时，用手指着题目念出内容，这些都是提升能力的方法。

2. 集中注意力的具体方法

掌握了基本思路后,帮助孩子集中注意力,改掉粗心的毛病,可以尝试的具体方法有:

第一,孩子做功课兴致不高时,可调整计划表,让孩子先做自己感兴趣的事情。

因为情绪对于孩子的自控和专注力有着显著的影响,当孩子情绪低落时,容易受到诱惑而分心。这不是孩子的问题,而是大脑的运行机制造成的。大家有没有这样的体验,原本对甜食或者高热量食物(如薯片、炸鸡等)不是很感兴趣,但是在忙碌了一整天或者顶着压力完成某件事后,会突然对这些食物有强烈的渴望,很想大吃一顿?这就是大脑应对压力的方式,它不想长时间沉浸在压力中,于是刺激人们去做马上能获得快乐的事情,比如吃东西、打游戏等。也就是说,压力会使欲望增强,让我们更容易向诱惑低头。面对减肥的压力时,人们可能反而会多吃一点来让自己放松;面对作业的压力时,孩子也可能会通过打游戏来转移注意力,缓解压力。

所以孩子做功课兴致不高时,施加压力命令他们一定要完成很可能会起到反效果,让孩子更想去玩,心不在焉。这时让孩子先做自己感兴趣的事情,可以帮助孩子调节心情,慢慢变得平静下来。当孩子进入比较平静、愉悦的状态时,也就不那么容易被外界诱惑所吸引,更容易进入学习的状态。

第二,父母可以在孩子身边专注地学习或工作,做孩子的榜样。

心理学家发现，孩子有多种从成人世界中学习的方式。其中很重要的一种，就叫作观察学习[1]。观察学习是指，孩子往往会关注父母及其他成年人的行为，并进行模仿和分析，最终内化成为自己的行为或习惯。

一项经典的心理学实验证明了观察学习的强大作用，这就是"波波玩偶实验"。在实验中，孩子们被分为三组，观看不同的关于波波玩偶的影片。第一组孩子看到了一个成年人在打波波玩偶；第二组孩子看到了成年人在玩波波玩偶，没有攻击性行为；第三组孩子只看到波波玩偶，没有看到任何行为。结果发现，看到成年人击打波波玩偶的孩子，在后续玩耍中的暴力行为显著多于其他孩子。

这就是观察学习的重要作用：孩子会从他看到的行为中学习、成长。如果看到暴力，他将模仿暴力；如果看到专注，他也将学习专注。如果父母能够每天专心地读一会儿书，在孩子身边安安静静地处理自己事情，孩子也会观察到这种专注、细致的生活态度，最终内化为自己的习惯。

另外，家长也可以多关注孩子的学习内容，在细节处思考如何提升孩子专注的能力，减少分心和粗心。比如孩子做阅读题总是很慢，很可能是他看着看着就走神了，文章回过头看了一遍又一遍，但看过就忘。这里和大家分享一个我和女儿一起学习时的发现。

---

[1] 观察学习（observational learning）：由美国心理学家阿尔波特·班杜拉提出，指通过观察他人的行为和反应而进行的态度或行为上的学习。观察学习不等于简单的模仿，孩子在学习时会根据被观察者行为以及引起的后果，进行分析、学习。比如孩子看到违反纪律的同学被惩罚了，他就不会模仿"违反纪律"这个行为，而是会遵守纪律。

我发现女儿在做阅读题时，她的速度是有问题的，而且经常粗心，漏重点。于是我问女儿："做阅读理解题有两种做法，第一种是先把文章看完，再去看题目。第二种做法是先看题目再看文章。你是怎么做的？"女儿回答的是先看文章再看题目。这就是问题所在，等看完了文章再看题目，往往因为文章太长，读过的记不住，又要回头再去看一遍文章，再来做题目。这样的方法，没有很强的记忆力是一定会漏信息的，因为这种方法本身就给记忆系统带来了很大的负担。

所以有时候并不是孩子的注意力差，而是方法不对。如果先看题目再去文章中找答案，正确率就会提升很多。学习一定是有好方法的，考试也一定有好方法，这种能力是完全可以提升的。一定不要让孩子盲目地刷题，使用题海战术，而是先提升孩子的能力，学会有目的性的阅读。平时阅读时，我也会让孩子在阅读的文章中总结出值得学习的三到五个词，再去文章中找代表中心思想的句子。目的就在于培养孩子有目的性的阅读的能力。这种能力得到练习和巩固后，她再去刷题，就会轻松很多。

有的父母可能想问："该如何在生活中发现问题，改进方法呢？"其实我们多问问自己为什么就好了。比如针对粗心的问题，家长就可以结合平时生活中对孩子的观察，追根究底："孩子为什么会粗心？如果是走神了，孩子为什么会走神？是因为能力不够，还是没有掌握好做事或者学习的技巧？"找到源头后就可以有针对性地提升孩子的能力，孩子的粗心大意也会显著减少。

学习、考试一定是有方法的，抓住了关键，一切都会事半功倍。孩子的贪玩和粗心也是一样，只要掌握了应对的思路，多思考、多观察，暴露的问题都终将成为孩子成长的契机。

第十一课　读懂孩子的固执与刻板

在做亲子教育直播时，有家长问我：

月波老师，我的孩子每天到了学校门口就问我："妈妈，我是不是有什么东西没带？"已经持续半个月了，孩子这样是不是有问题？

月波老师，我的孩子总是不愿意在陌生人面前表现，还很抗拒我鼓励他表现，这样是不是有问题？

月波老师，我的孩子特别爱干净，洗手洗澡总是一遍又一遍，还洗很久，是不是有心理问题……

这些问题都指向了孩子的某种固执或刻板，而结尾都是："我的孩子这样是不是有问题？"本节我们就来探讨一下这究竟是不是有问题。

一、孩子的固执刻板是问题吗？

面对这些问题，我们还是回到之前反复练习的基本思路，第一步要做的就是判断这些行为有没有影响社会功能，如果没有，那么它是正常的，不用去干预。

但有另外一种情况，比如一个孩子每次走到学校，就说："妈妈，我感觉好像有什么东西没带，我还是回去看一下。"回去看了以后发现："唉，好像都带了。"又去学校。走到学校门口的时候又说："妈妈，好像没有检查清楚。我还是再回去看一下。"这样反反复复来回多次，第一节课都没有上成，孩子也觉得很痛苦。这个就是孩子的社会功能明显受损了，因为反复地检查已经影响到他上课，一节课的时间都浪费了。而且孩子内心当中还是很痛苦的，不想回去可是又不放心，不回去就不安心。这明显是存在问题的，有强迫症的可能性。

强迫症是指反复出现的强迫观念、冲动和行为，患者往往内心极其痛苦。比如一个爱干净的人，他会反复地洗手，或是洗手的时间很长，这是很正常的。但是如果他心里觉得："我真奇怪，我干吗要洗那么长的时间？我不能洗那么长的时间，我要控制自己，我不能洗。"这时就有两种思维在互相拉扯，一个要洗，一个不要洗。脑海里总是纠结："洗不洗？洗不洗？"就容易导向强迫症。所以强迫症有个很典型的特点——脑海中存在两种思维，一个要，一个不要。这样反复拉扯，就像一根橡皮筋，很容易绷断。

为什么会讲到强迫症呢？因为孩子的固执和刻板是比较容易发

展为强迫症的。调查发现，强迫倾向在小学生当中的比例为17%，这些孩子在生活中会表现出固执、刻板的特点：文具的摆放要非常整齐；衣服要叠得很整齐；反复地照镜子，检查有没有穿戴好。

其实大部分人或多或少都有过这种强迫倾向的想法和行为，比如开车的时候担心车子会不会翻，坐飞机的时候感觉飞机要爆炸，出门了又回去检查一下电源是否关闭……，但是一般不会因此就判断自己有病。而强迫症就会总是去想，不但有担心，还想反复去控制自己让自己不要有这些想法。越控制，就会发现问题越严重，最后强迫症真的就发生了。所以问题不在于有类似的想法或者行为，而在于这些想法是否在内心反复拉扯影响了孩子的社会功能。这个界限是比较微妙的，从而凸显了诊断的重要性。对于正常范围内的念头和想法，家长要学会不把问题当问题，这样问题才不会被放大，而是顺其自然地消失。

针对强迫症有一种心理治疗的方法，叫作森田疗法，就是把病人放在医院的某一个房间里，让他们安心地在里面生活，与外界隔绝。该疗法的关键就在于：顺其自然，为所当为。人就在那里，该吃饭吃饭，该看书看书，该想什么想什么，该做什么做什么。活在当下，接受当下的一切，而不是去否定自己。所以很多时候，正是因为想控制固执的念头，越去控制它，越想去解决它，反而越容易让它扎根。

说回刚刚总是担心自己没带东西的孩子，这时妈妈只要回一句："没事的，如果你发现什么东西没带的话，就跟老师讲一下，到时候妈妈给你送过来。"而如果妈妈过分关注这个问题，说："你怎么搞的？怎么老是出门之前不检查？好了，你现在赶快看看到底什么东西没有带？""你脑子到底长哪去了？你每天都在想什么？能不能认真检查一下自己的书包？不要忘了这个忘了那个，要我给你送。"或者每天强调这个问题："东西带了没有？要带这个你知不知道？""别等会儿又要我给你送！"这样孩子慢慢地就容易发展为强迫症，因为脑子里会有一个声音告诉她："一定要检查一下是不是没带。"而另一个声音说："我干吗要反复检查，太累了。"这种拉扯是很痛苦的。

案例 1：

有个大一的学生，来找我咨询的时候，是走三步退两步，进到我办公室的。我问他："为什么要走三步退两步？"他说："我也不想这样，但是如果不这样，我就很难受，我必须得要这样。"还有，他看到一面墙上有一个黑点，就想把黑点给擦掉，不擦掉就很不舒服，坐立难安。

他一直是这样的吗？并不是。他说自己以前是一个很活泼、开朗的人，也不知道怎么就变成现在这样了。后来我跟他妈妈聊了一次，才发现根源。原来他以前比较毛躁，很粗心。平时走路还有跑步速度都很快，雷厉风行的，做题目因为做得太快经常做错。妈妈觉得他这样太急躁了，想要训练他，让他把走路的速度慢下来走三步退两步，做作业每道题目要做两遍。他一开始是很抗拒的，非常痛苦。但由于高考失利，他反思自己"如果当初听妈妈的，也许就不会这样了。"于是他开始按妈妈说的走三步退两步，慢慢演变成了强迫症。

二、"完美我"与固执刻板

了解了大六人格的特点后可以发现,"完美我"的孩子是最容易走向固执刻板的。我们可以来看一个案例,然后进行具体分析。

案例2:

美美今年15岁了,由于妈妈自己是个很成功的商人,对美美的要求也特别高。从小灌输美美要努力成为人上人的理念。美美学习成绩一向很好,但是从高一起,由于学习的难度增加,美美学得特别吃力,成绩排名中等。她觉得大家好像都不喜欢她了。为了把成绩提上去,也为了让妈妈开心,让同学认可自己,美美天天晚上学到凌晨一两点,爸爸劝她早点睡,但她不听劝告。

一段时间下来,美美的身体累垮了,只能去医院调养一段时间。可之后回到学校,她的学业又落下了不少,美美感觉有点崩溃。但她强打精神,又开始固执地天天晚上熬夜看书,慢慢陷入了熬夜看书—生病—住院休养—继续熬夜看书—生病……的恶性循环中。老师家长怎么劝说都不听,父母感叹:这样下去怎么办?

1. 纵向诊断

从案例描述来看,美美的社会功能已经受损了,但还没有到达严重受损的程度。如果是严重受损的情况,学都上不了,只能够住院治疗,甚至会出现严重的抑郁症。所以判断美美还没有到心理疾病的程度，但美美的问题是需要进行干预的。

2. 横向归因

对于美美，可以发现她对自己要求很高，而且她成长的环境对她要求也很高。

第一就是美美成长的环境。在成长的过程中，美美妈妈对她的要求是非常高的，从小就灌输美美要努力成为人上人的理念。但很多成功的父母对孩子的要求都很高，有些孩子会因这种高要求而变得叛逆，直接跟爸妈对着干。而有些会像美美一样很听话，甚至逼自己比爸妈逼得更狠。第二就是美美本身的性格。她本身的性格也是很要强的，追求鹤立鸡群的感觉。美美的身上有着"完美我"的特点，对自己要求比较高，她也觉得只有自己表现优秀才值得被他人喜欢。

3. 策略干预

我们先来看精神层面，美美在精神层面缺失了什么？

第一，认可。因为妈妈对美美的要求很高，美美从小得到的认可就不够。美美把学习成绩提上去的动机之一就是她渴望得到妈妈和同学的认可。

第二，成就感。假设下一次考试的时候，美美考到了全班前三，并且接下来的考试都是稳居前三名，美美的问题很可能会消失或者减轻很多。为什么？因为她从中获得了成就感。美美熬夜学习的目的就是希望成绩变好从而得到妈妈、同学的认可。如果不熬夜看书成绩也上去了，目的达成，熬夜看书的行为也会终止。所以最终的成就感、价值感非常重要。

当拥有了成就感和价值感之后，人们看问题的角度往往会不一样。比如一位学生中考发挥失常没有考上重点高中，很痛苦很绝望。但他高考考到了理想的大学。这时再问他中考失败的影响，他会觉得不是问题，而是成长的磨炼。而如果他高考也没考好，那么中考的失败就会被定义为人生最重要的一次打击。

如何获得成就感呢？这就关系到美美的能力和信念。如果美美能提升自己的学习能力，把成绩提升上去；或者美美能够看到未来成长的希望，对自己更有信心，她的问题就会改善很多。比如她更能够接受徐徐图之的方案，享受成绩慢慢提升的过程，而不是熬夜看书死磕。

而在环境层面，妈妈应多给美美鼓励与认可，放下把孩子变成另一个自己的执念，让孩子按照自己的方向与节奏自由生长。

这里还有一个很常见的问题，经常会有家长问我他的孩子要不要休学，或者要不要转校？其实这需要具体问题具体分析。下面有一个案例，大家用来和美美对比，来看看谁更应该休学。

案例3：

小宸性格非常外向，有权威我的特点，脾气暴躁，经常和父母对着干。他和妈妈说："我不想学习了,能不能给我办休学？"因为他很喜欢打游戏，对学习失去兴趣了，就和爸妈提出休学一年，或者干脆不学习了。

通常来说，如果孩子因为贪玩、打游戏想要休学的，千万不能这样做。因为一旦休学就回不去了。在对学习失去兴趣甚至产生厌恶的情况下，让他们有机会打破上学的习惯，就失去了最后一层束缚。一旦突破，孩子会反复践踏这个底线。所以凡是不因心理问题、心理疾病或身体疾病原因想休学的，千万不要休学。

但对美美来说，休学反而是比较好的选择。因为美美已经到了崩溃的边缘，继续下去只是无谓的坚持，既不可能提升成绩，更对自己的身体没有好处。在这种恶性循环里，她会慢慢放弃自己。一旦放弃自己，很容易造成重度的抑郁，所以美美现在必须休学。而且美美不是一个不读书的人，也不是一个不上进的人，休学后她是能重回学校的。

并且让美美休学有两个好处：

第一，她可以学会放下。这对美美而言很重要，此时继续让美美留在学校，就像给泥潭里的她丢一根细绳，随时都有可能被拉断。美美既怕绳子会断，又想爬上去，这只会让她更痛苦。当她休学以后，不用再去面对读书了，就已经好了一半。

第二，美美休学期间也可以看看书，增强能力。休学一年就相当于留了一级，重回学校应对学业会更加游刃有余，她的成绩很可能会比现在要好。所以对美美而言，整个精神层面的成就感和价值感都会提高。当然美美休学的同时要进行心理治疗，改变心态，同时提升学习的能力。

三、预防"完美我"的心理问题

"完美我"容易发生心理问题。心理疾病发生概率最高的就是两种人格:"敏感我"和"完美我"。而"完美我"一旦产生心理问题,会比"敏感我"更加严重。因为"完美我"很坚持自己的想法,一般人很难说服他们。那如果父母发现"完美我"的孩子出现了心理问题倾向,该如何应对呢?以下是具体的应对方法供父母们参考。

第一,"完美我"通常苛求完美,他们对自己的要求往往很高。如果他对学习特别较真,请忽略"完美我"孩子的学习,哪怕他表现得很好,也不要给他太多的赞美和认可。因为这种赞美和认可只会成为他对自己的束缚。他会觉得:"只有我考得好,爸爸妈妈才会爱我。""只有我完美了,爸爸妈妈才会爱我,老师才会喜欢我。"所以这时父母要多去夸奖、赞美他生活中的其他面,无论是兴趣爱好,比如跳舞、画画,或是性格特点,比如活泼开朗、积极乐观等。对于"完美我"的教育准则,就是忽略他们追求完美的一面,更多地关注、赞美被他们忽略的优势。

那是不是对于孩子在意的部分就完全不能表扬了呢?不是的。其实这个方法背后的原则在于:将成就与爱解绑,给予孩子无条件被爱的安全感。因为"完美我"的孩子容易给"完美"或者"成功"赋予很多价值,就像案例中的美美一样,觉得他人是因为自己优秀才会爱自己。正是这样的想法让美美不断地逼迫自己变得优秀,就像一根越绷越紧的橡皮筋,在痛苦中几近断裂。父母能做的,就是传达给孩子："不论你是怎样的，我都爱你。"即之前所讲的"无条件的爱"。通过关注孩子的方方面面，孩子会渐渐明白：原来不是因为优秀才值得被爱，父母会关注、包容我的一切。所以在赞扬完美我孩子时，父母一定要注意方法，让孩子能够切实地感受到来自父母的认可和关爱。

第二，对于"完美我"而言，第三者的赞美会让孩子更加相信自己。因为很多时候，父母跟孩子说你很棒，孩子会有所怀疑："爸妈说这话是不是单纯为了鼓励我，其实我并没有很出色？"或者"是不是你觉得我表现不好？所以你在说反话，其实是在讽刺我？""完美我"会想很多。那什么叫第三者的赞美？比如："我听老师说……"客观描述行为和他人的评价。需要注意的是，对"完美我"的赞美千万不要夸大其词，比如："你真的太棒了，你是个天才！"这很难起到鼓励的效果，反而会让他们胡思乱想。

第三，坦然接受他人对自己孩子的赞美。很多父母在面对他人夸奖孩子时，往往都是"哪里啊，他哪有那么优秀，你是没看见他在家什么样！"这很打击孩子的积极性，他会想："哦，原来我在爸妈心里就是这样的，那我还认真做什么呢？"所以父母要学会坦然接受："是的是的，我们家孩子一直很努力啊。"哪怕他不努力，父母也要这么说，这样孩子反而会因为得到鼓励而更加努力。

同时，父母坦然的态度也可以带给孩子更多自信，丰盈精神世界。在不断追求完美的路上，"完美我"的孩子可能总觉得自己是不够好的，但当父母坦然接受他人的赞扬时，这种想法会被撼动，孩子会想:"也许我真的还不错?"虽然他们可能仍会继续追求完美,但这段旅程不会再充满否定和焦虑,他们会觉得:"我只是在追求更好,但我本身也很不错!"

第十二课　读懂自己的教养风格

前面我们讲了如何读懂自己的孩子，接下来我们来讲一讲如何读懂自己，尤其是如何读懂自己的教养风格，从而为孩子提供更好的教育环境与教育方法。

在这一节中，将重点分析"快乐我""完美我"及"敏感我"父母的教养风格。各位家长可以对照及觉察自己是否存在这些人格对应的教养风格。

一、自己的教养风格是什么？

为了了解自己的教养风格，可以借助大六人格性格卡牌。

练习：

　　拿出大六人格性格卡牌，回想一下自己平时和孩子的相处，然后根据自己和孩子相处中最常见的一个性格特点，从里面挑出一张卡牌，看看更偏向哪种人格。

　　比如：有的父母和孩子在一起时可能"冲动易怒"，偏向"权威我"人格；有的父母和孩子在一起时非常的固执刻板，偏向"完美我"风格；有的父母跟孩子在一起"心态平和"，偏向"和谐我"风格……

如果对卡牌运用不熟练的话，可以根据六个大六人格的图像选择：你和孩子相处时，最常见的表情是哪一种？

比如：有的父母和孩子在一起时总是充满笑容；或者和孩子在一起时总是忧心忡忡，非常焦虑；或是非常严肃、经常愤怒；等等。

这个练习将帮助父母探索自己在面对孩子的过程中是怎样的风格。为什么强调"和孩子相处时"呢？因为大六人格认为每一个人的身上都会有六种人格的特点，即同一个人在不同的时候、不同的地方，面对不同的事、不同的人，可能会展示出不同的性格。

比如父母在辅导孩子作业的时候，经常冲动易怒，这时有"权威我"的性格特点；但在和孩子一起玩的时候，又非常不拘小节，容易忘记不开心的事，有"快乐我"的特点；当听到孩子经常上课开小差，被老师批评，又可能开始焦虑，担心孩子未来的发展，展示出"敏感我"的特点；看到孩子没有严格按照作息的时间作息，又表现出了"完美我"的特点。

可以发现，父母在面对孩子的时候，常常会有多种人格特点杂糅在一起。所以为了能够正确地认识自己，我们需要去了解的是一个系统。也就是说弄清楚在孩子做什么事情的时候自己会有怎样的特点，这些特点对我们的影响是什么。

了解教养风格的好处在于，养育孩子时，父母双方可以根据各自的特点选择最合适的养育分工。

举例而言，我伴侣在面对女儿时有"快乐我""敏感我"的特点，也有"权威我"的特点。在孩子的健康问题上，她是"敏感我"。对孩子的生活习惯要求非常严格，规定孩子不能吃垃圾食品，不能喝冰的东西，不能晚睡等。但是在孩子的学习上，如果不让她管，她往往是"和谐我"。哪怕孩子成绩有下滑，她都不是很在意。不过如果让她管学习，她马上就会变成"权威我"。

当了解了自己和孩子相处的过程中展示出的不同的人格特质时，就可以进一步判断哪一些是好的，哪一些需要避免。比如对孩子健康的担心，这些"敏感我"的特点是合适的，因为安全健康问题不可忽视。但在写作业和学习方面，"权威我"的冲动易怒和缺乏耐心可能反而会让孩子对学习失去兴趣，产生逆反心理，这就是需要避免的。所以在学习上，我和伴侣的分工是她不管，全部交给我。因为我比较有耐心，会一直去帮孩子想办法。

当真正能够了解自己，了解孩子，了解和孩子之间相处的模式和风格的时候，好处就来了。这个时候我们就知道该如何优化整个亲子教育系统，扬长避短了。

如果出现了需要避免的部分，比如自己在辅导作业时有"权威我"的特点，容易生气，可孩子又不能不管，要如何应对呢？主要有两种解决问题的途径。第一种就是向外界借力。学校里有"三点半课堂",还有课后托管机构都能辅导孩子完成作业,让孩子自己独立把作业做完。这就避免你去辅导孩子时会引发负面情绪。或者向伴侣借力,如果你的伴侣在教育孩子学习的过程中更有耐心,你就退居"二线"让他顶上去。

如果既无法向外界借力,也没有办法向伴侣借力,那么第二种方法就是改变自己。大六人格体系中很重要的一句话叫作:"我们会有一个问题,是因为我们有某种人格。而我们能够解决这个问题,是因为我们有了另外一种人格。"这句话看起来很深奥,但其实也很好理解。比如在面对孩子的学习时,为什么会冲动易怒,是因为有了"权威我"。如果能够解决这个问题,是因为我们培养出了"和谐我"的富有耐心,有了"完美我"善于分析总结的特点,并且学会了"快乐我"容易忘记不开心的事情,学会放手。所以如果觉得自己在辅导孩子时有问题,可以继续深入分析,或者借助大六人格性格卡牌判断是哪种人格的特点。如果想要解决,那就寻找其他人格的优势面,培养这些优势面来消弭问题。

说到怎么改变,就要先选择往哪个人格方向改变,这是至关重要的。一是因为所有的转变一定要是自己心甘情愿去做的。如果本身很不希望改变自己的特点,内心就会产生抗拒和痛苦。比如在教育孩子的过程中有冲动、易怒的特点,可以学习"快乐我"的父母。"快乐我"的父母是怎样的?当感觉到很烦躁或者不开心的时候,他们都会快速地转移自己的注意力,出去放松一下。因为他们的特点是首先管好自己,把焦点放在自己身上,使自己先开心快乐起来。

而孩子有自己的人生路要走，哪怕他现在不读书，只要他能走出自己的路也不错。但很多父母可能放不下，越想放下越担忧。这时强行让自己往"快乐我"方向转变显然是不合适的，那么就需要继续探索其他的转变方向。可以看看"完美我""和谐我"和"现实我"的父母，向他们学习。"完美我"父母的做法是什么？他们首先来分析一下有没有更好的方法解决问题。所以他是先自己分析再去引导孩子，严于律己，自己想出了办法再要求孩子。而"和谐我"的父母是心态平和、富有耐心的。如果孩子不懂，那就讲一遍，再不懂，再讲一遍……一直到孩子弄懂为止。另外"现实我"的父母会思考现在孩子的作业对他有没有帮助，是不是有更好的方式帮助孩子学习，因为他们相信成功一定是有方法的。我们可以做的改变是有很多方向的，所以要去思考，自己更愿意向哪个方向来学习和改变。

弄清楚方向的另一个重要原因在于，有的人格可以补全自身弱势，而有的人格反而会带来负面效果。比如，对于"权威我"的家长而言，"敏感我"不要学习，如果往这个方向走，就会更加情绪化，更忧心忡忡。因为"敏感我"的特点是会放大感受，会过度担心。这样就从原来的生气、着急变成了又焦虑又着急，最终越来越生气。

二、大六人格与教养风格

前面讲到要了解自己的教养风格，也要在面对问题时学会借力以及选择正确的方向改变自己。那具体来说，不同人格的父母会有什么表现，什么样的进修方向才是合适的呢？接下来我们来一一分析。

1. "快乐我"父母及修炼方式

"快乐我"父母的性格优势是比较积极乐观，有分享精神，创造力强，还喜欢陪伴孩子玩耍；而劣势的一面就是会轻易承诺，容易逃避责任，虎头蛇尾，情绪多变。大家也可以根据卡牌的线索来进一步认识自己。不一定所有"快乐我"的性格特点都会有，可以把重点放在自己比较突出的特点上。查看卡牌时可以问问自己："在面对孩子的时候有没有____特点？"重点是"在面对孩子的时候"这个前提。

对照"快乐我"的性格特点，父母可以问问自己，在面对孩子的过程中，我是不是积极乐观？有没有创造力？有没有陪伴孩子玩耍？有没有分享精神？还是经常对孩子承诺这个星期我带你出去玩，到了周末又没去？或者面对孩子时存在逃避责任，虎头蛇尾，具有情绪多变的倾向？

除此之外，从语言模式来看，"快乐我"父母的语言模式是轻快活泼的，常常会给孩子阳光亲和的感觉，经常会使用这样的词语："太棒了！""真的。""哇！"但心情不好的时候可能就像换了一个人，说话很直接，想到什么说什么，容易伤人，所以"快乐我"的父母容易一切跟着情绪走。情绪好，那就什么都好；情绪不好时，看孩子哪哪都不顺眼。但很多时候"快乐我"的父母骂完了孩子，内心也是非常自责和愧疚的。他们会想："我当时真不应该跟孩子说这样的话。"甚至会主动道歉："宝贝，妈妈刚才不对，不应该这么骂你的，请你原谅妈妈。"其实最容易因为自己骂了孩子、打了孩子而自责的就是"快乐我"的父母。"权威我"和"现实我"

的父母在骂了孩子之后，心里面可能会有疑问，这样对孩子是不是不好，但转念一想："我打你是为了你好。"接下来就不会再为自己的行为后悔了。综合来看，"快乐我"的父母是很明显的天使和魔鬼的集合。如果孩子对父母的评价就是天使和魔鬼，那父母的身上很可能有"快乐我"的特点。

"快乐我"的父母应当如何进行自我修炼，提升教养能力呢？第一点，不要做贪父母，学会放下。"贪"是什么意思？就是这也想要，那也想要。有很多想要、想做、想尝试的事情，不仅在教育孩子时如此，面对自己的生活和事业时也是一样。既想做这个又想做那个，感觉这个也很有意思，那个也值得尝试。什么都想做，结果什么都做不好，这就是因为"贪"，所以要学会放下。虽然我们要让孩子多多尝试，但最后总是要选定方向、坚持下去才有作为。在养育孩子时，不要什么都想让孩子学，有时候能学好一样就可以了。

第二，"快乐我"父母可以陪孩子多做一些持久性、有难度的挑战活动。因为快乐我的父母自己也容易放弃，当孩子觉得很难的时候往往会说："孩子都这么不喜欢了，那算了吧。"有很多孩子成人之后会感慨，如果自己小的时候父母在某件事情上再坚持一下，也许自己的人生就会不一样了。因为小孩子看不远，常常是学个舞蹈、学个音乐，觉得累了、不好玩了，就想放弃了，而父母也真的就同意了。但其实这才是刚入门的阶段，连自己是否真的有兴趣还不确定。也许父母再坚持一下，鼓励孩子再学一段时间，就会让孩子发现一个新的爱好，新的人生大门也会向他们打开。如果孩子真的能够坚持下来，哪怕最后发现真的没有兴趣然后放弃，那这也是考虑清楚之后做出的不会后悔的决定。

第三,"快乐我"的父母要注意兑现承诺,要么不说,一旦说了就要做。因为"快乐我"父母经常轻易承诺,答应孩子的事情,最后自己都忘掉了。很多时候父母不是故意的,许下承诺时只想着激励、满足孩子,需要兑现承诺时感受到的困难却比预想的更大。比如有的父母会许诺中考完给孩子买手机,可是真的中考完了,孩子执着于价格较高的手机,或是担心孩子游戏成瘾,这时手机还要不要买呢?所以在给出承诺前,父母可以设想一下实现承诺时可能遇到的困难或者挑战,确认可以应对再给出承诺。另外,给出的承诺可以更加具体,或者事先商议相应的条款。比如:"考完后可以给你买手机,但是使用手机的时间有限制,你同意吗?"

第四,学会控制自己的情绪,保持比较稳定的状态。尽量避免喜怒无常,变脸比变天还快。最好不要在面对孩子的时候,一开心就什么都好,不开心的时候什么都不好。如果"快乐我"的父母感觉到自己的情绪到了要崩溃的点了,可以先选择离开。因为"快乐我"是很容易受到环境影响的。比如我的女儿是"快乐我",那我在为她选择学校的时候就会很注意学校的整体环境和氛围,因为她的人格特点就是很容易受到外界环境影响,在她自己可以选择环境之前,我要先帮助她选择一个比较合适的成长环境。

学会控制自己的情绪不等于压抑自己的情绪,情绪也可以成为父母对自己内心的一种观照。在很多亲子教育理念中,父母会被要求掌握各种理论和技巧,训练自己成为一个优秀的、能够照顾孩子一切需求的父母。但往往父母自己的需求被忽视了。所以近些年,出现了一个概念,叫作"正念育儿"[1],它强调父母要首先照顾好自己的情绪,才有能力去照顾好孩子的情绪。在正念育儿中,父母会修习冥想。冥想是一个专注于当下的内心感受的过程,拉开自己和杂念的距离,拥抱而不是批判当下。在修习冥想后,很多父母发现自己在和孩子相处时能做出更加明智的决定了,比如不那么容易发火,而是总能选择好好沟通。这是为什么呢?因为在和孩子相处时,很多时候父母的行为都是下意识发生的。比如看到孩子开小差不认真一下就发火了,但过后又后悔是不是说孩子说得太重。而正念的练习就是帮助父母提升专注于当下的能力,修习不评判的态度。在身体自动做出反应之前,他们更能慢下来想一想:"这是不是我真正想做的?"另外,在感知到即将情绪不稳时,主动进行短时间的冥想练习,比如用三分钟专注于自己的呼吸。在这个安静的时间内,情绪慢慢平复,做出的反应就会更明智。

2. "完美我"父母及修炼方式

因为"完美我"的特点是严于律己,严于律人,所以和他们相处的时候可能会感觉有点累,会一直要小心地遵守他们的规矩和习惯。"完美我"父母的语言模式是:"为什么?""怎么可能?"或者批判地说:"不应该。""不对。"他们讨厌模糊的用词,比如:"或者""大概""好像""也许""差不多"等。他们喜欢有逻辑、有条理、有层次的沟通。言行不一致是他们憎恨的,讨厌说到不能

---

[1] 正念育儿(mindful parenting):正念育儿是一种注重父母在育儿过程中保持正念、关注当下、尊重孩子的育儿方法。正念育儿的核心理念是通过培养自我意识和关注当下,让父母更好地理解孩子的需求和情感,从而建立更加健康、稳定和亲密的亲子关系。

做到。所以"完美我"和"快乐我"在一起经常会发生冲突。

"完美我"的特点是很明显的。大家可以回想下有没有经历过类似的场景。

有一次我去一位"完美我"朋友家里吃饭,我发现他家吃饭的菜是放到一个特定的地方的,必须得放到规定的地方,有时候稍微移了一下,他都会把菜给调整过来。吃饭时必须得两双筷子,一双公筷,一双自己的筷子。但公筷夹了菜以后,不能把筷子随便放在哪里,而是一定要把筷子整齐地放在固定的位置上。吃饭时,我本来吃得很开心,结果发现大家都在看着我。我不知道发生了什么事情,然后就有人提醒了我,原来是我吃饭的声音太大了。于是我就开始细嚼慢咽,小心翼翼,非常害怕再弄出响声,最后菜是什么味道的也不清楚。但他们都已经习惯了这些规矩,并不感觉烦琐或不自在。

可以看出,"完美我"的人自律性很强,而且很多时候要求非常严格。吃饭必须得是坐有坐相,吃有吃相。他们优势的一面也在于,很善于自律和自省,也善于分析问题,总是能起到榜样作用。

这种严于律己、严于律人也是"完美我"父母的特点。

我的导师也是非常典型的"完美我",去他家吃饭必须吃完,不能剩下,在学习上要求也很高,一点点错误也会被指出来并要求我们反思,也很少赞美我们。在毕业很久以后,导师写了一本书，里面就有提到我。他说我平时是一个在他面前话都不敢多说几句、战战兢兢的人，没想到我在《我是演说家》中还能够这么自如地去演讲。然后他说："我一直在反省我自己。后来我发现，原来我这么多年对你们的教育方式是错的。"他原来对我们的教育方式是把我们变成他，用他的标准来严格要求我们。但是他现在越来越能够感受到，把我们变成我们，才是最好的教育。

把学生变成学生自己，尊重学生自己的发展，导师最终放下了去改造我们。这里也把这句话送给大家，尤其是"完美我"的父母——把孩子变成他们自己，不要把孩子变成我们。

另外，"完美我"父母也要学会赞美与肯定孩子。为了帮助孩子接受自己，甚至有时候可以故意犯错并认错。因为"完美我"的人很少犯错，有时候会给孩子造成很大的心理压力，甚至让孩子无法接受自己存在的一些小缺陷，他们会觉得："我爸妈根本不会把事情弄得这么糟糕，我太给他们丢脸了。"所以"完美我"的父母有时候也可以通过犯一些无伤大雅的小错误来告诉孩子：爸爸妈妈也不是完美的，不要那么苛求自己。

3. "敏感我"父母及修炼方式

"敏感我"父母的语言模式很有特点，他们的语气中往往带有怀疑色彩，比如："真的吗？""你是不是骗我的？"他们总是会怀疑孩子。而且可能习惯抱怨，喜欢翻旧账，让孩子感觉压力很大。

说话会让人感觉啰唆，因为他们担心自己的表达不被理解，所以会过度解释。比如"敏感我"可能会把一句简单的话变成十句，往往会让孩子感到非常烦躁，引发冲突。在教养关系中，"敏感我"父母的一大特点是容易过度保护孩子。

在寒暑假，"心师"都会有一个训练营，叫心师少年。其中有一个经典环节是蒙眼绕圈。在这个环节中，父母会蒙上眼睛，孩子引导父母往前走，但不能和父母有身体接触。周围有墙或者一些障碍物都用软塑料包好了，保证参与者不会受伤。走完一圈后互换，规则一样，但是让孩子蒙上眼睛，父母引导孩子往前走。

在这一圈中，有一个孩子眼睛被蒙上了，但他的妈妈不是简单地引导，而是选择用双手把孩子围在中间慢慢挪。她说："宝贝，对，你往前走一点，你放心，妈妈会保护好你的。"她就这样慢慢地引导着孩子往前走，一点错不犯，一点歪路不走，生怕孩子碰撞到任何东西。而这甚至只是一个有安全保障措施的简单游戏。

为什么孩子不能够失败？为什么孩子不能犯错？为什么孩子不能受伤？失败也是孩子成长过程中重要的一部分。但"敏感我"的父母往往会过度保护孩子，导致孩子最终丧失了独立探索的能力，反而会对孩子造成更大的伤害。

尤其是有自闭倾向或者性格比较内向的孩子，如果父母因为担心他们受伤而过度保护他们，对孩子反而是一种巨大的伤害。在养育自闭症孩子的过程中，有效的方法其实是父母要学会允许孩子走出去，允许他们摔倒，允许他们在独立探索的旅途中受伤，这样他们才能够成长起来，才会渐渐锻炼出必不可少的抗挫能力和人际交往能力。

另外，"敏感我"的父母容易焦虑，他们会想得很遥远："孩子考不好怎么办？现在考不好，未来就考不到好的大学，将来就没出息。"过度的焦虑可能导致过度的担心，最终增加了孩子的心理压力，导致孩子的问题越来越严重。所以"敏感我"的父母要学会活在当下，培养积极乐观的想法，不被未来的焦虑裹挟。

需要注意的是，"活在当下"这句话是需要具体情况具体分析的。对于已经能够活在当下的人，更重要的是能够检视过去，从过去当中去获得更多的经验。但如果是活在过去的父母，比如对曾经带给孩子的伤害耿耿于怀，那么则要活在未来，未来是有无限美好的可能性的。要相信美好的未来，相信孩子的明天一定比今天更好。

在教育孩子这件事情上也是一样，作为父母，我们在不同的情况下往往会展现不同的风格，进修的需求也各不相同。读懂自己，我们才能成为更好的自己，也让孩子成为最独特的孩子。

4."权威我"父母及修炼方式

"权威我"父母的优势在于：他们捍卫家庭，并且精力充沛。"权威我"典型的特点就是精力极其充沛，甚至每天只睡三四个小时都不累。除了精力充沛以外，还会特别兴奋，觉得世界上没有自己解决不了的问题，只有自己不想解决的问题。大六人格性格卡牌上的形容是："世界本没有路，我走了以后，它就成了路。""权威我"的父母另一个优势就是行动力强，想到什么立刻就要去做，绝对拖不了一秒钟。而且喜欢标新立异，他们不喜欢和别人一样，追求特立独行。

对于"权威我"父母来说，如果孩子一直都表现得很好，那他们也会很好，没有什么负面情绪。但是如果孩子表现出了叛逆的特点，"权威我"父母就会非常烦躁，情绪容易爆发。这也是"权威我"父母最大的劣势，叫作威权高压，这是指，对于孩子，"权威我"父母的态度是："你必须得听我的。""我对你好，你所有的一切都是我给的，所以你得听我的。"他们不太尊重孩子的想法，而是习惯自己掌控一切。这种教养风格可能在我们的上一辈中比较常见。另外，权威我父母往往缺乏耐心，根本不听孩子说什么，也没有耐心去听。而且如果孩子指出了他们的过错，他们往往也很难认错。

再来看"权威我"父母的语言模式。

首先，"权威我"的语气带有压迫感，嗓门比较大，容易让孩子感到畏惧。有一个词叫作心理印痕。比如一个孩子一直是在这种大嗓门的环境下成长起来的，等长大以后，可能就会对说话的声音特别敏感。如果别人说话时声音稍微大一点，他就会特别难受，而且很可能会被吓一跳。这就是心理印痕，也就是说，曾经受伤的经历会对现在造成一定影响。而"权威我"父母的特点就比较容易造成这样的心理印痕。因为他们的情绪直接，语言也比较直接且带有压迫感。虽然坦诚是一种好的沟通态度，但对孩子来说，父母强烈的情绪可能让他们受到惊吓。

其次，"权威我"喜欢使用指责性的语言。比如："为什么这么简单的题目都没有想明白？""你能不能往心里去？我讲了多少遍了，还要在同一个地方跌倒？""为什么都七点多了你还不起床？""你可不可以自觉一点？整天只知道玩……"这种指责性的语言有两个很鲜明的特征：第一，就是会有质问性的词语，比如"为什么？""你能不能？""你可不可以？"第二，这些指责常常是以"你"作为主语。比如："你作业做完了吗？""你真的懂了吗？"而不是"我们一起来检查下好不好？"

所以，如果"权威我"父母希望和孩子培养更为亲密的关系，可以尝试调整一下语言风格，有意识地把"你"换成"我们"。比如不要再用"你怎么还不起床？""为什么这么简单的题目你都不会做？"而是调整成"为什么我们总是起不来呢？""为什么简单的题目我们反而容易粗心呢？"或者"我们一起把作业做了好不好？""我们一起来看看这道题目还有别的解决方法吗？"因为"你"这个词语往往会把父母和孩子放到对立的位置上。"我"是没有问题的，"你"要好好反思一下自己。这样很容易使孩子产生对抗情绪。但其实父母的本意往往是希望孩子好，也愿意和孩子共同探讨问题的解决方案。这种时候，将主语改成"我们"就能更好地传达父母的想法：我们可以一起来解决问题，爸爸妈妈是一直关心着你、和你站在一起的。如果在生活当中，父母经常使用"我们"和孩子对话，亲子关系会好很多。

最后,"权威我"的父母说话比较急,经常会打断孩子讲话,缺乏耐心。他们会想说:"不要给我讲那么多弯弯绕绕的,到底想说什么?能不能直奔主题?"没有耐心听孩子说完。而如果孩子否定或沉默,换来的可能是更加猛烈的"暴风雨"。大家可能在职场中也遇到过"权威我"的领导,不论解释还是沉默都会让他们的火气更旺。为什么会这样呢?可以先来分析下"权威我"的心态。如果"权威我"在批评人,但那人居然不吭声,他会想:"你不吭声是什么意思?到底听进去了没有?"所以如果沉默,"权威我"的情绪会更大。而如果"权威我"听到对方马上说"不是这样的",他会想:"我在说你居然敢顶嘴,我一讲你的问题,你就开始否定。"情绪也会更大。

所以如果你的伴侣或者领导是一个"权威我",可以学着说一句:"你是对的。"如果她在批评你:"我跟你说了多少遍了,你袜子不要乱丢!"你就回:"老婆,你是对的。"可以心里面觉得他说的不对,但是在当下可以摆出妥协、愿意沟通的态度,表示我们并不是对立的双方。因为如果我们是抱着解决问题的态度,就会发现"权威我"情绪高涨的当下绝对不是解决问题的好时候。这时的原则应该是:"先解决情绪,后解决问题。"先把他们的火气给降下来,让他们理智回笼,问题的解决才会更加顺畅。

那如果自己带有一些"权威我"的特点,该如何自我修炼呢?

首先,提升自己解决问题的能力。如果我们容易被孩子的问题引发情绪,往往是因为自己一时没有更好的方法来解决。在担心和愤怒之下,情绪就起来了。但如果是胸有成竹,知道孩子的问题是不是应该解决,可以怎么做,我们会发现自己变得平和很多。比如在辅导孩子写作业时,发现孩子拖拖拉拉,写了又擦,"权威我"父母可能会说两句,但是发现孩子怎么都说不听,就容易着急、生气。而如果能胸有成竹地思考:什么程度的拖拉才算是问题,需要解决?如果孩子真的拖拉,可以采用怎样的训练方式?当一切梳理清楚,能用更系统的眼光去看待孩子的行为时,自己的情绪也会得到更好的管理。

第二,可以学习配合孩子的频率和步调,让一切都慢下来,让自己慢下来。"权威我"父母往往自己很有想法,有能力,所以希望孩子也充满上进心。但人生并非只有比较和前进。有些时候,不妨放慢脚步,感受孩子一步步的成长。发现今天比昨天更好时,自己内心也会更加踏实。

需要注意的是,这里一直说的是管理自己的情绪,而不是压抑自己的情绪。我有个朋友,他脾气很容易急躁,没有耐心。为了压住自己的脾气,他开始念经,天天要念一万次"阿弥陀佛,阿弥陀佛"。手里还拿着计数器,念一句,按一下。但脾气该来的时候还是会来,没有用处。而且这样压抑自己,反而会更加痛苦,该释放的情绪找不到出口,堆积在内心。所以情绪不要压抑,而是要学会找到合适的出口。出口有两种:第一,找一个更有能力的人帮你来解决。第二,自我修炼,就像刚刚说的,提升自己解决问题的能力。从大六人格的角度看,这是"权威我"父母在向"现实我"的优势学习,变成目标导向,不要被情绪牵着鼻子走。

5. "和谐我"父母及修炼方式

综合来看,在教养风格中,"和谐我"父母往往没有太大的问题。优势面是心态平和,富有耐心,以和为贵,包容心强。劣势面是缺乏原则和主见,上进心较弱,容易拖延散漫。在教育孩子的过程中,"和谐我"父母是放养型的,非常宽容和随意,孩子很多的问题他们都能够包容。

"和谐我"父母的语言模式就体现了这样的特点。标志性词语就是:"随便""都可以""没关系""没所谓"……孩子作业没做完,想出去玩一玩,"和谐我"父母:"行,你去玩,回来之后再做。"他们比较放纵孩子。如果是"和谐我"的父母,什么类型的孩子会教得非常好?"完美我""现实我"和"权威我"。因为这两种类型的孩子都有自己的主见,清楚地知道自己要做什么。对于他们来说,"和谐我"父母的放养正是他们闯出自己天地的机会。而且面对"权威我"的孩子,和谐我的父母很少和孩子起冲突,孩子会觉得:"爸爸和妈妈是很好沟通的,相处起来很舒服。"但如果"和谐我"的父母碰上"快乐我"的孩子,就会非常难管理。因为对"快乐我"的孩子,父母太放纵他就会无法无天。所以不同的父母面对不同的孩子,需要的教养方式也不一样。

从亲子的互动及结果来看,教育是一件相对的事情,没有适用于所有亲子关系的万灵药。如果放养让孩子变得更好,请允许自己放手。但如果你的放纵导致孩子越来越不好,出现了很多问题,这个时候就要调整和改变。

正如上面所说,"和谐我"父母的问题往往出在他们太过宽容和随和，所以他们调整的方向就是需要温柔且坚定，在保有宽容、随和的基础上，坚持底线和原则，并学会引领孩子，成为孩子心中的偶像。

具体而言，在和孩子相处时，"和谐我"父母可以表现得更坚决一些，让孩子明白父母是不会一味宽容和放纵的。因为"和谐我"父母对孩子往往都是比较温和、尊重的，但这种温和、尊重常常与被动和放纵相混淆，成为孩子心中父母威慑力低的表现。比如孩子喜欢打人，一开始可能是试探性地打了身边的小朋友。这时父母没有明确批评或禁止，而是说："打人是不好的，对不对？"有些孩子可能会将这种温和理解为父母的退让，失去敬畏之心，变得更加无法无天。这并不是说父母一定要棍棒教育，而是说"和谐我"父母在设定边界时要更加坚决。比如不再用问句表达态度，而是先抓住孩子的手，制止他的行为，并且坚定地说："我知道你有情绪，但我不会让你打人，这是不正确的发泄方式。"这便是父母在用温和且坚定的态度设定孩子行为的界限。

其实很多时候孩子的"恶劣"行为并不一定代表他们的品行不端或者刻意想要做坏事，而是他们的一种试探。他们想试试如果自己破坏了玩具会不会被骂，如果打了其他小朋友会不会被训斥，如果不尊重长辈会不会被责备……有些父母尽力避免和孩子起冲突或生气，最终只是讲讲道理便完事。但其实，孩子这时候需要的不是道理，而是界限。在成长的过程中，他们正是通过一次次的行为"试探"出什么是可以做的，什么是不可以的。所以这时温和地拒绝并不会导致冲突，反而会让亲子间的相处更加顺利，因为孩子得到了明确的边界，而不是令人困惑的"是不是""好不好""可不可以"。当然，如果父母的放养并没有导致孩子出现问题，便不需要强硬地设定界限了。

6."现实我"父母及修炼方式

"现实我"父母的优势在于目标导向，善于抓大放小。所以"现实我"父母的养育风格是很简单直接的。比如玩游戏，如果影响到了学习或者导致成绩下滑，"现实我"父母就会管，如果没有影响到那就不管。因为"现实我"的人会比较专注于自己，有时候甚至会忽略了孩子的成长和感受。比如孩子摔倒受伤了，"现实我"父母会认为这是孩子人生必需的经历，没什么好哭的。所以当孩子说"好痛"或者"爸爸，我好难过，想跟你聊一下"时，"现实我"父母的第一反应是："这有什么好聊的，能解决的就去解决，不能解决的就接受现实。总是聊来聊去的不解决问题，还浪费时间，有什么用呢？"还有的"现实我"父母表现更加极端。比如孩子在哭，他们会直接把孩子关在房间里，说："你冷静一下，哭够了再出来。"有时候孩子心情不好，说："妈妈，我很难过，想跟你聊一下。"妈妈则直接回："我没时间，你先自己消化一下。"或者孩子渴望能够出去玩一玩，爸爸妈妈则说周末要加班，算了吧。

忽略孩子的内心感受，可能会让孩子变得非常冷漠，难以共情他人的感受。因为他自己一直被忽视，也会习惯性地忽视别人的情感。所以为什么要强调打开自己的感受，因为只有打开自己的感受，才有能力去把爱融入生活。

所以"现实我"父母需要修炼的第一课，就是不能忽略孩子的感受。比如孩子在哭的时候，不一定要赶快去安慰他、抱他，也可以只是坐在他的身边，给孩子一些释放情绪的空间，说："哭是解决不了问题的，但现在你可以哭一会，爸爸就坐在这陪你。哭完了以后我们再聊一聊好吗？"这样做孩子就不会觉得自己被忽视了，问题也可以解决。所以说照顾孩子的感受不等于父母需要完全改变自己，而是在保持自己看法的前提下给孩子一些陪伴，不要让他们觉得自己不被在意。比如"砰"的一声关上门，把孩子关在一个房间里，孩子会觉得自己被抛弃了，这样留下的伤害将是巨大的。

"现实我"父母的优势则是坚持到底，事业心强，理性成熟，并且很能够引领孩子。因为"现实我"父母自己的行为模式是非常坚定的，很能够给到孩子信心和鼓励。比如他们常常会使用"怕什么""做""胆子大一点""相信自己"等话术所以如果"现实我"的焦点是放在孩子身上，希望把孩子培养成才，他们真的会成为孩子坚定的领跑者。

  结尾送给大家一首小诗："有时候你吵得令人头痛/有时候你话多得令人烦厌/有时候你把家里弄成废墟/有时候你把我气得头顶冒烟/有时候你不问情由突然爆炸/就像一只人见人怕的大魔怪/但——/有时候你会送我一个微笑/有时候你会给我一个拥抱/有时候你会乖乖地伴着我/有时候你会与我分享美食/有时候你会送我亲手制作的小花/又变回一个可爱善良的小天使"

养育孩子的旅程充满了惊喜与冒险,需要我们勇于探索,勇于改变,勇于直面自我,也勇于信任孩子。希望父母们都能找准自己的优势风格,扬长避短,与孩子共同培养出亲密的亲子关系。

Chapter 3
学习与心理素质提升策略

第十三课 考试心态卡牌提升学习力

许多家长都会面临一个普遍的问题:"孩子学习成绩不理想,该怎么办?"然而,这个问题通常无法得到清晰的答案,因为范围太广。只有具体问题具体分析,我们才能找到有效的解决方案。比如需要确定孩子成绩不佳是受限于哪方面的能力,是专注力不行,思维力不行,还是对自己缺乏自信?

本节将重点关注如何通过考试心态卡牌了解、分析孩子的学习能力。

一、考试心态卡牌的价值和意义

什么是学习力呢?它包含两个要素:学习心态和学习方法。二者缺一不可,但许多家长常常忽略了学习心态的培养。他们可能会让孩子参加多个补习班,寻找各种教育资源以提升孩子的学习技巧和知识储备,但是这些努力的成效却不尽如人意。这是因为孩子缺乏的不是学习技巧,而是缺乏吸收这些技巧的学习能力。因此,本节的重点在于如何通过考试心态卡牌从根本上解决孩子的学习心态问题,有针对性地提升他们的学习能力。

考试心态卡牌是提升孩子学习力的重要工具，它能帮助我们分析孩子的学习状态并提出针对性的解决方案。为什么要通过卡牌去了解孩子的学习状态呢？一是为了掌握心理专业技能。卡牌作为形象化的工具，能够帮助大家更好地理解抽象的理论，更有效地掌握相关分析方法。二是为了减少与孩子之间的沟通障碍。当孩子成绩不佳，常常会面对父母一大串的问题："你为什么没考好？是因为上课不够专注，还是没有给自己制定目标？是因为考试太紧张，还是学习压力太大？又或者是因为不适应学习环境……"他们可能会感到压力更大，甚至不想与父母继续沟通。专业的心理医生可以有技巧地提问，从而在不引起孩子反感的情况下了解孩子行为背后的原因。但是父母往往不知道从何入手去了解孩子。这时，卡牌就显得尤为重要，父母即使没有心理学基础，也可以通过卡牌来与孩子深入交流，找出孩子所面临的问题并提出解决方案。

二、考试心态卡牌的应用

1. 卡牌基础知识

在考试心态卡牌中，我们可以在最下方的中间位置看到字母K、Q、M、S、X和Z，这些字母代表着六大学习力，分别是：情绪力（Q）、自信力（X）、专注力（Z）、适应力（S）、抗挫力（K）和目标力（M）。除了字母外，卡牌的颜色也对应大六人格。例如，红色代表"快乐我"，而颜色下方的字母Z表示专注力。"快乐我"粗心大意的性格特点，反映在学习能力上就会突出表现为"专注力"不足。

为何要用字母标注，而不直接写出"专注力"或者"抗挫力"呢？这是为了减轻孩子的心理压力，并减少沟通中的障碍。例如，当他们看到下面写着"专注力"的红色卡牌时，可能会想："哦，爸爸妈妈又觉得我做事情不够专心，好烦啊。"而字母则类似于交流的密码，父母能够理解其中的内涵，但孩子不知道，便不会在意。孩子摆牌时只需要关注卡牌上的能力描述即可，不会觉得父母在评价他们。因此，在使用时，我们需要注意不要在记分时清楚地写出六大能力的名称，因为有时孩子得分比较低，甚至是负数，这会让孩子感到不舒服，进而对后续的交流产生抗拒。

考试心态指导卡牌共有十二张，涵盖了二十四种典型的考试心态特点。每张卡牌的正反两面所代表的考试心态是互斥的，例如，正面为"迎难而上"，反面则是"畏难逃避"；正面为"固执刻板"，反面则是"灵活变通"。只能二选一，拥有其中一种特点就不会拥有另一种特点。

2. 卡牌的摆放

在使用考试心态指导卡牌时，需要将卡牌按照符合程度的高低排成三排：第一排为最符合的特点，即在学习时都会出现的；第二排为比较符合的特点，即在学习时会经常出现的；第三排为有些符合的特点，即在学习时偶尔出现的。一般而言，每排卡牌摆放四张，但如果确实有五张卡牌非常符合，则可以摆放五张。关键在于根据符合程度进行摆放。在摆放过程中，需要使用所有十二张卡牌，选择是放正面还是反面，想一想哪一种特点更符合实际情况。

由谁来摆牌也是非常重要的。我们可以带领孩子一起摆放,也可以根据自己对孩子的观察来摆放卡牌。如果可以,将自己和孩子的摆牌进行对比也会有意想不到的收获,常常能够发现亲子之间的认识差异。在实际操作中,我通常会鼓励家长和孩子一起进行摆牌。

摆完后就可以进行得分计算,牌的两侧分别有加号和减号。加号代表优势牌,可以加分;减号代表劣势牌,需要减分。加减分的标准为第一排5分,第二排3分,第三排1分。因此,我们可以按照对应的字母和符号,将六大能力的得分分别计算出来。例如,一张"自律性强"的牌旁边有"+"号,底部是"M",这就代表了这张牌的得分是目标力,是加分项。若该牌在第一排,则得分为"+5";在第二排,则得分为"+3";在第三排,则得分为"+1"。

总结:卡牌分数计算规则

(1)符号看卡牌两边:"+"即得分,"-"即减分

(2)能力看卡牌底部:情绪力(Q)、自信力(X)、专注力(Z)、适应力(S)、抗挫力(K)和目标力(M)

(3)分数看卡牌行数:第一排"±5",第二排"±3",第三排"±1"

(4)最终计算结果:Q____,X____,Z____,S____,K____,M____

3. 卡牌分数解读

卡牌的得分可以按照三个等级进行划分。第一个等级是 –10 分

到 -6 分，我们称之为低分组，代表孩子缺乏相应的考试心态。第二个等级是 -5 分到 5 分，即中等分组，如果得分为负数，则会倾向于往消极的方向发展；如果是正数，则表示将向积极的方向发展。第三个等级是 6 ~ 10 分，称为高分组，即能力特质非常显著，说明孩子具备这一能力的优势。

接下来，我们将给出一些分数案例进行解读，以帮助大家更好地理解不同分数和能力的含义。

案例 1：

高二男生，自信力（X）-4 分，目标力（M）-8 分，专注力（Z）2 分，适应力（S）6 分，情绪力（Q）6 分，抗挫力（K）-2 分。

实际上，我们主要关注的是高分组和低分组的情况。对这个孩子来说，他的情绪力和适应力都在高分组，但是目标力在低分组。高适应力意味着他在做事情时不会惧怕任何变化，高情绪力反映了他很少因情绪问题而影响学习。然而，低目标力则表明，他在做事情时可能没有方向和目标激励他，更多的是凭自己的兴趣，比较随意。因此，这个孩子的短板在于他没有长期的目标，也就是对"学习的目的是什么"这个问题没有明确的答案。因此，当他遇到困难时，就习惯逃避，因为他没有非实现不可的目标和动力，认为自己开心就可以了。

案例 2：

适应力（S）2 分，专注力（Z）5 分，自信力（X）-2 分，情绪力（Q）-4 分，目标力（M）0 分，抗挫力（K）0 分。

在这个分数组中，没有明显的高低分组，每个分数都处于中间状态。因此，这个孩子的心态可能不是非常好，但也不会特别糟糕。没有突出的优势能力，但整体上也不会非常弱。他可能对待学习比较随意，有一些努力但不是非常多，同时内心不会纠结，也不会感到特别焦虑。

案例 3：

抗挫力（K）-6 分，目标力（M）8 分。

这里我们将高分组和低分组单独拿出来进行分析。高分组的目标力强，说明孩子有很强的内在动力去实现自己的目标。低分组的抗挫力显示孩子不太擅长应对挫折。对于这个孩子来说，如果他的人生一路顺风顺水，他会非常优秀。而一旦遇到挫折，他可能就会变得很沮丧。比如在小学和中学时成绩优异，但在大学里发现自己不如来自全国各地优秀的同学时，就可能会感到颓废和失落。这时，最需要担心的就是孩子可能会迷失自我、放弃自我。

针对这种情况，建议家长帮助孩子提升抗挫力。抗挫力是可以提升的，它不仅仅代表一个人面对困难时的情绪状态，也代表应对困难，调整自己状态的能力。例如，孩子没考好感到伤心一两天是很正常的,但重要的是,他能否自我调节,不要沉迷于这种情绪之中。此外,孩子能否学会一些应对的方法,例如运动或冥想,慢慢与自己的情绪和解,从而帮助自己面对挫折。如果孩子的抗挫力在低分组中,父母可以观察孩子应对压力和困难的方式,并及时帮助孩子掌握合适的应对方法。

案例4:

  孩子A:专注力(Z)6分,抗挫力(K)–10分

  孩子B:抗挫力(K)6分,专注力(Z)–10分

  在此例中,可以发现这两个孩子的得分是相反的。第一个孩子在专注力方面得分高,通常会非常认真地学习。但是当遇到困难时,他可能会长时间无法集中注意力,因为他的抗挫力较低。如果他某次考试没有考好,家长会发现在很长一段时间内,他虽然想认真学习,但总是不自觉地走神。相比之下,第二个孩子的抗挫力很强,但专注力较弱。这意味着他在平时学习时可能不太专注,上课时经常走神,比较粗心大意。但即使他某次考试没考好,也不会受挫,仍然能保持良好心态。

  举例来说,如果A、B两位学生在考试中都出现了粗心失误,扣了很多分。A可能会有很长一段时间想要专注学习,但实际上无法集中注意力。他会充满自责和焦虑,反复思考:"为什么我这么粗心呢?当时我在想什么?"但是B不会被情绪所困扰,他会想:"哦,这些题都错了,难怪我考得不好。习惯了,反正我总是在考

试时粗心。"甚至还可能在心里默默把粗心扣的分加上，认为："我的实力其实还不错，只要不粗心，下次我一定能考得更好。"然而，在下一次考试中，A 更有可能克服粗心失误的状态，而 B 可能由于自己不专注、不在意的态度仍会马虎对待。

这就是为何需要使用考试心态卡牌以了解孩子深层的学习状态。面对考试失利，两个孩子都表现出缺乏专注力，但如果 A 的家长告诉孩子要"更专心一点"，甚至想把他送到专注力培训机构去，这样的做法效果肯定不理想。因为 A 并非缺乏专注力，而是在面对挫折时，心情不佳，难以专注。家长需要解决的是孩子的抗挫能力问题，而非专注能力问题。

对于 B 来说，即使考试没考好，父母也不用去安慰他："没关系，不要难过，我相信你会努力取得好成绩的。"因为 B 的抗挫能力很强，能够自行调节。对于 B 来说，培养专注力，让他更集中精力就变得尤为关键了。

4. 沟通技巧

在使用考试心态卡牌时，存在一个比较普遍的问题：如何与孩子交流自己的分析结果？这个问题看起来轻巧，但至关重要。因为与孩子的交流效果的好坏将决定最终能否解决问题。如果直接指出孩子不足的地方，可能会让他们抵触。在这种情况下，沟通技巧和表达方式变得非常重要。下面提供两个小技巧。

首先，避免使用六大学习能力名称，用比较抽象的字母来替代。因此，在算分数时，尽可能避免让孩子看到能力名称。

其次是在分析结果时，不要直接告诉孩子哪一方面得分低，而是讨论卡牌对孩子产生的影响。因为我们的目的是帮助孩子认识到问题并进一步改善，而并不一定要告诉孩子他哪方面不行，这样直接的表达可能会让孩子不舒服。

例如，如果一个孩子专注力得分比较低，最好不要说："你的专注力不行啊，你需要更加认真、更加努力。"而是可以换一种方式："我很好奇，为什么你会选择这张'粗心大意'的卡牌呢？你觉得自己在哪些方面表现出粗心大意？"孩子可能会回答："平时做作业总是漏看题干，考试的时候明明会的总是会写错。"这时，我们可以继续引导孩子思考卡牌反映的问题对学习的影响，孩子可能会说："'粗心大意'这张卡牌反映了我平常学的东西，考试的时候都没有发挥出来，平白无故地丢了很多分。"

不要低估了孩子的自我反省能力，在许多情况下，我们只需要给予引导，孩子就能够迅速明白问题所在。在发现问题后，我们也可以进行一个总结，例如："我了解到'粗心大意'和'容易分心'的卡牌实际上对你造成了一些负面影响。这两张卡牌都与你的专注力有关，对你造成了一些不良影响。"这时，我们与孩子的对话逻辑已经从第一种逻辑"因为你的专注力得分低，所以我要教育你，我要批评你"，变成了第二种逻辑"这两张卡牌反映出的专注力问题对你产生了负面影响，所以我想帮助你，我们一起想办法。"这样让孩子感受到我们是来帮助他的，而不是来指责他的，从而更愿意一起分析问题，努力改变。

学习的意义不仅仅在于分数，更在于不断提升自己，只有这样才能走得更远。同样，我们只有通过多方面的沟通，深入了解孩子，才能真正帮助孩子获得更多成长。让我们携手与孩子共同进步，为他们一生的成就助力。

第十四课 培养孩子的自信力

在考试心态卡牌中,我们将孩子的学习力分解为自信力、目标力、适应力、专注力、抗挫力和情绪力,并学会了如何使用卡牌来了解孩子的心态特点。

本节我们首先来介绍自信力的概念以及如何培养自信力。之所以首先选择自信力,是因为它是一切成功的基石。如果将提升学习力比作建造一座房子,那么提升自信力就是打好地基。无论孩子目前缺乏哪些技能,只要他对自己有足够的自信,他就有超越自我的可能。

一、什么是自信力

自信力是反映个体对于自己能否成功完成某项活动的信心程度,是一种积极、有效地表达意识和心理状态的心理特性。自信力也被称为信心。

自信力对人的影响是巨大的。亨利·福特汽车公司的创始人曾说过:"你认为自己能行或不能行,你的想法都会成为现实。"这是因为想法和行为是相互关联的。如果一个人相信自己的能力,那么他在面对挑战时会更加积极和乐观，从而能更有效地发挥自己的能力。相反，如果一个人认为自己无法完成任何事情，在开始之前就已经否定自己，内心一直自我怀疑和念叨："我不行，我不能，我做不到。"自信心在还未开始之前就几乎被消耗殆尽了。最终他们会发现自己无论做什么都好像达不到预期，因为他们已经在心里设置了一层壁垒，遇到机会或困难时就会无意识地退缩："天呐，这么重要的事情我可做不到。"最后永远突破不了自我。所谓"一鼓作气，再而衰，三而竭。彼竭我盈，故克之。" 即如果战鼓反复响起却始终踌躇不前，士兵的士气就会不断下降。而最终决定两军交战胜负的，正是这种看不见的士气。自信就是我们个人身上这种看不见的士气。如果在面对生活中的挑战和学习中的困难时，我们都没有为自己叫好的勇气，又怎么能有力量最终吹响胜利的号角呢？这种自信在大考中尤为重要，因为大考不仅考察能力，更考察心态。在那么多期待和价值附着在一场考试之上时，如果孩子没有顶住压力，没有突破自我的自信，那他又怎么能发挥出自己最好的水平呢？

1. 自信的三个关键因素

第一个因素是自我价值感。自我价值感是一个人对自身价值的内在评价。自我价值感高的人会看重自己的能力和人格，认为自己受到重视和认可。而自我价值感低的人经常轻视自己，容易产生自卑感。

自我价值感和不配得感紧密相连，一个自我价值感低的人往往会有很强的不配得感。简言之，不配得感是指当面对美好的事物时，内心感觉自己配不上。例如，当好不容易获得录取名额时，他们会想："也许我只是运气好，成了备选之一，是踩着线进的。"得到他人的表扬时，会想："这不过是客套话罢了，我并不是真正的优秀。"得到了好的东西，会想："这东西太贵了吧，我用差一点的也能满足需求。"

那么，如何才能够克服不配得感、提升自我价值感呢？最关键的方法就是学会走出自己的舒适区，学会突破困境。因为环境会影响一个人的行为，我们接触的人和事往往也会限制我们的思维。只有勇敢走出去，打破那些限制，才能拓展我们的视野和格局。

> 做销售的人需要打破内心的限制，打开自身的格局。在创业初期，线下讲课的时候，几百人都听得津津有味，然而推销课程时却完全没人买。我深受打击，也感到困惑：课程内容非常有价值，为何推销不出去呢？最终，我发现是自己内心的一道壁垒在限制着我，那就是我自己并不相信这门课程能卖出去。我会想："现在网上这么多免费资源，谁还会付费上课呢？这根本无法想象。"
>
> 因为我自己也不会去买网上的这些课程。即使有人推荐好的课程给我，看到几千、几万元的价格，我就觉得不值。后来，朋友鼓励我报了一门35000元的演讲课程。那一次，我感到自己内心的限制性信念一下子被打破了。终于愿意为自己投资之后，我发现花钱学习是非常正常的，也是有收获的。而且，花费在学习上的投资会激发我更大的学习热情和动力，想要让自

己的投资变得更有价值。

当时的课程内容虽已遗忘，但打破边界的感觉却历历在目，至今难以忘怀。此后，我愈发相信自己，不断地投资于自我提升，参与更多的学习项目，同时也对自己的课程有了更强的自信。通过为自己的提升付费，我逐渐对知识付费有了更加客观的态度，从之前的不太理解到现在的理所当然，我开始理解投资自己的重要性，也越来越对自己有信心。

若我们想要增进孩子在学业上的自我价值感，那么引导孩子接触和探索更为先进的学习方式与思维，是不可或缺的一步。通过这样的方式，孩子便能摆脱对"成功"的畏惧，保持一颗平常心，并因此得以超越自我，开拓心智。

我们曾有一位学员，当时就读于高一普通班。虽然她的文科成绩在班级中名列前茅，但放到整个年级却并不突出。她常常感到自己的无力："我学历史已经非常认真了，能考到 80 分以上，我就会感到非常骄傲。可是那些历史成绩排名年级前几的同学，每次都是 90 分以上，他们难道是神吗？"

高二分班的时候，她勉强进入了重点班。刚进入班级，她就重点关注了之前历史总考年级第一的同学，想了解她的学习方法。然而，在共同学习的过程中，她发现那位同学的学习方法并没有任何特别之处，自己上课的笔记甚至做得比她更清晰。那一刻，她突然意识到："原来年级第一也只是普通人而已。"

> 她内心的天花板被打破了:"既然大家都是普通人,学的也是同样的课程,那我为什么不可以取得好成绩呢?"突破了自己心中的限制后,她的成绩稳步上升,尤其历史成绩更是一路高歌猛进。

这个案例中的改变还仅仅是因为接触校内的优秀同学。有机会的话,父母可以在假期带孩子去参观名校,去感受清华、北大的风采,目的并不在于让孩子和他人做比较,而是让他们去体验,去感受,去拓宽自己的视野。孩子们见识越广,他们看待世界的角度、关注的议题以及所接触到的知识都会发生质变。这种视野上的拓展,也能让孩子不再过于纠结小事,更从容面对生活的挫折。慢慢地,孩子们会逐渐认识到,没有什么事情是太美好、太耀眼以至于自己无法与之相配的。自我价值感建立起来了,就会拥有更加强大的自信心。

第二个因素是自我尊重,即我们对自己的尊重程度和是否爱自己。有许多人不爱自己,我见过很多自残的孩子,他们为什么会不尊重自己,不爱自己?很多时候都与原生家庭有关,父母的粗暴对待让孩子觉得自己不值得被爱、不值得被尊重,被伤害了也不可惜。从外界感受不到任何尊重的孩子,是很难建立起自我尊重,相信自己是有价值的。

第三个因素是自我理解,即对自己是否有比较明确的认知。自卑的人往往容易夸大自己的缺点,忽略自己的优点,从而否定自己的价值。只有清晰地认识自己的优势和劣势,扬长避短,才能真正做到平视自己,相信自己。此外,自我理解还包括自我意识,意识到自己的情绪和想法。自信的人不会因为想取悦他人而否定自己的感受，也不会因为羞愧而觉得自己不应该有负面情绪。只有认识和接纳最真实的自己，我们才能真正自信。因此，清晰的自我理解需要有意识地探索自我，更好地回答"我是谁"的问题。

2. 限制性信念

还有一个关键因素会阻碍自信力的发展，需要我们保持警惕并努力克服，那就是限制性信念。信念源于自身的态度和想法，是人们对事物的看法。限制性信念是那些会限制自身发展的想法。这听起来很矛盾，但自身信念和想法确实会成为自身发展的障碍。前面我们提到过的"跳蚤效应"就是非常形象地表达了限制性信念对自信力的阻碍作用。

在生活中同样如此。人们或许因为曾经的失败或是害怕未来的失败，不敢冲破那个并不存在的"盖子"。而实际上，那个盖子可能早已消失，甚至从未存在过。真正阻碍我们前行的是内心对未知和失败的惧怕，这就是限制性信念。这种信念往往源于反复的挫败，最终导致人们下意识地说："不，我做不到。"放到学习上，孩子也不会一夜之间对学习失去兴趣，或对自己缺乏信心。孩子的限制性信念通常是长期挫败的结果。他们可能曾努力学习，付出心血，但未获得理想的成绩，最终对自己说："算了吧，我不适合学习。"进入了恶性循环。

而破除限制性信念的关键在于培养孩子的自信心，这也是父母可以帮助孩子发展的重要方向。

在我的童年时期，学习成绩并不尽如人意，然而，我母亲会不厌其烦地告诉我，我是我们家族中最聪明、最有学习能力的人。她总是坚信，只要我将精力集中在学习上，就一定能成为一名天才。尽管这些话我曾经听得很厌烦，但在长大成人之后，我不断地回忆，发现母亲的这些鼓励使我一直保持着自信。无论我遇到了什么困难，从未放弃过自己，从未认为自己愚笨。我坚信只要下定决心，就能够学好任何东西。我相信自己是一个天才。

当然，这个方法并非对所有孩子都有效，因此我们需要了解孩子的性格并掌握一定的暗示技巧。但大家可以发现，在孩子面对挫折的时候，父母可以帮助他们培养强大的自信力，从而突破限制、发挥潜力。

我们可以看到，自信心对孩子的成长非常重要。即使一个孩子成绩不佳，或者有些调皮捣蛋，甚至有一些坏习惯，但只要他有自信心，只要他认可自己，那么他一定会在某个时刻华丽转身。因为他的自信心可以随时带领他突破限制，在他理想的方向开创新的天地。著名剧作家萧伯纳曾说："有自信心的人可以把渺小变成伟大，把平庸变成神奇。"这正是自信心所能创造的奇迹。因此，不能忽视对孩子自信心的培养，这是孩子所有能力的重要基石。

二、评估孩子的自信力

第一种方法是使用考试心态卡牌来计算孩子的自信程度。如果孩子的自信得分小于或等于 -6 分，则属于低分组，自信程度偏低；如果孩子的得分大于或等于 6 分，则属于高分组，自信程度相对较强。这样的孩子能够肯定和欣赏自己，不会羞于展示自己，往往在考试中也会有更好的表现。此外，他们能够全面地认识自己，有勇气承担责任和正视自己的缺点。

第二种评估方法被称为内在表象法。内在表象指的是人们内心对世界的想象和演绎，包括嗅觉、听觉、触觉、视觉和味觉。举个例子：当让你想象自己孩子的未来时，你的脑海里会浮现出什么样的画面？你会听到什么声音？你会感受到什么？这些表象反映了我们对孩子未来的想象和感受。一些父母可能会想象到一个健康自信的大男孩在操场上打篮球，或者孩子在阳光下漫步公园，身边金黄色的叶子缓缓飘落……如果我们的内在表象是积极正面的，表明我们对孩子的未来充满信心，怀有积极的态度。但是，如果你闭上眼睛，只看到自己孩子整天沉迷于游戏，所有场景中光线都很暗淡，那就表明在我们眼中孩子的未来缺少希望，比较消极和黯淡。

因此，内在表象可以反映出我们对某件事情的态度。同样地，我们也可以用这个方法来引导孩子去想象并评估他们的自信程度。例如，我们想测试孩子对自己学习能力的自信程度，这时我们可以问孩子："当你想到中考/高考或未来时，你会看到、听到或感受到什么？"如果孩子回答说："一想到中考/高考，我看到自己进入考场,手都在抖;我看到父母失望的表情,我感觉自己没有考好;我看到那天下着大雨,乌云密布……"这些都是负面、消极的感受,说明孩子对自己的考试结果不是很自信,甚至有点悲观。但是,如果孩子回答说:"我看到自己考到了理想中的分数,惊喜地跑出学校大门拥抱你们,告诉你们这些年的努力真的有回报;我看到你们去飞机场送我,飞机飞过辽阔的大海,带我去实现理想的未来……"这些积极、正面的感受表明孩子对自己的能力是比较有自信的,因为他相信自己能够发挥好,会有一个美好的未来。

三、如何提升孩子的自信力

要让孩子从内心深处建立自信,离不开积极的环境支持。这个环境应该给予孩子足够的正向反馈,并且能够持续。因为建立自信心是一个渐进的过程,其中有六个步骤需要注意。

第一步是去尝试。这意味着要多鼓励孩子去面对各种可能会让他们感到失败、受伤害的事情。可如果因为担心结果而不去尝试,那就永远不会获得成功,从而形成"逃避——感觉'做不到'"的恶性循环。因此,如果要帮助孩子建立自信,第一步就是要鼓励他们有勇气去开始。

然而,要鼓起勇气去尝试也并非易事。为了获得足够的勇气,可以先帮助孩子改变他们对自我的看法。家长可以采用适当的方法引导孩子改变内心对自我形象的刻画,感受自己的力量,增强勇气。例如,我经常会引导孩子想象自己的整个身体变得无比巨大,就像一个超人。随着身体不断增大,甚至高过珠穆朗玛峰,此时再低头一看,山川河流都已经变成了一个点,那些曾经害怕的事情和恐惧的地方,都消失了。这种情况下,畏惧感逐渐减轻,孩子也更愿意去尝试。

第二步是去做。开始尝试后,家长要及时鼓励孩子坚持做下去,深挖自己的潜力。此时家长可以采用一些激励的技巧,在孩子完成任务时及时给予积极的反馈和肯定,特别是对于孩子在完成任务中所表现出来的优点和长处,要给予充分的认可和鼓励。同时也可以设定适当的奖励机制,激励孩子在完成任务的过程中保持积极的心态。可以给孩子一些小奖励,比如小玩具、文具或者孩子感兴趣的礼物,使孩子更有动力坚持下去。

第三步是达成目标。孩子在尝试的过程中可能会遭遇失败,这是正常的。但要尽量避免反复失败,因为这样没有结果的尝试反而会给孩子带来虚妄的感觉,让他们觉得"永远也成功不了,不如放弃,不要再折磨自己了",最终反而失去挑战的自信。因此,在建立自信时,最好从孩子擅长的事情开始。

第四步是去肯定。孩子做到后,父母及时给予适度的肯定能够巩固他们的成就感,提高自信心。有效的肯定需要两个要素:适度和相配的身体语言。

适度的肯定意味着父母应避免过度夸奖孩子。有些家长为了让孩子更加自信,会过度赞扬孩子,比如只是完成了一道习题,就会大加赞扬:"你真是太聪明了,无人可比!"研究表明,这样的过度表扬容易让孩子形成不切实际的期望,认为自己的表现必须像父母描述的那样出色。但因为这种评价本身就是夸张的,孩子难以达到,最终会感到挫败和失望。因此,夸奖孩子并不是越夸张越好,而是要基于孩子的实际表现,持续给予积极评价。

此外,夸奖孩子时,父母必须注意自己的身体语言。孩子对父母的身体语言非常敏感。父母平时给孩子拍拍肩膀、拥抱他们,都能让孩子感受到无尽的关爱和温暖。因此,在夸奖孩子时,可以不仅用语言表达肯定,最好能配上大拇指或拍打孩子的背部等身体动作,让孩子更深刻地感受到父母的赞许。

第五步是自我肯定。上一步强调了外界积极反馈的重要性,这是提高孩子自信心的前提。然而,如果孩子想真正拥有自信,就需要学会相信自己,内化外部的肯定。

第六步,再次获得外界的肯定。当孩子的自信开始增长,并且在尝试中获得外部的鼓励时,就会形成"也许我能行——我能行——原来我真的能行!"的正向循环,从而倍增自信。

四、自信力训练

下面是培养孩子自信力的一些具体方法。

1. 改变内在表象

孩子内在表象或许有一些消极和悲观的情绪,但这些情绪都是可以被改变的。虽然我们无法干预孩子所经历的生活事件,但我们可以改变孩子心中对这些事件的感受和态度。

我曾经遇到一个学生，他非常反感他的数学老师，甚至连听老师的声音都觉得难以忍受。我建议他试着在心里将数学老师的声音转化为卡通的声音，结果他发现这样做很有趣，心中的抵触逐渐消失了，也不再讨厌数学老师了。

我们看待世界的方式会影响我们的想法，而想法则会影响我们的行为。如果希望帮助孩子改变他的行为，可以从改变他的内在表象中的画面、声音和感觉入手，以此帮助他改善自己的实际行为。

另外，我们可以通过逐渐改变孩子内在的表象来打破限制性信念，加强自信。如果孩子的内在表象中自己是独自一人，而天空阴沉，我们可以进一步询问孩子："为何会有这种感受？"因为负面情境背后或许存在孩子的限制性信念。孩子或许会说："我觉得自己总是没精神，想法消极，也没有什么显著的才能，感觉周围的人不会喜欢和我交往。"这就是孩子的限制性信念，他已经自我否定，在人际关系中一开始就不信任自己。因此，我们可以通过改变画面、声音或感受来帮助孩子感受到更多积极正面的因素，增强他在人际关系中的自信心："请你想象一下，现在太阳出来了，阳光穿透云层，你会有什么感觉呢？是不是觉得暖洋洋的，慢慢地感到希望？也许你没有什么显著的才能，但你一直都很温和平静，这同样能给人力量。你也可以是一束光，给朋友们带去希望，让他们感到温暖和安全。"我们要让孩子感受到，生活中总是存在希望，过往的经历不会限制你，也不能限制你，因为你自身就蕴含着无限的可能。

当然，自信心的改变无法一蹴而就，我们需要在日常生活给予反复的暗示和引导，慢慢帮孩子改变对自身的看法。

2. 建立考试自信

这个方法是专门针对考试自信的。如果孩子即将参加考试，或者一段时间后将要面对重要的考试，我们都可以帮助孩子做这个冥想，这将有效地帮助孩子建立考试自信。

引导词：

现在，请你找到一个你认为舒服的姿势坐好，你需要形成一个信念，那就是完完全全地相信自己，相信这个心态训练。因为通过大量的实践验证，它不仅可以帮助我们缓解考试压力，建立考试自信，以最佳的状态去面对考试，还可以使我们在考试中正常乃至超常发挥，考出最好的成绩。

对，找到舒服的姿势，坐好，然后，请闭上你的眼睛，深呼吸……吸气……呼气……再一次，吸气……呼气，保持内心的平静、放松，现在我会从1数到5，我每数一个数字，你的身体都会更加的放松。1……保持平静……放松……2……继续放松……3……越来越放松……4……完完全全地放松………当我数到5的时候，你的身体会沉入更加放松的状态……5……

现在，我需要你在大脑中建立一个考试自信的画面，它可以是自己曾经取得好成绩时的画面，也可以是想象自己变成超人或者非常自信的人的画面。考试是比知识、比能力、比心理、比信心、比体力的一场综合测验，而自信是考试成功的先决条件。

自信的人相信自己有无限的潜能，相信不管接下来还剩多少备考时间，我们的潜能都可以被激发，现在有一个声音在你的大脑中响起：我行，我能，我可以做到！

自信的人不会活在过去的失败中。谁的人生没有过失败，谁都有可能考试发挥失常，但请记住：没有人没有事会让我们永远输，除非是我们自己不想赢。努力了不一定会成功，但是不努力就一定不会成功。现在，有一个声音在你的大脑中响起：我行，我能，我可以做到！

自信的人不会活在对未来的担心中。有些人对考试会有这样或那样的担心：万一我会做的题目忘了怎么办？万一我没有考好怎么办？请记住，这件事情永远都不会发生，因为你只需要面对今天的你，你只需要告诉自己：今天我必须成功。你相信车到山前必有路，船到桥头自然直。现在，有一个声音在你的大脑中响起：我行，我能，我可以做到！

自信的人只和自己比较，跟自己的昨天比较，我们看到自己的今天比昨天更加进步，我们的每一天都会进步。我们只要坚持走好自己的路，相信自己，我们就一定会获得成功。现在，有一个声音在你的大脑中响起：我行，我能，我可以做到！

自信的人不会活在别人的眼光和看法中。因为别人看到的最多只是考试的结果，而且是一个阶段性的结果。你所走过的路，你想要去的未来，只有你自己最清楚。你是一个什么样的人，也只有你自己能够定义。只要对自己问心无愧，对得起自己，每天很努力，每天很快乐，你就一定可以成功。现在，有一个声音在你的大脑中响起：我行，我能，我可以做到！

力未尽，气未绝，心未死，不弃不馁，持之以恒。

相信我们所有的付出，都会获得回报。相信离考试越近，我们越能保持冷静，把每天的知识学好。相信遇到的压力越大，我们的潜力也就越大。相信越是重要的考试，我们就越会充满信心，充满能量。相信我们一定会成功的，相信我们自己。

我行，我能，我可以做到！我行，我能，我可以做到！我行，我能，我可以做到！

（唤醒孩子）现在，我会从3数到1，当我数到1的时候你就会睁开眼睛，充满着能量与激情，充满着自信的力量。3——2——1——睁开你的眼睛，迎接不一样的自己，相信相信的力量，相信自己拥有无限的可能，相信自己考试一定会获得成功！

如果时间和精力允许，家长可以持续地帮孩子做这个冥想。因为自信心的培养需要反复的暗示。也可以录制下来，供孩子反复听。在引导孩子时，可以添加柔美的音乐或舒缓的钢琴曲作为背景音乐，以加强孩子的情感体验。

在引导孩子时，我们自己的意境和心态至关重要，这并不意味着我们需要拥有完美的发音和丰富的演讲技巧，而是必须具备自信的状态。我们的目标不是朗读，而是传递自信的状态给孩子。如果我们自己都对朗读的内容没有信心，怎么能帮助孩子感受到自信呢？

在催眠中有一个神奇的现象，大家也可以试试。两个人面对面对望，心中默念一句话，仅通过眼神传递给对方，看看对方是否能够感受到。在绝大多数情况下，彼此都能够感受到。即使不知道具体的措辞，也能够准确地感受到话语中的情感和情绪。因此，读这段引导词时父母的状态是非常重要的，它直接影响着孩子的情绪状态。

那我们该如何调整自己的阅读状态，使之更加积极呢？有一个技巧是，在朗读给孩子听的过程中，先尽可能地在脑海中想象孩子在未来取得巨大的成就时的情景，比如孩子考上理想的大学，站在校门口朝着自己挥手，眼中闪烁着自信的光芒；或者想象孩子在万人的剧场中表演，跳舞动作流畅而自信，或者弹奏优美的钢琴曲，台下的人惊叹不已……当我们的脑海中想象着这些画面去念出"相信自己。我能行，我有能力，我可以做到！"时，传达出来的信念感会完全不同，孩子也更能感受到其中的力量。

有一句古老的谚语："只有勇者才有资格获得一切。"我们可以将其改为："只有自信的人才有资格获得一切。"自信是成功的基石，是孩子突破限制的关键。很多孩子因为缺乏自信或者畏惧前路而错过机会，从而耽误成长，但他们本身可以非常优秀。因此，无论孩子现在的状态如何，我们都不能让他失去自信。如果孩子能够自信，那么他就没有放弃自己的理由，也没有任何事情是他不能拥有和创造的。美好的未来取决于孩子自己的努力和信心。

3. 自信心提升成长手册

提升孩子的自信并非一朝一夕之功，需要父母长期的支持。在这个过程中，父母可以利用自信心提升成长手册辅助记录。手册主要分为三个部分：表格纵向表示事件，横向表示时间，右侧则记录他人对自己的肯定或自我勉励。表格中记录的事件是提升自信的基准，对应着提升自信的三个步骤：尝试、做、做到。这些事情可以非常微小，比如"阅读一篇英语文章""记住十个单词""发现他人的优点"等等，可以由父母和孩子共同决定，看看哪些事情能让自己获得积极的感受并值得坚持。在时间一栏可以让孩子自己打卡，以直观的方式查看任务进行情况。

在设置打卡内容时，需要注意逐步推进的原则。例如，长期目标是英语成绩提高20分，那么每天的任务可以先设为"跟读两篇英语课文"。培养自信的六个步骤中提到要"做到"，并不意味着孩子只能从最终成功的结果中获得自信，自信也可以来自过程。在上面这个任务里，"提高20分"是最终的结果，而"跟读两篇英语课文"则是走向结果的步骤。从容易做到的点开始记录能让孩子逐步感受自己的成长并增强自信。

在记录过程中，如果孩子受到了他人的肯定，可以在表格的右侧记录下来，如果没有则不写。这些记录可以让孩子在面对挫折时回顾。例如，在考试时前一门科目没考好，情绪受到影响时，可以让孩子翻看老师曾给出的肯定："你是一个非常擅长调整情绪的孩子，很坚韧。"帮助孩子迅速恢复情绪。

及时看到自己曾经受到的肯定对于恢复自信非常有效。心理学中有一个效应叫作"心境一致记忆"（mood congruent memory），指的是人们更容易回忆与当前情绪一致的事情。大家可能有过这样的体验：开心的时候更容易想起开心的事情，难过的时候想到的都是难过的事情，这就是心境一致记忆。因此，在面临挫折时，人们很容易陷入消极情绪的漩涡中,不断地"发现"自己不行的证据。而曾经受到的肯定和获得的成就却不容易被想起,从而越想越难过,最终觉得自己已经失去了希望。如果有"自我成长手册"提醒自己过去受到过的肯定,那么就会更客观地意识到当下的自我否定都是源自被坏情绪筛选过的记忆,自己其实很优秀。人们往往能更快地走出低谷,停止自我否定。

事件/时间	第1天	第2天	第3天	第4天	第5天	第6天	第7天
一句话							
一篇英语							
自己的优点							
他人的优点							
未来的我							
父母的评语							
老师的评语							

续表

同学的评语	
自我评估 （或送自己一句话）	

4. 一分钟自我表扬训练法

在提升和巩固自信心时，孩子学会自我激励非常重要。因为父母不能一直在身旁给予支持，但孩子可以成为自己最坚定的支持者。当自信受到动摇时，即使是一句简单的激励，也可以帮助自己坚持下去。

这句话的格式可以非常简单，如下所示："我是一个……的人。"填入空白处的形容词至关重要，它既需要是正面的、积极的，同时也要适用于自己。如"认真""善良""正直""阳光""冷静""果断"等。找到最能给自己力量或符合自己期望的词汇，可以写在自信心提升成长手册或随身携带的小本子上，需要时可以对自己说："我一直都很乐观冷静，这次面对困难也一定能一步步找到方法解决。"

5. 自我激励训练法——现在的我

自我激励训练法的本质在于帮助孩子调整关注点，更多地看到自己的优点。因为没有人是完美的，我们身上既有优点也有缺点。然而，不同的人会关注到不同的方面。例如遭遇挫折时，自卑的人可能会想："我这也不好，那也不好，真没用。"自信的人则会想：

"也许这不是我的优势所在,不要因为暂时的挫败否定全部的自己。"为了提升自信,家长可以协助孩子更多地发掘自身的优点,提供更多正面反馈。

这些优点可以体现在日常生活中的点点滴滴,例如:

早晨醒来没有贪睡,听到闹钟立刻起床;

今天上课时比以前更加专注;

今天与同学发生了小矛盾,但很快就处理好了自己的情绪;

……

在自我激励的过程中,最好能配合特定的手势,例如竖起大拇指或握紧拳头。这样,积极情绪的状态就与手势建立了联系。下一次需要鼓励自己时,做出手势就可以为自己带来积极情绪。

6. 自我暗示训练法——未来的我

自我暗示训练法的目的在于通过暗示改变孩子的内在认知,加强其自我肯定。前文中提到,若家长希望用暗示帮助孩子加强自信,可以经常引导孩子听以下引导词。在引导过程中,可配合舒缓的音乐,并调整语速,但语气必须坚定,并配合内容给孩子以坚定、积极的感受。以下为可参考的引导词:

> 每个人都是自己生命的主人,都拥有创造自己生活的能力,也都有自己的未来,对未来都会有很多美好的愿望。一个不断展现自己未来的人,是活在希望世界里的人。一个自信的人,会不断地去创造未来的样子,即便天马行空也无关紧要。不断

地去描述和寻找，就会越来越清晰地认识自己想要的，从而朝着自己的目标不断前进，一切的发展都是为自己而来的。

此外，家长还可让孩子做一做下面的练习，帮助孩子增加对自己的认识。

练习1：描述自己

我的理想是什么？_____
_____

实现理想的自己是什么样的？_____
_____

五年后的自己是什么样的？_____
_____

十年后的自己是什么样的？_____
_____

如果孩子无法描述出具体的形象或经历，可以让孩子用词语描述自己的感觉。自信的孩子通常会给出比较积极的答案。举例来说，第二个问题他可能会这样描述："我看到自己站在理想高中的走廊上，望着新的教室里自己将要坐下的桌椅，感到平静而幸福。"相比之下，缺乏自信的孩子可能会看到比较灰暗的景象或者感到担忧，缺乏对未来的希望。这时，父母可以使用上述引导词帮助孩子，并可以录制下来让孩子反复听，以加强孩子对自己的信心。

实际上，为孩子增强自信、塑造美好未来，并不意味着孩子一定要实现这个被设定目标，或者说未能实现目标人生就彻底失败了。在人生旅程中，目标可能会因个人的经历或外界环境的变化而随时发生变化。我们的目标是让孩子拥有树立目标的勇气，并激发他们迈向目标的动力。

著名演说家莱斯·布朗曾说："瞄准月球，即使你没达到，你也会降落于星海之中。"自信的作用就是让孩子看得更远。如果一开始就否定自己，又怎么能有勇气瞄准月球呢？内在激励正是孩子前进的动力，指引他们突破限制，飞向无边星空。父母无法一辈子陪伴孩子身边，但我们可以赋予他们独立前进、勇敢面对困难的心态和勇气。让孩子即使独自一人，也能自信、勇敢地面对人生的风雨。

第十五课 培养孩子的目标力

许多家长都有着这样的困惑：孩子看起来很刻苦，但成绩却似乎总是无法提高。这背后的原因可能是孩子缺乏明确的目标，只是盲目地努力而已。缺乏目标意味着缺乏方向性和计划性，时间消耗了，但努力是分散的，难以见到显著成果。相反，如果孩子能够明确目标，将努力和时间投入真正有益于他们的学习活动中，那么他的进步将是显著的。

一、为什么要训练目标力

生活中常常可以看到那些努力却没有结果的遗憾，这实际上反映了缺乏目标力的问题。可以将这样的努力比喻为一辆没有明确方向的车，即使不断加油，也无法到达目的地，只能四处漂泊，徒劳地消磨时光。

目标力的强弱也与取得成果的能力密切相关。一个孩子如果有强烈的目标力，比如从小就梦想成为科学家或律师，他在成长过程中更容易找到努力的方向，也会更投入地向着目标前进，因为他会看到现实和梦想之间的距离越来越小。具体而言，目标可以分为短期目标和长期目标。长期目标一般时间跨度较长，较为宏观，但具有很强大的导向作用。短期目标则更具体，并能更快地看到结果。与导向作用相比，短期目标的重要性在于提供了学习动力。以目标为驱动的学习，将帮助孩子更好地理解和运用所学知识，更快地实现自己的梦想。

以一个孩子设立的月度目标为例：成为全班前10名。目标一旦明确，动力也随之而来。当他面临"写作业还是玩游戏"的选择时，会想起"我要成为前10名"，进而选择学习，享受在学习过程中逐渐接近目标的成就感。如果孩子没有目标，面临同样的选择时，他只会想到"写作业好累啊，我为什么要学习？"学习的目标就像一把宝剑，能够帮助孩子披荆斩棘，克服重重困难和诱惑，奔向理想的终点。

二、解析目标

设定目标是非常关键的，只有制定好的目标才能够有效地帮助孩子攻克各种难题。具体而言，设定目标要符合以下五个原则。

第一个原则是具体性，即目标必须明确定义其结果和能够导向目标的行为。例如，孩子的目标是"成为优秀的学生"，这个目标是非常模糊的，因为"优秀"是一个模糊的概念，无法判断怎样的结果才算是优秀。孩子就无法确定自己的努力是否朝着"优秀"前进，也无法确定是否已经达到"优秀"的标准。而类似"下次数学考试成绩提高10分"的目标就是具体的，可以从题目的分值分布入手，具体了解应该抓住哪些知识点，最终也可以从成绩中直观地看到目标的完成情况。如果目标本身就是模糊的，那么无论是否有目标都是没有方向的，也起不到目标的导向作用。

第二个原则是可衡量性，即目标是否存在可以衡量的标准。例如，一个人的目标是成为一名心理学家，这个目标无法衡量，因为目前没有特定的考试或公认的标准来定义"心理学家"的必要条件。然而，可以通过对目标进行调整，如"成为一名心理咨询师"或"成为一位心理学领域的研究者"，这些目标是可以使用客观标准，如职业类别和研究领域进行衡量的。

第三个原则是可实现性，即目标是否有可能实现。这意味着设定的目标应该在合理的范围内，并且是可以实现的，类似于"跳一跳"能够得到的奖励。虽然人们都有美好的愿望，但目标的设定应该脚踏实地，不能忽略当下的条件。例如，设定目标为"下一次考试成绩提高 200 分"，虽然这个目标是有实现可能的，但因为实现难度较大，可能反而会让人失去动力，或者因为遇到困难而产生挫败感，难以长期坚持。

第四个原则是明确的时间限制。设定目标时，设置时间限制是必要的，因为它可以激发人们的紧迫感，避免拖延的发生。例如，"一个月内进步 10 名"和"一年内进步 10 名"是截然不同的目标，需要付出不同的努力来实现。因此，必须明确目标的时间范围。

第五个原则是要有清晰的目标状态。这意味着目标应该能够在脑海中呈现出清晰的完成状态。具体来说，可以问自己："如果我实现了目标，我将看到、听到和感受到什么？"例如，如果目标是考上清华大学，那么可以看到自己拿着清华大学的录取通知书，坐在清华大学的教室里听课。这种清晰、可想象的画面说明目标具备目标状态，也是能带给人动力的关键原因。

三、评估孩子的目标力

需要注意的是，在孩子成长过程中，仅有目标并不足以促进其发展。若缺乏强烈的目标感，内在动力将难以得到真正的激发。因此，目标力的强度不仅仅取决于目标本身，还包含着对实现目标的信念感。唯有对自身充满信心，对达成目标渴望不已，才能拥有强大的目标力，助力孩子勇攀高峰。

如何判断孩子当前的目标力强度？下面将分享三种方法：第一种是量表评估，操作简单，但需要孩子的配合。第二种是潜意识压手测试，前提是孩子已经确定了目标，用以测试其目标感的强弱。第三种是卡牌评估，父母掌握考试心态卡牌的基本用法即可。

每种评估方法都有其独特之处，父母可根据实际情况选择最适合的一种。若条件允许，可以进行三种评估，综合考量评估结果，以确保评估的准确性。

1. 量表评估

目标力评估量表共包括12道题，每道题有3或4种不同的选项。测试时让孩子根据实际情况进行选择，最后根据表格后方的记分方式进行累加就可以得到最后的分数。总体分数在0~27分之间，分数越高,表示孩子的目标力越强。

(1)仔细想想,在这之前你是否确定了自己的人生目标。

A.从来没想过 B.曾经想过,很少记起来 C.曾经想过,并一直记得

(2)人生目标和学习之间的关系,你的观点是?

A.没关系 B.有点关系 C.有决定性的关系

(3)你怎样看待学习?

A.我有兴趣的时候就学,没兴趣的时候就玩,自己说了算。

B.我必须坚持,虽然我不是自愿的。我不学习的话,老师和父母都不允许。

C.我觉得是一种乐趣,我喜欢按计划主动学习。

(4)你认为学霸成功的主要原因是什么?

A.聪明 B.做题做得多 C.有计划,有目的地学习

(5)如果别人不督促你,你是否会主动学习?

A.不会 B.极少 C.会

(6)为了把功课学好,你会放弃许多感兴趣的活动吗?

A.不会 B.二者兼顾 C.会

(7)你在学习上的时间是怎样分配的?

A.对不喜欢的科目放任自流 B.平均分配 C.对喜欢的科目狠下功夫

(8)你给自己定的学习目标可能做不到时,你会怎么做?

A.完全放弃 B.缩小目标 C.继续努力

（9）为了实现一个大目标，你会给自己制定循序渐进的小目标吗？

A. 不会　B. 极少　C. 会

（10）学期初，你是否有具体、明确的学习目标？

A. 没有　B. 有目标但很模糊　C. 心里有，但不以文字形式书写出来　D. 有，且张贴在醒目的地方

（11）为了实现目标，你是否制订了系统的学习计划？

A. 从来没有，顺其自然

B. 想过，但没有做计划

C. 心里有，但不以文字形式书写出来

D. 认真做好计划

（12）为了实现目标，你的学习计划执行得怎样？

A. 从来没有执行　B. 偶尔执行　C. 基本执行

D. 如果没有例外的话，完全按计划学习

计分方式：

所有题目中，选择A为0分，B为1分，C为2分，D为3分，总共12小题，累计即为最终分数。

根据孩子的得分范围，目标感可以分为五个层次：

得分在0~6分，说明几乎没有目标感。代表孩子的目标感差，可能缺乏学习的目标；

得分在7~11分，说明目标感不太强；

得分在 12 ~ 16 分，表示目标感一般；

得分在 17 ~ 21 分，表示孩子的目标感是比较强的；

得分在 22 ~ 27 分，恭喜你，目标感非常强。不论你的理想为何，你已经迈出了成功的第一步。

2. 潜意识压手测试

做这个测试的前提为受测者已确立一定的目标，旨在检验其潜意识中对目标的坚定程度。潜意识对于目标实现具有至关重要的作用。以成为律师为例，有人只是嘴上说说，遇到挫折即放弃；而有人则将成为律师视作人生理想，不屈不挠地追求。这些差异可通过压手测试检测。具体操作步骤如下：

步骤一：请列出你的三个目标

步骤二：

引导词：请抬起手臂，与肩平行，重复说出你的第一个目标，（用力按压受测者的手臂，感受手臂的力量）。

请抬起手臂，与肩平行，重复说出你的第二个目标，（用力按压受测者的手臂，感受手臂的力量）。

请抬起手臂，与肩平行，重复说出你的第三个目标，（用力按压受测者的手臂，感受手臂的力量）。

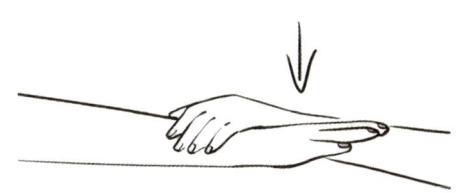

若受测者的目标感强烈，在他说出目标并按压其手臂时，测试者是可以感受到强有力的气势的。如果轻轻一按就压下了受测者的手臂并无法继续说出目标，说明受测者对自己目标的信心不足，或是缺乏足够的付出和努力。

这个测试应在受测者不知测试原理的情况下进行，这样才能准确地测出他潜意识中对目标的坚定程度。如果受测者知晓了原理，他们可能会下意识地增加抬起手臂的力度，以展示自己的坚定。这种下意识的伪装难以避免，因为人们倾向于展现出更加理想的形象。因此，在测试前，测试者应注意不要透露压手测试的评判标准，以获得最佳效果。

3. 卡牌评估

这一评估方法在"考试心态卡牌提升学习力"一课中已有介绍，针对目标力，建议专注于底部带有"M"标识的卡牌，若目标力得分高于 6 分，则意味着孩子的目标力较强，通常会制订明确的学习计划，注重学习效率，并坚定信念，不受他人看法影响，致力于实现目标。相反，若目标力得分低于－6 分，则需进行反向解读。孩子可能缺乏明确目标或难以坚持，行为上缺乏信念，容易放弃或受他人看法影响。

练习 1：评估孩子的目标力

  采用的方法：量表评估 / 压手测试 / 卡牌评估

  孩子的表现：_____（分数 / 表现出的力量）

  我的解读：

_____

_____

_____

四、训练孩子的目标力

鉴于目标力的重要性，家长可以如何培养孩子的目标力呢？下面将介绍一种容易上手的目标力训练法。首先，家长需要协助孩子依据目标力五原则确定自己的目标。其次，亲子共同寻找阻碍目标实现的因素，并具体列出三个障碍。例如，孩子可能过于贪玩，总想玩游戏或和同学出去玩，或者学习内容比较难，缺乏成就感等，描述得越具体越好。完成这两步后，家长可运用以下引导词，帮助孩子在潜意识中感受实现目标时的状态：

把目标实现的画面深深印在脑海里吧……拍成一张张

照片深深印在脑海里吧……我看到了……我看到了……的画面……我听到了……我听到了……的声音……我感觉到了……我感觉到了……看一看这些照片……这是有助于自己成功的调整……这是我自己的选择……我会更加合理地分配自己的时间……我在选择对我有帮助的事情……

好……请记住这些美丽的照片……当你抚摸自己的后脑勺时就会想起它们……

很好……现在你可以尝试用手抚摸自己的后脑勺……你会记住这个状态……

很好……就是这样……

这一步引导的关键在于帮助孩子体验实现目标时的美好感受。例如，若孩子的目标是考上重点大学，家长可以先帮助孩子了解学校的相关资料，或者安排去校园参观，以便孩子更深刻地感受实现目标将带来的愉悦。在此过程中，有经验的操作者可以尝试与孩子进行交流，通过对话逐步细化孩子的想象，扩展孩子的视觉、听觉甚至触觉感受，以达到更好的效果。

"当你抚摸自己的后脑勺时就会想起它们"相当于一个开关，让孩子将抚摸后脑勺的行为与目标状态的想象绑定，日后抚摸后脑勺时，感受自然浮现，不用再进行长时间的引导。所以如果孩子的目标是考上清华大学，这一步的效果应当是：每当抚摸后脑勺时，自己曾在脑中给清华大学拍下的"照片"就会浮现。如果没有达到这种程度，可以给孩子提供更多想象的资料然后再次进行引导，确保想象和开关建立联系后再进入下一步。

下一步可参考的引导词如下:

慢慢地闭上眼睛……让身体渐渐放松下来……随着身体的放松……我的心情越来越平静……就在这放松的过程里……任由思绪自由地漂浮……我进入平静的内在……

我在自由地呼吸……每一次呼吸都会使自己更加放松……在这平静、自由的呼吸中我感觉到很安全……很放松……在这自由的呼吸中……我进入平静的内在……平静的内在……我的潜意识已经准备好了接受对自己有意义的暗示……

当我想到"障碍1"时,我会抚摸我的后脑勺,想到目标实现的状态……

当我想到"障碍2"时,我会抚摸我的后脑勺,想到目标实现的状态……

当我想到"障碍3"时,我会抚摸我的后脑勺,想到目标实现的状态……

这一步引导的关键在于帮助孩子消除障碍,其中的"障碍1/2/3"就是之前列出的,引导时需要用自己的语言进行替换。比如之前列出的障碍是孩子比较贪玩,总是想打游戏,引导词就可以变成:"当我想到玩手机时,我会抚摸我的后脑勺,想到目标实现的状态……"这就是帮助孩子将对目标的感受转移到生活中的具体选择上,在现实的障碍面前为孩子赋能。

下一步就需要检验赋能是否成功，即孩子面临具体选择时感受是否改变，是否会更多地想到自己的目标，从而拥有跨越贪玩等障碍的动力，引导词如下：

> 当你准备好以后，你可以找到一个舒服的姿势坐好。现在请闭上你的眼睛，让自己的身体开始放松下来。现在你可以听到我的声音，还有背景音乐的声音，请逐渐放慢你的呼吸节奏，放松你的面部表情，舒展眉心，嘴角微微上翘。我会从 1 数到 5，我每数一个数字，你的身体都会更加放松。1……保持平静……放松……2……继续放松……3……越来越放松……4……当我数到 5 的时候，你的身体会沉入更加放松的状态……5……
>
> 　　当我想到"障碍 1"时，我的感受是……
> 　　当我想到"障碍 2"时，我的感受是……
> 　　当我想到"障碍 3"时，我的感受是……
>
> 若发现感受没有产生变化，请继续重复"消除障碍"步骤；若感受发生了积极的变化，请继续直至完成此步骤。

如何判断变化是否积极呢？这是以目标为导向的，如果目标是与学习相关的，就要看孩子面对障碍时是否产生了更多的学习动力。比如面对"想玩手机"的障碍，孩子的感受变成了"想玩，但是我觉得心里有愧疚，如果继续玩会让我和梦想失之交臂，对不起自己"，这就是发生了积极的变化。而如果孩子的感受仍然是"游戏真的很好玩，可以先玩这一次，明天再努力"，那么他面对障碍的感受没有产生积极变化，需要重复上一步的引导。

整个引导的过程本质上是帮助孩子建立对于目标状态的条件反射，在潜意识中改变面对障碍的感受。所以可以多次进行，以巩固和强化那些积极的变化。在日常生活中，家长可以定期进行引导，并记录下孩子的变化。

练习 2：训练孩子的目标力

面临的障碍：

1. _____
   _____

2. _____
   _____

3. _____
   _____

感受的变化：（括号中为引导次数或日期）

（　　）_____
_____

（　　）_____
_____

古罗马哲学家塞涅卡说："如果一个人不知道他要驶向哪个码头，那么任何风都不会是顺风。"也许孩子很努力，却因为没有目标而被困在原地。因为他只是茫然地依照指示学习和生活，不知道自己该去往何方，也就没法将所有的力量集中在一处，绽放属于自己的光彩。所谓"磨刀不误砍柴工"，在成功路上，也许更有效地是能够帮助孩子停下来，看看自己的"斧头"，想想自己的理想，确保二者兼备再勇敢前行，好的开始，便是成功了一半。

第十六课 培养孩子的情绪力

有一句话叫:"考试不仅是对知识的检验,更是对心态的考验。"众多高考标语也强调了考试心态和情绪的重要性:"遇难心不慌,遇易心更细。""保持平静心态,绽放微笑面容,从容应对高考……"当考生情绪稳定、信心十足时,通常能够发挥出色,取得优异成绩;相反,当他们感到焦虑不安、自我怀疑时,成绩往往不尽如人意。

每当面对这种情形,人们常常情不自禁地想:"如果能够摆脱情绪的影响该多好啊。"但事实是,没有人能够完全消除情绪的影响,且情绪对孩子学习表现的影响极其显著。情绪力是六大学习力的重要组成部分之一。若将学习比作建房子,那自信力则是地基,目标力则是建筑图纸,而情绪力则是施工状态,影响着建造能力的发挥。

神经科学家拉尔夫·阿道夫曾指出:"即使当下你认为自己在做冷静的逻辑推理,但事实并非如此。人们的思维过程往往都会或多或少受到当时内心感受的影响,只是自己通常意识不到罢了。"这一点在考试中表现得尤为明显,当孩子情绪稳定、心态良好时,他们往往会感到考试异常顺利,所有复习过的知识点都出现在了试卷中。实际上,这更可能是因为心态稳定使他们能够轻松地调用已掌握的知识点。相反,当孩子情绪不稳定,甚至出现考试焦虑时,刚拿到试卷就可能脑海一片空白，在如此紧张的情绪中，即使是原本会做的考题也难以解答。因此，情绪力从本质上影响着人们应对挑战的表现水平：情绪力强则表现稳定；情绪力差则表现波动不定，容易受到外部因素的干扰。要想让孩子在学习中发挥超常表现，获得更优异的成绩，培养孩子的情绪力至关重要。

本节课将详细阐述情绪力的概念，并探讨父母如何培养孩子的情绪力，以使其在考试中稳定发挥甚至超常发挥。

一、了解情绪力

1. 情绪力的特点

著名心理学家卡罗尔·伊扎德认为，人类的情绪构成有三个基本成分，即主观体验、外部表现和生理唤醒。主观体验是指个体对各种刺激所产生的主观感受，例如愉悦、悲伤、平静和愤怒等情感状态，这些感受均源自自我对刺激的主观评价。情绪的外部表现通常表现为面部表情、身体姿势以及语调等特定情绪状态下身体各部分的动作，例如开心时会展露微笑、身体动作轻松自如、语调高昂轻快。而生理唤醒则指的是情绪引起的生理反应，是一种生理激活水平，涉及各种神经结构和内、外分泌腺等。不同的情绪状态会引起不同的生理反应，例如恐惧和愤怒会导致心跳加速、血压升高、呼吸频率增加，甚至间歇性停顿，而疼痛则会导致血管容积缩小。

这三个成分并非独立存在，而是互相影响、相互联系的。一般来说，主观体验和外部表现会相互作用，而对生理唤醒的解释也会影响个体的主观体验。

首先，主观体验和外部表现相互影响。即使语言不通、文化不同，人类的表情也常常有同样的含义。开心时人会笑，难受时会皱眉头。但表情也会影响人们的情绪，比如"笑起来后会让自己更开心"。

在探究行为与情绪关系的实验中，受试者被要求一边叼着笔模仿微笑表情，一边看漫画，研究人员用光点运动图像来识别受试者的情绪及面部变形刺激。然后再拿掉笔正常看漫画，接受监测。经过对来自19个国家的3878名参与者进行实验后，研究人员发现，仅仅是保持这种"微笑"的表情，已经可以让受试者产生更积极的情绪。

这也就是面部反馈假说，这一假说认为，情绪会受到肌肉反馈的影响，即人们的表情会影响人们当下的情绪。比如微笑会让人开心，皱眉会让人难过。

其次，对生理唤醒的解释会影响主观体验。以心跳加速为例，它是一种生理唤醒，但会对应多种主观体验。有时候人们会因为观看一部精彩的电影而兴奋到心跳加速；有时候会因为面临危险而紧张到心跳加速；有时候会因为喜欢的人出现而感到心跳加速。尽管都是心跳加速，但不同的解释会导致不同的主观体验。著名的"吊桥效应"[1]恰恰印证了这一点。

---

1 吊桥效应也常被用于表达"危险环境中更易产生爱情"的意思。正式名称为"Misattribution of arousal"，泛指人们错误解释了生理唤醒背后原因的现象。

在关于"吊桥效应"的一项经典实验中，一组男性将要通过悬挂的危险吊桥，由于危险的吊桥容易引起心跳加速的感觉，因此他们会感到紧张和兴奋；而另一组男性将要通过低矮且坚实的桥面，感到很安全，不会紧张。结果表明，将要通过高空吊桥的男性更容易对此时遇见的女性产生好感，因为他们将紧张下的心跳加速误解为遇见爱情的心跳加速。

针对生理唤醒，人们的解释不同会导致完全不同的感受和反应。例如，孩子面对高考时的心跳加速，如果他认为这是因为紧张，就可能会产生对考试的担忧，影响发挥；而如果他仔细分析，发现自己的心跳加速不仅仅是因为紧张，还有激动和"十年磨一剑"终上战场的兴奋，那么他会更有斗志，甚至超常发挥。

还需要说明的一点是，情绪力和情商是有区别的。情商全称情绪智商，是指一个人处理自己的情绪、应对生活中的挫折和处理人际关系等方面的能力，相当于智商的一种补充。而情绪力是情商的一个重要方面，指的是认识和管理自己情绪的能力。情绪力的提高能够对孩子的考试发挥产生巨大的影响。

2. 情绪力如何影响孩子的学习？

如果一个孩子缺乏情绪力，那么他的学业成绩必然会受到不利的影响：要么无法达到正常水平，要么一直处于波动状态。缺乏情绪力会导致情绪不稳定，特别是强烈的负面情绪会影响孩子的状态，这种影响可能是生理和心理两个方面的。从生理上来看，情绪激动时，掌管情绪的杏仁核区域高度活跃，血液会集中到该区域，导致大脑皮层区域供血不足，信息加工速度变慢。这就是为什么许多孩子会说："一到考试脑子就一片空白。""明明会做的题考试时都不会了。"由于情绪的影响，大脑的反应速度下降了。有些考生在高考时甚至需要几分钟缓解手抖才能开始写字。此外，情绪对注意力、学习效率、学习速度、记忆质量、学习兴趣、学习动机都有显著影响。积极的学习情绪可以提高学业成绩，而消极的学习情绪会降低学习成绩。

在心理学上，如果孩子长期在负面的情绪中学习，很容易将学习和负面情绪联系在一起，并在潜意识中认为学习是一件令人不舒服的事情。当孩子下次再进入学习场景时，就会自动唤起这种负面情绪，形成一种恶性循环。举个例子，如果孩子在一次考试中因为紧张而表现不佳，如果没有好好处理，那么下一次他拿到试卷时，可能会想起上一次惊慌失措的感觉，产生类似于"如果这一次我再次大脑空白怎么办？"或者"如果我又考砸了，那就完了"之类的负面想法。这些负面情绪和对未来的焦虑会再次占据他的大脑，导致他即使会做某道题，当时也做不出来。如果负面情绪和学习一直同时存在，这种联系就会不断加强，最终可能导致"考前恐惧症"。

如果你的孩子成绩波动很大，那么情绪力很可能是他的弱项，也是需要突破的地方。

对于成绩一直稳定的孩子来说，情绪力是否就不那么重要了呢？并非如此。虽然孩子平时表现稳定，但在面对真正的大考时，永远无法预知会发生什么情况。如果被突发事件影响，他们能否稳定情绪，正常发挥？因此，即使孩子现在表现良好，也应该持续培养情绪力以应对突发情况。

苏轼在面对政治风云时，吟诵了"竹杖芒鞋轻胜马，谁怕？一蓑烟雨任平生"。即使只有一根竹杖和一双草鞋，也能在风雨中保持平常心，坚韧地前行，这种心态可能正是决定人生重要时刻胜负的关键。

二、评估孩子的情绪力

为了更好地培养孩子的情绪力，首先需要对孩子当前的情绪力有一个基本的了解。下面即为两种比较常用的情绪力评估方式。

1. 量表评估

情绪力评估表共有 13 个问题，每个问题包含三个不同选项。测试过程中，孩子应根据实际情况进行选择，然后根据后面的记分方式计算分数，最后进行分析得出孩子情绪力的评估结果。

情绪稳定性自评量表

1. 我有能力克服各种困难。

A. 是的　　　　B. 不一定　　　　C. 不是的

2. 猛兽即使关在铁笼里，我见了也会惴惴不安。

A. 是的　　　　B. 不一定　　　　C. 不是的

3. 如果我能到一个新环境，我要_____。

　　A. 把生活安排得和从前一样　　B. 不一定　　C. 不是的

4. 我一直觉得我能达成预期的目标。

　　A. 是的　　　　B. 不一定　　　　C. 不是的

5. 我在小学时敬佩的老师，到现在仍然让我敬佩。

　　A. 是的　　　　B. 不一定　　　　C. 不是的

6. 不知为什么，有些人总是回避我或对我很冷淡。

　　A. 是的　　　　B. 不一定　　　　C. 不是的

7. 我虽善意待人，但常常得不到好报。

　　A. 是的　　　　B. 不一定　　　　C. 不是的

8. 我常常避开我不愿意打招呼的人。

　　A. 极少如此　　　B. 偶尔如此　　　C. 经常如此

9. 当我聚精会神地欣赏音乐时，有人在旁高谈阔论我会感到愤怒。

　　A. 我仍能专心听音乐　B. 介于A、C之间　　C. 不能专心并感到愤怒

10. 我不论到什么地方，都能清楚地辨别方向。

　　A. 是的　　　　B. 不一定　　　　C. 不是的

11. 我热爱我所学的知识。

　　A. 是的　　　　B. 不一定　　　　C. 不是的

12. 生动的梦境常常干扰我的睡眠。

　　A. 经常如此　　　B. 偶尔如此　　　C. 从不如此

13. 季节气候的变化一般不影响我的情绪。

A. 是的 B. 不一定 C. 不是的

情绪稳定性自评量表计分表

序号	得分			序号	得分		
1	A.2	B.1	C.0	8	A.2	B.1	C.0
2	A.0	B.1	C.2	9	A.2	B.1	C.0
3	A.0	B.1	C.2	10	A.2	B.1	C.0
4	A.2	B.1	C.0	11	A.2	B.1	C.0
5	A.2	B.1	C.0	12	A.0	B.1	C.2
6	A.0	B.1	C.2	13	A.0	B.1	C.2
7	A.0	B.1	C.2	总分			

根据孩子的得分范围，可以将情绪稳定性大致分为三类：

第一类，得分在 0 ~ 12 分，属于情绪激动型。测试者情绪容易受到激发，容易感到困扰和焦虑；难以应对生活中遇到的各种挑战和挫折；容易被环境所左右，心神不宁；不能面对现实，经常心急如焚，身心疲惫，甚至失眠等。

第二类，得分在 13 ~ 16 分，情绪基本稳定。测试者的情绪有些许波动，但不会太大，能够镇定地应对生活中出现的一般性问题。但是在面对大事时，有时会感到不安和焦虑，不免受到环境的影响。

第三类，得分在 17 ~ 26 分，情绪稳定。测试者的情绪相对稳定，性格成熟，能够面对现实；通常能以沉着的态度应对生活中出现的各种问题。

2. 卡牌评估

在第二十二课中我们讲述了如何使用考试心态卡牌，对于情绪力评估，则需要专注于底部带有"Q"标识的卡牌和情绪力得分。

如果孩子的情绪力得分在高分组（≥6分），那么说明孩子的情绪力比较强，整体情绪状态比较稳定，很少剧烈波动，不会因为情绪问题而导致心理困扰。

如果得分在低分组（≤-6分），则需要进行反向解读，可能容易感到紧张焦虑，学习和生活状态容易受到情绪的影响。同时，人际关系上也容易因为情绪问题而发生矛盾，难以有效地控制自己的情绪。易受情绪问题困扰。

三、训练孩子的情绪力

培养孩子情绪力必须具体问题具体分析，因材施教，选择适合的方法，帮助孩子看到更多积极的方面。下面推荐的负面情绪提取法是一种能够有效改善孩子内心感受、有针对性解决问题的方法。此外，我们还提供了一些培养情绪力的技巧和长期提升孩子情绪力的思路，希望能对家长和教育工作者有所帮助。

1. 负面情绪提取法

具体分为三步：负面情绪提取，调整负面情绪内感官，测试负面情绪内感官。引导词和操作方法如下：

（1）提取负面情绪

这一步骤的主要目的是帮助孩子进入冥想状态，并引导他们调动自己的感官体验。例如，孩子对考试存在消极情绪，影响了他们的发挥，可以尝试以下的引导语：

> 每当考试临近（可替换成其他情绪事件）的时候，你会产生哪些负面的情绪感受，你会感到紧张，焦虑，还是其他？当你产生这些情绪感受的时候，你会看到、听到、感受到什么？在你身体上，有哪个部位会感受到明显的变化？

有些孩子会表达出如下的感受：

> 想到学习，我就感到无助和担忧，害怕再怎么努力成绩都上不去，让老师失望。我感觉我在一个黄金的书房里，坐在黄金书桌前，周围的一切都是黄金的，黄金电脑、黄金鼠标、黄金椅子、黄金书柜，连书也是黄金的，翻都翻不动……这一切把我封锁在中间，让我无法逃离。

在这个孩子的内心中，知识和书籍与"成功"或"财富"等因素紧密联系在一起。这些压得他喘不过气来，导致他感到无助和担忧，难以集中精力学习。

有些孩子在描述他们的情绪时可能会反复使用相同的情绪词汇来描述不同场景下的情绪体验，如在学习时感到"不开心"，考试时也感到"不开心"。孩子的情绪感受可能受到情绪词汇的限制，即情绪粒度低，这阻碍了父母深入了解他们内心的世界。

情绪粒度[1]是指个体分辨和描述自己感受的能力。一个人如果能更细致而清晰地描述自己的感受，就拥有更高的情绪粒度。如果将人们用于描述情绪的词汇比作工具，那么情绪粒度高的人就拥有更大的工具箱，可以更自如地应对生活中出现的各种挑战。

耶鲁大学情绪智能中心进行过一项研究，每周用二三十分钟的时间教孩子与情绪相关的词汇。结果发现，这些孩子的学习成绩和社交能力都有了显著提高。

情绪词汇的丰富程度会直接影响到人们对现实生活的体验。之前提到过，生理感受是情绪的基础，而个人对生理感受的解释则直接影响最终的主观感受，影响着我们对世界的体验。

就拿颜色来说，人们可以描述物体的颜色，但这种感知实际上是受到语言词汇的限制的。比如，英语中有"蓝绿色"来表示介于蓝色和绿色之间的颜色，而中文则有"青色"等类似词汇。但是，巴布亚新几内亚的 Berinmo 语中，却不存在这样的词汇，只有"蓝色"和"绿色"。在颜色辨别实验中，研究人员发现伯瑞磨人辨别"蓝绿色"的能力明显不如英语母语者。

---

1 情绪粒度指的是个人描述情感体验的能力，能够更细致地分辨和描述情感体验即拥有更高的情绪粒度。一般而言，情绪粒度高的人能够更有效地根据情况调整情绪及感知他人的情绪。面对压力时，情绪粒度高的人也更不容易出现崩溃或者情绪问题。

情绪方面也是如此。如果孩子缺乏足够的情绪词汇，他就可能被自己的认知水平所限制。明明在考试时感到的是"焦虑"或者"厌恶"，但表达出来却只有"不舒服"，这两种完全不同的体验混为一谈，就很难针对性地找到解决办法。

如果父母发现孩子的情绪表达能力有限，可以通过测试孩子所掌握的情绪词汇，有针对性地帮助孩子补充情绪词汇。例如，可以给孩子一个具体的情境："如果上课回答问题被老师表扬了，你会有什么感觉？"如果孩子只能回答"开心"，那么他的情绪粒度就偏低。但如果孩子能够细致地描述自己的感受，表达出被表扬的喜悦、得到认可的自豪，以及可能面临的期待压力等，那么他的情绪粒度就足够高，可以更好地应对生活中的挑战。

（2）调整负面情绪的内感官

在面对孩子的负面情绪时，直接否定往往起不到积极的作用。更好的方式是通过寻找与之相反的正向情绪来缓解孩子的负面情绪。在这一步中，父母可以根据孩子提供的描述来判断其负面情绪属于哪一种内感官，并找出与该负面情绪相对应的积极正面的内感官。

具体内容可以记录在下表内。

内感官	负面情绪的次感元	积极正面的次感元
内视觉 （如：光亮度、形状、大小、颜色、距离、清晰度、位置、动/静、速度等）	比如：不规则的……	比如：规则的……
内听觉 （如：声音的来源方向、距离、速度、音量、声调、清晰度、持续/间断等）	比如：音量高的、尖锐的……	比如：音量低的、平缓的……
内嗅觉 （如：气味、刺激性等）	比如：臭的、刺鼻的……	比如：芳香的气味……
内感觉 （如：重量、压力、位置、范围、质地等）	比如：冷的、重的……	比如：热的、轻的……

确定好对应的积极正面内感官后，可以帮助孩子通过想象积极正面的感受来取代消极情绪。例如，对学习产生无助感觉的孩子，可以使用以下引导语来将孩子原本压抑的视觉感受转变为轻松愉悦

的自然环境画面。

现在,请你继续感受你因为考试临近而产生的负面情绪(如焦虑、紧张等)时所听到的声音(或看到的画面/闻到的气味/感受到的感觉)。完成想象后,请点点头让我知道。

接下来,请你在脑海中想象一个让自己感到放松的环境:也许你正坐在摇椅上,身边是随风轻轻摇摆的竹林,阳光从绿色的叶片中洒落,斑斑点点地落到你的手上、书页上(或其他积极正面的次感元,此处仅举例)。完成想象后,请点点头让我知道。

然后,将这个轻松的环境移植到让自己感到压抑的情境中,取而代之的是轻松闲适的竹林(或其他积极正面的次感元,此处可替换)。完成想象后,请点点头让我知道。

通过不断在脑中强化这个让自己舒适的环境,不断地告诉自己,这就是学习真正能带给我的感受。

(3)测试内感官情绪状态

替换次感元之后,因为替换对象和引导词的适配度等原因,孩子情绪的改善状态会出现差异。为了检验干预的成效,可以对孩子内感官的情绪状态进行再次测试。可参考的引导词如下。

现在,请你回忆最初因为负面情绪而产生的内感官,当时你听到的声音(或看到的画面/闻到的气味/感受到的感觉)

是什么？当你再次听到这种声音（或看到这种画面/闻到这种气味/感受到这种感觉）时，你有怎样的感受？

当孩子描述出更多正面的感受时，表明引导已经取得了成效。父母应该记录下本次使用的引导词和用于转化的积极次感元，以便后续帮助孩子巩固积极感受。如果孩子的感受没有积极变化，父母可以考虑重复第二步"调整负面情绪的内感官"的环节。如果多次重复仍然无效，可以先停止引导，根据孩子的情况调整第二步中使用的积极正面次感元，再进行操作。如果需要，也可以寻求专业的心理咨询师的帮助。

2. 调整考前情绪

在考前，情绪往往会影响整个备考过程以及最终考试的表现。情绪状态是建立在学生自身能力水平之上的。当学生的能力越强，对所学知识掌握得越牢固，自信心也会越强。然而，当学生的知识水平相同的情况下，他们的情绪稳定状态也会存在差异。

实际上，考前的焦虑和紧张并不是一件坏事。考前的紧张常常源于学生平时对考试的期望。学生越重视考试，就会越努力地投入其中，越是付出和期待，也就越会紧张于考试结果。这就是事物的两面性，虽然考前的紧张是负担，但它也是学习的动力。因此，重要的不是解决"紧张"问题，而是学会在"日常学习"和"考试实战"两种状态之间切换，在适当的时间拥有适当的状态。

如果学生只有在考场上才能真正体验到面对大考的心情，那么顺利切换就基本不可能。调整状态需要时间，真正上了考场再去调整，很难不影响考试表现。因此，家长可以采用"考试模拟法"帮助孩子体验考试时的情绪波动，并在考试之前进行充分的预演，以确保最终的顺利切换。具体而言，父母可以引导孩子逐步想象真实的考试情境。

> 第一步：闭上眼睛，做5～10次深呼吸，想象每一次呼吸都让自己更加放松；
> 第二步：想象自己走进考场，找到位置，摆放文具……
> 第三步：想象考试的铃声响起，老师开始分发试卷……
> 第四步：开始考试，答题……结束考试，离开考场……

这种模拟可以在日常生活中多次重复，以帮助孩子更好地适应考试场景和情绪，成功实现"将日常学习视为考试，将考试视为日常学习"的状态。许多心理学实验研究表明，由于存在镜像神经元[1]，当我们进行想象时，大脑的活动和我们真正行动时的活动极为相似。也就是说，大脑很难分辨想象和现实。当我们在想象中参加考试时，大脑也会做出对考试的反应。因此，当我们在想象中反复模拟考试时，会发现自己仿佛经历了千锤百炼一样，从而在面对考试时更加冷静、专注。

若想提高考试模拟的效果，父母可以注重描述考试场景的细节，

---

[1] 镜像神经元（Mirror Neuron）：1992年，意大利神经学家发现在看别的猴子吃东西时，没吃东西的猴子大脑中同样的部分也活跃起来。后续实验发现，这一部分在个体执行或者观察其他个体动作时都会活跃，即在"镜像"个体观察到的行为，在行动和模仿中起着重要作用。由此，这一部分被命名为"镜像神经元"。

并详细描述整个过程。研究表明，模拟的逼真程度越高，所唤起的生理和心理感受也就越接近真实场景，从而实现更佳的模拟效果。

> 例如，加州大学洛杉矶分校的心理学教授谢利·泰勒的研究发现，对于一组学生，他们只想象在考试中获得A（优秀）的结果；而对于另一组学生，则不仅想象自己得到了A，还想象在图书馆里为考试做准备的过程。结果显示，第二组想象出更多过程的学生在考试中的表现更为优秀。

模拟越逼真，大脑越容易相信。当孩子通过模拟提前熟悉考试的流程和情境时，自然会对考试变得更加从容自信。但需要注意的是，如果孩子已经存在严重的考试焦虑，那么想象过程本身可能会让他们感到痛苦，这就需要专业心理咨询师的帮助。

情绪虽无实体，但会对生活产生切实的影响。孩子也想要控制自己的情绪，却难以避免情绪的困扰，因为情绪不是可以随意停止波动的。只有当父母和孩子一起面对困难时，才可能培养出情绪成熟的孩子，真正做到在困难和挑战面前泰然自若，在变幻莫测的环境中自由地发挥出自己的最佳水平。

第十七课 培养孩子的专注力

许多父母都面临着孩子注意力不集中的问题，玩耍时可以非常专注，一学习就三心二意不能集中注意力。如何帮助孩子提高专注力，取得更好的学习成绩呢？

一、专注力是什么

1. 专注力与专注力问题

在心理学中专注力也叫注意力，指的是个人可以把视觉、听觉、触觉等感知觉集中在某一事物上的能力，是心理活动或意识对一定对象的指向与集中。

但这和生活中常说的"孩子专注力有问题"是存在区别的。为了便于理解，父母可以先思考以下两个问题：

> 孩子在学习的时候容易开小差，分心吗？
> 孩子在玩游戏／看动画的时候容易开小差，分心吗？

大部分孩子在学习时容易分心，但在玩游戏时却表现出高度的注意力和敏锐的反应。从这个角度来看，孩子的视、听、触等感知觉集中能力并没有问题。问题在于，他们缺乏将这种能力应用到学习中的动力。

在精神病学中，有一种描述叫作"注意力不集中"，它是重大精神障碍的一个标准。如果孩子的专注力真的存在问题，那么就会在孩子生活中的各个方面表现出来。例如，重度抑郁症患者不仅在学习方面表现差，甚至日常交流时也可能听不懂对方说的话，因为他们的注意力出现问题。通常情况下所说的"孩子专注力有问题"，并不是因为孩子缺乏专注的能力，而是因为他们缺乏调动自己专注力的动力，因此容易受到外界影响而分心。

因此，在培养孩子的专注力之前，父母必须准确判断孩子专注力缺乏的具体情况，以便对症下药。根据背后的原因，通常有三种情况。

第一种是存在较为严重的精神疾病。这种类型的专注力缺乏一般由生理因素引起，是不受个人意愿控制的。因此，这样的孩子在做任何事情时都难以集中注意力，即使对他们本来非常感兴趣的事情也是如此。如果孩子出现这种情况，父母需要引起注意，需要寻求专业的心理治疗，甚至接受相应的药物治疗。

第二种情况是孩子只在特定活动中才容易分心或开小差。例如，孩子只有在学习时才容易分心，这可能表明他对学习缺乏兴趣，甚至出现了厌学情绪。解决这种问题的方法是提升孩子内在的学习兴趣，而不是进行专注力培训。因为从根本上来看，孩子的专注力是没有问题的。

在这种情况下，家长需要注意区分孩子学习时的内在动机和外在动机[1]，提升内在动机往往更加有效。内在动机指的是孩子从学习中获得的满足感或被内容本身吸引，而外在动机则是来自外界的奖励或惩罚，例如规定"做不完作业不准出房间"。由于内在动机能吸引孩子自发地投入，进行深层思考，因此孩子在学习时的专注力也会更强。如果想提升孩子的内在动机，家长可以帮助孩子将所学知识与生活联系起来，看到知识本身的价值；或者让孩子多接触对特定科目充满热情的同学或人物，从他人身上感受到该领域的魅力。实际上，孩子很多时候会无意识地对某门课程产生浓厚的兴趣，当被询问时，他们会说："因为我喜欢这个老师。""因为看地图很有意思。"这就是通过对相关内容产生积极情绪提升内在动机。家长可以帮助孩子强化已有的积极感受，巩固内在动机。

第三种情况是孩子的性格导致他们易受外界影响。例如，孩子不是不喜欢学习，而是对各种事物都感兴趣。当他在学习时看到了字帖，他会放下作业本去练字；练字时看到了绘本，他会拿起纸和笔去画画，但画画时还在听着隔壁客厅的电视节目……这样的孩子对世界充满好奇，因此很容易被外界环境吸引而分散注意力。针对这种情况，父母应该根据孩子的性格和行为习惯进行专注力训练。

父母可能会发现许多专注力训练的方法效果不佳，往往是因为没有针对孩子的特点对症下药。

---

[1] 内在动机（intrinsic motivation）和外在动机（external motivation）：根据自我决定理论（Self-determination Theory），这是促使人成长的两种基本动力。其中，内在动机纯粹来自完成任务过程本身带来的满足感；而外在动机则与活动的结果挂钩，比如完成后会获得奖励，或者不完成会面临的责备。

2. 大六人格与专注力

性格是影响专注力的一个重要因素，因此父母可以根据孩子的大六人格对孩子的专注力问题进行简单的判断。在大六人格中，专注力最强的人格是"完美我"。因为追求完美，遵循着"要么不做，要么就做到最好"的原则，因此在做事时能够静下心来。在养育的过程中，"完美我"的孩子往往表现得非常听话，总是能够自主地开展学习，而且一旦进入状态就非常专注。由于他们对自己的成绩要求很高，很多时候父母反而会劝孩子不要太累，有休息的时间就多玩一下、放松一点。

"快乐我"是最容易分散注意力的人格。典型的表现就是孩子正在写作业时，一旁传来声音，他就会抬头东看看西看看，很容易被外界环境干扰。然而，"快乐我"的孩子在做自己真正感兴趣的事情时会非常专注。因此，如果想要"快乐我"保持专注，父母需要做到两点：一是减少环境中的干扰，确保"快乐我"不会频繁分散注意力；二是帮助孩子找到乐趣所在，在玩中学，不断吸引孩子的注意力。

因此，如果孩子具有"快乐我"的特点，可以尝试创造一些有趣的东西帮助孩子投入学习，例如改变学习方式，不仅局限于看书，也可以看视频、听音频，甚至让孩子扮演老师来给自己讲课，等等。在看书的时候，也可以不仅局限于书本内容，联系生活中的故事或历史故事，通过这种思维的发散不断寻找吸引孩子的新鲜内容。同时适当缩短单科学习的时间，通过交叉学习不同的科目来保持新鲜感。

二、专注力的重要性

哈佛大学心理学家埃伦·兰格曾说:"倘若心不在焉地生活,你便看不到、听不到、品尝不到、体验不到许许多多可能让枯燥乏味的生活变得丰富刺激的事物。我们所在之处,就是我们从未到过之处。"

在学习和生活中,专注力是心智感知外部信息的门户。如果专注力缺乏,这扇门也将关闭,即使身处知识之中,孩子也难以获取。因此,专注力是影响智力的重要因素,因为它是大脑感知外界信息、进行整合、记忆和思考的基本条件。如果没有专注力的支持,智力也会受到杂乱信息的限制,无法充分发挥。

专注力的培养不仅与成绩有关,更是孩子全面发展的基石。尤其在这个信息爆炸的时代里,如果孩子的专注力不够,他们很容易被碎片化信息淹没,从而难以进行深入思考,无法看到问题的本质,也无法聆听内心的声音。

三、评估孩子的专注力

1. 量表评估

专注力评估量表共 15 道题,每道题有 4 个不同的选项。测试时让孩子根据实际情况进行选择,最后将分数累加。总分在 0 ~ 45 分之间,分数越低,表示孩子的专注力越强。

行为表现	从未有（0分）	偶尔有（0分）	经常有（0分）	总是有（0分）
读书或者做作业不能坚持2小时以上				
要干的事很多，却不能专心于一件事情				
做作业时，总想急忙完成，再去干另一件事情				
和别人说话的时候，有时会不知不觉地说起其他的事情				
一有担心的事，便觉得时间过得特别慢				
始终不会忘记被别人批评或指责的情景				

续表

行为表现	从未有（0分）	偶尔有（0分）	经常有（0分）	总是有（0分）
做作业时，常常会想起跟作业无关的事情				
学习的时候，别人在旁边讲话，你能听清他讲话的内容				
听课时常常打哈欠				
一件事情做得时间长了心里就很急躁				
等人时，经常感到时间长，很难熬				
复习功课时要读很多遍才能记住				

续表

行为表现	从未有（0分）	偶尔有（0分）	经常有（0分）	总是有（0分）
听别人说话时，常常不用心，或者会想着别的事情				
读书或者做作业的时候，总是觉得时间过得特别慢				
有时，在一天中会忙这忙那，什么事都想干				

如果孩子的分数在 0 ~ 10 分，说明孩子的专注力水平较高，学习能力优秀；分数在 11 ~ 21 分，表示专注力水平正常，能够满足学习的要求；分数在 22 ~ 32 分，表示专注力水平偏低，孩子在学习中可能会因为专注力问题遇到一些障碍；分数在 33 ~ 45 分，表示专注力水平低，对于这些孩子来说，学习可能是一件让人苦恼烦躁的事情。

2. 卡牌评估

在"考试心态卡牌提升学习力"一课中我们讲过考试心态卡牌的摆放方法，对于专注力评估，专注于底部为"Z"标识的卡牌以及专注力得分即可。

如果专注力得分在高分组（≥ 6 分），说明孩子的专注力比较强。学习时，能专注于课堂，提升学习效率。考试时，能够保持专注，有效"避坑"，发挥稳定。平时能专注于手头的事情，不易受外界干扰。同时会主动探求知识，寻求解决问题的方法。而如果孩子得分在低分组（≤ − 6 分），则需要反向解读。孩子在学习中可能容易分心，完成任务时很容易被外界的因素打扰，难以静下心深入思考比较有挑战性的问题。同时在考试时易被环境影响，容易焦躁，发挥不稳定。

四、训练孩子的专注力

对孩子的专注力进行评估之后，如果存在问题，就需要进行相应的训练。下面提供四个方法供大家参考，分别为：水晶摆球法，双手互搏法，黑板引导法和眼动呼吸法。

1. 水晶摆球法

需要的工具是一个水晶摆球或者一个吊坠。父母可以用笔画出如下图所示的圆圈，并标注 A、B、C、D、O 点，进行如下指引：

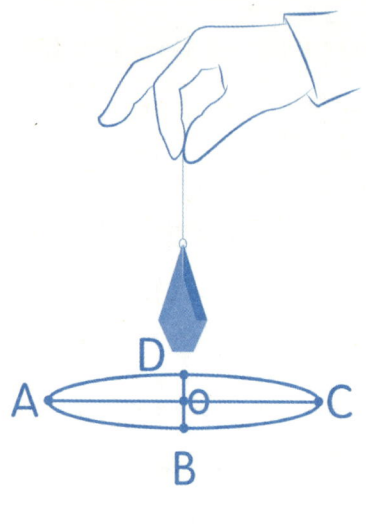

将水晶球的吊线拉在食指上，用大拇指固定，手臂用手肘支撑。先让水晶球正对圆心 O，目光注视圆心时，水晶球不动；目光开始专注地在圆的前后两点 B、D 之间移动时，水晶球开始前后摇晃；目光在圆的左右两点 A、C 之间移动时，水晶球开始左右摇晃；目光顺时针或逆时针沿着圆移动时，水晶球开始转圈。

很多时候，专注力的涣散是伴随着一种情绪的出现，那就是"不耐烦"。例如，"啊，好烦啊，为什么还要做这么多题目，我不想写了。"或"啊，好烦啊，为什么还有这么多事情要做，我什么时候才能完成？"一旦人的心思离开了正在从事的活动，思绪就会没有约束地漫游，导致专注力自然而然地散失，手中拿着的小球也无法保持稳定的摆动。因此，水晶摆球法实际上是一种针对"耐心"进行训练的方法，通过对"点"和"线"进行精细的观察来维持练习者对当前活动的投入。

同时，水晶摆球训练还有助于改善练习者面对生活时的状态，使他们能够更专注、更平静地投入日常生活。生活总是充满着无限的可能性，充满着各种美好的事物，尤其是当下，到处都是"一生必去的地方""一生必尝的美食""一生必读的书籍"等，有这么多有趣的事情可以做，有那么多美好的地方等着我们去探索，这看起来是一种热爱生活的态度，但实际上与专注于当下是相互矛盾的。越是充满美好的幻想，就有越多对未来的渴望，从而产生更多对当前状态的不满。在对未来的丰富想象面前，当下总是显得贫乏："我原本可以环游世界，为什么要在这里工作？""有那么多有趣的游戏，可我却只能坐在书桌前写作业。"……但是，未来真的会如此完美吗？旅行是美好的，但也是辛苦的；游戏带来快乐，但也在消耗着宝贵的成长时间。生活本来就是这样的，美好总是在别处。只有专注于当下并完成一项项小的成就，才会汇聚成美好的生活。

因此，"缺乏专注"实际上是"缺乏耐心"，而"缺乏耐心"背后的原因实际上是"不满足"，总是想要做更多，从而无法把事情简化，集中精力完成当前的任务。所以，水晶摆球看似简单，但却有助于帮助练习者调整对待生活的态度，学会专注于平凡而有意义的当下。当内心平静下来，小球自然就会平稳摆动。

2. 双手互搏法

基本的双手互搏法有六步操作，大家可以结合文字和图示进行练习。

第一步，双手同时在空中画螺旋，由右及左；

第二步，双手同时在空中画螺旋；由左及右；

第三步，双手同时对向画螺旋，即左手从右往左画，右手从左往右画；

第四步，双手同时换方向画螺旋，即左手从左往右画，右手从右往左画；

第五步，闭上双眼，双手在空中完成第一到四步；

第六步，闭上双眼，双手不动，在心中完成第一到四步。

第一到四步图示：

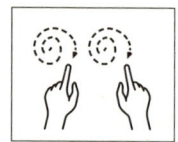 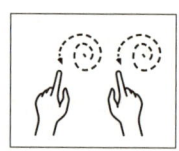 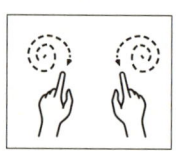 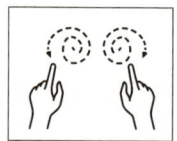

大家可能有疑惑，双手互搏的动作是"一心多用"，为什么能够提升专注力呢？这就涉及注意力的两种类别。

注意力可被划分为内源性注意力和外源性注意力。内源性注意力是由目标引导的，能够被人们有意识地控制，例如学习时专注于课本；而外源性注意力则指被外部因素吸引的注意力，不受个体控制。例如，在工作时，手机屏幕突然亮起，就可能吸引外源性注意力，导致分心。因此，许多专注力训练技巧都强调减少环境中的干扰因素，因为一旦出现明显的变化，比如手机亮起、电视声音响起，我们的外源性注意力随时可能会被触发，不自觉地"分心"。

然而，当人们努力思考、解决困难问题时，外源性注意力却很难被触发。或许你也有过类似的体验：当面临具有挑战性的任务或游戏时，投入了全部心神，这时外界的声音仿佛都不复存在了。此时即使手机屏幕亮起，身边的人喊你，也影响不了你。这是因为全部注意力都已经投入任务中，没有多余的注意力可被分走，所以达到了理想的专注状态。这就是为什么越难的任务反而越不容易被打扰。根据伦敦大学心理学家尼利·拉维教授的知觉负载理论，每个人的注意力是一定的，就像一杯水，我们可以分一半到任务 A，再分另一半到任务 B。如果任务 A 很有挑战性，能够吸引人们的全部注意力资源，那么就没有多余的注意力可分配，从而达到了专注的状态。相反，如果在做任务 A 时心不在焉，剩下的 2/3 的注意力资源就被闲置，因此很容易被环境中的微小变化触发外源性注意力，分散资源。简而言之，理想的学习状态应该是能够自发地投入精力，不容易受到外界干扰，即内源性注意力可以将所有的注意力资源都用上，不给"分心"留下空间。

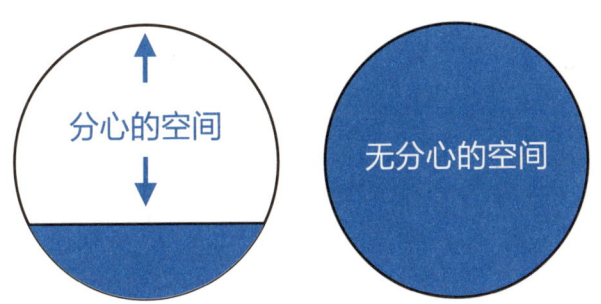

如何实现这一点呢？关键在于让自己习惯于将所有的注意力资源投注于一个点，并保持这种高负荷的状态。为了训练这种状态，可以尝试进行一些具有挑战性的任务，以帮助自己适应。双手互搏尽管看起来像是在"分心"，但实际上这要求对两只手的精准掌控，对注意力的要求非常高。因此，通过双手互搏的训练，参与者会逐渐将注意力集中于一个点，并学会保持这种高负荷的注意力状态。实验也证明了这种高负荷状态对于抵御分心非常有效。

在实验中，参与者需要完成一个寻找目标的游戏，在一系列无关因素中找到被告知的目标。例如，在一圈"O"中寻找字母"X"。其中有一个特别困难的关卡，因为无关因素中混入了很多与"X"相似的字母，例如"Y""V"等，这对注意力的要求较高。研究人员会在参与者进行游戏时随机加入干扰因素，以测试他们的分心程度。结果表明，在完成困难的关卡时，人们反而更不容易分心。

因此，保持专注的状态并屏蔽干扰，也取决于专注力资源使用的能力。通过双手互搏感受投入全部精力的状态，并保持这种习惯，可以让训练者在之后的学习和工作中更加有效地投入注意力资源，高效地完成任务。

3. 黑板引导法

黑板引导法属于催眠，需要孩子在大脑中想象有一个黑板，然后拿起粉笔写数字。具体方法可以参考如下引导词。

一只手拿起粉笔，一只手拿黑板擦。在黑板上画一个圆圈，在圆圈内写1……阿拉伯数字的大小只占圆圈一半的部分，这样你就不会破坏圆圈……然后用板擦把1擦掉，再写2……再用板擦擦掉，再写，再擦掉……好，暂停一下，等我下一个指示……等一会我让你继续时，由4开始写，然后擦掉，一直往下写……你继续写时不要听我所讲的话，虽然我讲的话会传到你的耳朵，你不要用心去听，不要跟随我的指示……我所说的一切只针对你的潜意识，你的潜意识会完全接收我的信息，而你的工作只是继续写数字，并把数字擦掉，不要注意我在说什么，一直到25为止……当你写完25，并且把25擦掉后，把板擦和粉笔放回黑板下方的沟槽里，并且举起右手的手指，让我知道你已经完成了……

当你完成这项任务后，可以听我说什么，因为那时你已进入比以往更深的催眠状态中。好的，现在我会从3回数到1，当我数到1的时候你就可以睁开眼睛回到当下，3……越来越清醒……2……即将完全清醒过来……1……现在你可以睁开你的眼睛。

4. 眼动呼吸法

眼动呼吸法是一种孩子可以自主练习的方法。当人们将注意力集中在某一事物上时，大脑前额叶的活跃程度就会提高，产生强烈的信号。这种信号会与其他信息一起在大脑中按照一定的方向被并行处理，与这一信号的产生息息相关的部分就是操控眼球运动的地方。例如平时所说的"着眼于xxx"，其实就是指将注意力集中在特定位置。通过控制眼球运动的行为过程，人们可以唤起一种内在的"注意"状态。因此,当感到恍惚或特别兴奋而难以平静时,可以采用眼动呼吸法进行有意识的练习,以调节肾上腺素水平,从而进入专注的状态。在心慌、感到集中注意力困难时,眼动呼吸法是保持心无旁骛、集中注意力的首选方法。

在进行眼动呼吸法时,首先寻找视线所及范围内的任何矩形框架,例如一幅画、一扇窗或一扇门等。如下图所示,找到矩形框架的四个点,并保持头部不动,只转动眼球。按照顺时针方向开始练习。

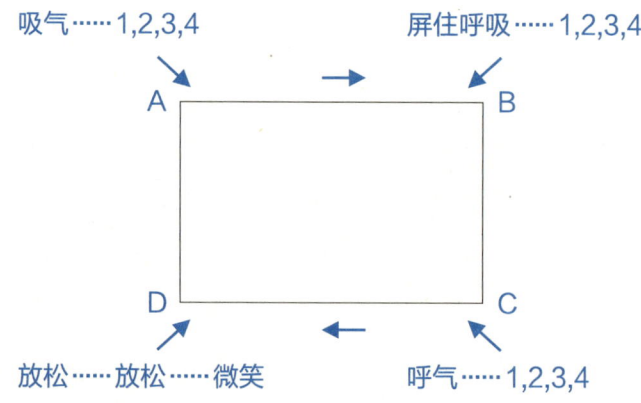

1. 看着左上角的点(A),深深吸气并数1、2、3、4;

2. 将目光转到右上角的点(B),屏住呼吸并数1、2、3、4;

3. 将目光转到右下角的点(C),缓缓呼气并数1、2、3、4;

4. 将目光定在左下角的点(D),默默对自己说:"放松……放松……微笑"按顺时针方向重复做两周。

接下来再按逆时针方向重复;

5. 看着右上角的点(B),深深吸气并数1、2、3、4;

6. 目光转到左上角的点（A），屏住呼吸并数 1、2、3、4；

7. 将目光转到左下角的点（D），缓缓呼气并数 1、2、3、4；

8. 将目光定在右下角的点（C），默默对自己说："放松……放松……微笑。"

练习时可以顺时针、逆时针反复重复上面 4 个步骤，每次不要少于 5 分钟，就可以慢慢调整好自己的肾上腺素分泌水平，通过内外点的联络和韵律呼吸，来提升自己的专注力水平。

专注力就像肌肉一样，需要不断锻炼才能变得强健。在眼动呼吸法的练习中，我们不断地将自己从"神游"状态拉回到专注状态并保持，训练两种状态之间的切换。通过反复练习，这种切换会更加顺畅，从"神游"到专注也会更加容易。

如果每天坚持练习 5 分钟，并给自己的专注力打分（1～10 分，1 分最低，10 分最高），使用者将逐渐发现自己的专注力得到提高。长时间的练习之后，进入专注状态甚至会成为一种自动切换模式，无须有意识地控制，也能轻松自如地切换。

马克·吐温曾说："人的思想是了不起的。只要专注于某一项事业，就一定会做出使自己感到吃惊的成绩来。"每个人的时间都是相同的，如果能集中注意力更高效地利用时间，能取得的成就也会更多。对于孩子来说，仅增加学习时间会使学习变得更加乏味、沉重。而提高专注力则能在有限的时间里提高效率，最终让专注成为一种习惯。

第十八课 培养孩子的抗挫力

父母们常常会感叹：现在的孩子怎么抗挫力这么差，经不起一点失败，太脆弱了！生活中的波折无法避免，如果孩子无法正确认识和面对挫折，可能会因此感到沮丧，难以应对人生的挑战。对于那些抗挫力强的孩子来说，磨难是一种珍贵的洗礼，历经风雨反而让他们更加坚强。本节将详细说明什么是抗挫力，父母如何评估孩子的抗挫力以及如何培养孩子的抗挫力，以使孩子们拥有越挫越勇的强者心态。

一、什么是抗挫力

从心理学角度来看，挫折是指在个体有目的地进行活动时，遇到无法克服或认为无法克服的阻碍或干扰，导致个人的动机无法实现时，出现负面情绪状态的现象。抗挫力在英文中被称为"resilience"，它的字面意思是韧性或恢复能力，指的是个人在面对逆境时的适应能力，以及他们是否能积极地应对挫折并快速恢复。高抗挫力不仅能帮助个体在压力中保持良好的状态，还能够将挑战转化为机遇，促进自我成长。例如，当面对考试成绩不理想的挫折时，抗挫力高的孩子可能会想："没关系，只是一次考试失败而已。我要继续努力，下次一定会进步！"相比之下，抗挫力低的孩子可能会想："完了，成绩这么糟糕。爸妈肯定又要责备我了，我根本就不适合读书啊。"

逃避困难或者承受不住挫折往往源于内心的恐惧。抗挫力低的孩子通常会夸大问题的影响，即使是像成绩波动这样的小事情也能引发"天要塌了"的恐惧感。这种恐惧感的导火索是事件本身，但导致其产生的因素是多方面的。例如孩子缺少相应的应对技能，不知道遇到问题可以寻找相应的解决方法；或者孩子在生活中缺乏成就感，考试失败成了压垮骆驼的最后一根稻草。

个体的性格、自信心、对事件的认知等因素都可能影响孩子面对挫折的态度。因此，在培养孩子的抗挫力时，首先是要全面了解他们当前的抗挫力水平，同时采取有效的方法来提高孩子的抗挫力。

二、评估孩子的抗挫力

下面将提供三种评估孩子抗挫力的方法，家长可以根据孩子的具体情况选择最合适的评估方法。

1. 量表评估

抗挫力评估量表共14道题，测试时让孩子根据实际情况判断是否符合，每一道符合的题目记一分，最后将总分加起来。

抗挫折能力评估量表

1. 不会因为遭遇严重挫折而有极端的想法。
2. 不会因为挫折而影响你的生活学习。
3. 会通过学习或其他活动来减轻挫折感。
4. 不会因为学习困难大而想要放弃学习。
5. 遇到挫折时会与人谈心，倾诉内心烦恼。
6. 遇到挫折时会给自己一个积极的心理暗示。
7. 遇到挫折时不会把问题看得太严重。
8. 遇到挫折时会找出几种不同的解决问题的方法。
9. 遇到挫折时会借鉴他人处理类似问题的办法。
10. 遇到挫折时会尽量克制自己的失望、悔恨、悲伤和愤怒。
11. 遇到挫折时会想办法去做出改变。
12. 遇到挫折时会自己安慰自己。
13. 比赛输了也不会灰心丧气。
14. 某件事情失败了会再试一次。

根据孩子的得分，抗挫力可以大致分为三个等级：

得分在0～6分，说明孩子现在的抗挫力处于比较低的水平，需要引起注意。平时可以多进行抗挫力相关的训练。

得分在7～11分，说明孩子的抗挫力为中等水平，可能偶尔会被挫折绊住脚步，可以进行适当的抗挫力训练。

得分在12～14分，代表孩子的抗挫力优秀，内心强大，信心满满。

2. 潜意识评估

个人在面对不同的挫折时反应不同，因此为了了解孩子在特定情境下的抗挫力，家长可以使用此方法进行评估。

首先，选择一个干扰较少且适合交谈的环境。然后，家长可以描述要评估的特定情境，并通过引导的方式向孩子提问，例如："当你在考试中失败时，你会有什么感受？你会想到哪三个关键词？"这一步的主要目的是让孩子描述对事件的感受。提问的内容可以根据需要和经历进行调整。

第二步是分析关键词的属性，即积极、中性还是消极。例如，在"考试失败"的情境下，孩子给出的关键词可能是"查漏补缺""再接再厉""屡败屡战"。这三个词都是积极属性的褒义词，说明孩子能够乐观、自信地面对失败，具有较强的抗挫力。但是，如果孩子给出的关键词是"难过""焦虑""迷茫"，这三个词都是描绘消极情绪的词语，说明考试失败给孩子带来了较大的压力，需要增强抗挫力。

3. 卡牌评估

我们在第二十二课中详细介绍了考试卡牌的摆放方法，在评估抗挫力时，主要关注底部标识为"K"的卡牌以及抗挫力得分。

若抗挫力得分位于高分组（≥6分），则说明孩子具有较强的抗挫力。他们能够以宽广的心态应对得失，不会过分纠结于考试分数，能够较客观地看待考试失败，不会灰心、焦躁或抱怨。在面对未来的挑战时，他们会更有勇气和信心。反之，若得分位于低分组（≤-6

分），孩子可能会因失败而失去信心，否定自己。同时缺乏自我调节的方法，容易被当下的失败和困难所困扰，缺乏行动力。在面对未来的挑战时，他们可能会因逃避失败而错失良好的机会，阻碍自身的成长。

三、培养孩子的抗挫力

要培养孩子的抗挫力，需要从认知和情绪两个方面入手。

认知即孩子对于失败的认识。需要正确看待失败，认识到失败不是终点，而是新成长的起点，才能拥有强大的抗挫力。家长可以在生活中多分享励志案例，让孩子明白摔倒后也能再次站起来。同时，家长可以通过冥想训练来引导孩子感受成功的喜悦，增强面对挫折的信心。

情绪方面，需要改善孩子面对挫折时的负面情绪，因为挫折带来的焦虑和悲伤会抑制行动，从而导致孩子无法有效地克服困难。当然，改善情绪不是消灭负面情绪，孩子在受挫时出现低落情绪是正常的。家长需要帮助孩子建立合理的宣泄渠道，不让负面情绪积压，阻碍后续的调整。

下面将提供三种方法来培养孩子的抗挫力，重点关注分享、引导以及负面情绪的化解。

1. 注重分享，调整认知

面对失败，第一个认知调整是要帮助孩子意识到失败不是终点，而是人生的一部分。如果能正确反思，它反而会成为成长的助力。第二是调整对自己的认知。挫折其实也是一种反馈，说明原本的目标不合适，或是自己还存在某些缺陷，方法可以怎么调整、优化。

讲道理是没有用的，孩子对世界的认知大多是在生活和学习的经验中逐步建立的。为了改变孩子对失败的认知，父母可以多分享励志故事，帮助孩子从他人的经历中学习。这些故事可以是父母的亲身经历，也可以来自孩子的偶像，让孩子更能感同身受并引发思考。

国际知名教育家肯·罗宾逊说："如果你不准备犯错误，那你就永远拿不出任何原创性的东西。"错误是对当下规矩的背离，也是"创新"出现的契机，它是成功路上必不可缺的养料。人生不会因为太多"失败"而千疮百孔，而是会因为探索过不同的道路而变得丰富厚重。如果能用这样的心态面对失败，那挫折就是一次珍贵的成长机会。

另外，挫折也是一次重新反思、认识自己的机会。如果短期内没有办法实现既定目标，可以适当地分解目标，一步步前进。实现目标是一个过程，不是从"0到100"才叫成功，只要能够保持前进的脚步，也是一种胜利。如果能够设定恰当的目标，便不会因为持续的失败而否定自己，而是能从成功的经验中收获越来越多的自信。

恰当的目标讲究适配度和挑战性。适配度即设定的目标是否符合孩子的优势。每个孩子都有自己擅长和不擅长的地方，目标应该遵循扬长避短的原则，鼓励孩子向着自己有天赋的方向努力，而不是强求十全十美。挑战性即目标应在孩子的舒适区之外，能引导孩子突破自我。但难度不应太大，以至打消孩子尝试的积极性。根据发展心理学家利维·维谷斯基的近侧发展区理论[1]，目标应设定在稍加帮助孩子即可做到的范围内。这样既可以学习新的技能，也不会被困难打倒。

2. 进行引导，冥想放松

第二种是隐喻催眠法，通过设计的引导情境，孩子可以从这一冥想过程中体验到放松感觉，在潜意识层面加强抗挫力。可参考的引导词如下：

---

1 近侧发展区理论：即学生暂时无法独立做到，但可以在一定帮助下完成的任务。该理论认为，在教育时应该以学生当前的近侧发展区域为基础，根据学生的能力和水平，提供适当的帮助和支持，帮助学生完成当前不能独自完成的任务。通过这种逐步引导的方式，学生可以逐渐扩展自己的近侧发展区域，获得新的知识和技能。

我只想让你体验一下放松所带来的那种愉悦美妙的感觉。现在你可以找张舒适的椅子坐好，闭上眼睛……全身放松，再开始缓慢地呼吸。来，闭上你的眼睛，深深地吸气……保持……呼气……再深深地吸气……保持……呼气……好……

现在可以想象，在你面前有一座山，这座山已经呼唤你很多年了……长期以来，由于各种原因，你都害怕爬上这座山……你想看到山顶的景色……你想知道你周围的草地以外的一些事情……这里……虽然美丽……并且熟悉……可是只有草地，一年又一年地过去了，你看着这座山……但是你总是害怕……担心自己爬不上去。当然，那些登上山顶的人回来后都更加愉快……更加健康……更加勇敢……但是爬上山顶要花很久的时间……需要克服很多的困难……

在草地上，你能看到山顶……山顶覆盖着冰雪……你知道山顶有眺望点，能够让你看得更广……更远……所谓无限风光在险峰……但是你离这个眺望点仍然非常远……

你很担心，如果不小心摔下来，或者因为疲惫只能爬到半山腰，会发生什么……这将是一个非常沮丧的经历……你想象着……似乎感受到了艰苦跋涉的痛苦……爬山需要付出巨大的努力……而且即便顺利到达山顶，也可能在大雾里什么也看不清……既然如此，为什么不待在草地上呢……它就在这里，很美丽……

可是你向上看，大山在召唤你，它呼唤你很多年了……如果你一直看着峰顶，把它作为一个目标，不考虑别的东西，会怎样……毕竟，你知道你最终会到达山顶，如果你每天爬一点……即使你滑倒或摔倒了，你总是会站起来，即使痛苦也会继续……依然坚信自己一定能够做到，你决定行动……

你收拾背包，装上这趟冒险所需的所有装备和工具……然后开始你的爬山之旅……山路狭窄，有些地方甚至没有路……当你怀疑的时候，你的背包好像变重了。然而，你内心越来越坚信你可以爬上这座山，如果你继续坚持的话……

地图告诉你这趟冒险将持续好几天……甚至更久……但在你攀爬的过程中……你意识到生活就是这样的。你开始相信自己，你觉得自己不只是在爬山，还充满着冒险探究的兴奋。

第一个夜晚来了，在低海拔地带，天空下起了雨，雨水淋湿了你的身体……然而……冒险精神让你继续向前……向上……

雨淋到你身上……你滑落下来，摔倒在泥土中……雨淋在你脸上……你突然感到悲伤……不一会儿你又笑了，开始明白仿佛某个人为你设计了这段经历，增加了考验的难度……当你想到这些，你大声笑了，并站了起来……毫不介意身上的泥土……你受伤了，但没有关系，继续爬……

你很好奇，生活是否就像一场游戏……有规则，有难关……在玩游戏的过程中，你要不停地解决问题，直至通关。一整天你都在想生活就是一场游戏，你爬得越来越高……雨停了，你很感激……路开始变得平坦，向前延伸，你对此也充满了感激……

到最后一天……你仿佛明白了这样一个道理——如果你相信自己，那么你几乎可以做到所有的事情……你注视着山顶，你将到达那里……你将赢得这场游戏……

最后一段路并不容易……你甚至需要手脚并用才能继续前进……尖利的岩石划破了你的手掌……你知道，这是最后的考验，它不会变得容易……因为任何人都可以做到容易的事，而容易的事情通常没有任何回报。相信自己，鼓起勇气……爬过它……转过一个拐角，就剩最后的那么一小段路了……那是通向顶峰的最后几步……你终于站上山顶，四面八方的风向你吹来，你的心中充满了喜悦……你向远处望去，看到令人非常激动的景象。

在这里，你看到很多从未见过的风景，你看到了某些永远存在的东西。你看到了未来或许会遇到的问题的答案。从你站的地方……向外看……你意识到你在这里，一个人……只有一小部分人才能到达山顶，看到你所看到的景象。很少有人看到你现在所经历的……看到你如何做到他人害怕做的事情……想想你是如何爬到山顶……如何摔在泥土里……冰冷的雨水如何拍打在你的脸上……现在你开始感觉到一种成就感，这种成就感越来越强烈……你知道正是因为你拒绝退出……许多人之前早就退出了，所以你成功了……现在你知道你可以把所有学到的和经历的都带到你的现在和未来……伴随你……每一天……如果你在脑中想着你的目标……向着你的目标行动……那么……你将能实现你的目标……那么，你将更加确信，更加自信，你可以做到任何想做的事情……这让你感觉很好……更积极地面对每天的生活……

现在你决定在山顶待一天，享受成功的喜悦……因为，明天早上，你将开始艰难的下山旅程，你知道任何时候你想再回来，都可以。闭上眼睛，看到、听到并感觉到这里的自己，它给你无法动摇的自信和内部力量，一直坚持到你成功……现在……是时候回到现在，带着你的感觉和你在山上学到的东西……开始慢慢地清醒过来，清醒过来之后，你会发现你精神饱满，充满自信，坚强勇敢，不怕困难和挫折，能够意识到你身边的东西……你身边的所有声音，当你听到或看到。4……你将会完全清醒……3……意识更加清晰……2……听到所有的声音……1……完全清醒……眼睛睁开……

这一段引导词比较长，大概需要十五分钟。读的过程中要注意语速和语调，通过沉稳、舒缓的声音帮助孩子进入状态，还可以配上优美的音乐。孩子可以用他觉得舒服的姿势听，甚至可以在睡前进行。有时候孩子可能会睡着，但没关系，只要坚持进行引导，孩子会在潜意识层面发生改变，因为他会渐渐享受这种攀登高峰、克服挫折的喜悦。

3. 建立渠道，合理宣泄

情绪是需要释放的，尤其是在面对挫折时。有些人在描述他们的负面情绪时，会说："每当我不开心或愤怒时，就感到胸中有一座火山快要爆发了……"如果无法表达或消解负面情绪，这团火就会闷在心里，最终会向内攻击并引起心理问题。因此，从容面对挫折的关键在于有能力缓解负面情绪。

表达情绪并不意味着随意生气或大喊大叫。相反，这往往会引发更多的问题和消极情绪。然而，孩子可能没有足够的知识和经验找到适当的应对方式。作为父母，可以在日常生活中帮助孩子建立适当的情绪宣泄通道，提高他们处理情绪的能力，在消解负面情绪的同时避免情绪爆发对他人和孩子自己的伤害。这里推荐三种帮助孩子建立宣泄情绪渠道的方法。

首先，可以帮助孩子培养兴趣爱好，以在情绪波动时转移注意力。例如唱歌、练字、画画等。这些活动不必非常精通，重要的是孩子自己喜欢并能够专注。情绪的影响是看不见的，当人们处于消极情绪时，往往会做出不理智的决定而毫不自知。因此，最好的方法是先转移注意力，画一幅画、唱唱歌使情绪平静下来。兴趣爱好是帮助人们从情感波动中走出来的好方式。

其次，可以培养孩子运动的习惯。身心相通，很多出现情绪问题的人往往也会有身体反应，心理学中称之为"躯体化"。例如，在高考前，由于心理压力过大，许多学生会出现胃痛、腹泻等问题，但高考结束后就好了。反过来也是一样，如果能通过运动照顾、锻炼好身体，情绪也会变得更加稳定。

科学研究发现，当人们进行运动时，身体会释放内啡肽，从而带来一种宁静和愉悦的感受。这进一步说明，运动的习惯可以有效地促进身体对情绪的积极反馈。

著名作家村上春树长期保持跑步的习惯，他这样形容跑步的感受："跑步时浮上脑际的思绪很像天际的云朵，形状各异，大小不同。它们飘然而来，又飘然而去。然而天空犹自是天空，一成不变。云朵不过是匆匆的过客……我们唯有照单收下，全盘接受。"在跑步过程中，他全神贯注地关注自己的身体和心理状态，获得了类似心流的体验。

心流是一种能够极大提升效率和调整心情的状态，只有在高度专注的情况下才有可能进入。而持续的运动可以帮助人们达到这种状态，调整自身情绪。

最后，是成为孩子信任的分享者。分享是化解情绪的第一步。"快乐我"的孩子容易忘记不开心的事情，其中一个原因就是他们喜欢与他人分享。在分享的过程中，情绪得到了疏解，不再成为内心的负担。因此，如果家长能够成为孩子分享情绪的安全港湾，那么孩子的许多情绪问题至少都可以被看见，从而变得可控。

让孩子愿意分享的关键是学会陪伴孩子解决问题，而不是成为置身事外的"惩罚者"。当父母只是"惩罚者"时，孩子往往会因为逃避父母的惩罚而选择自己面对内心的痛苦，这往往是由于父母对孩子"不准犯错"的要求导致的。

如果在孩子觉得自己撑不住的时候，第一个想到的不是和父母分享，而是独自面对，直至无法承受，又会发生什么？所以，一定要为孩子敞开沟通的大门。

有的父母可能疑惑：如果孩子遇到什么事都找父母，那还算"挫折教育"吗？儿童心理学家陈忻说过："真正的挫折教育，不是要家长制造挫折，而是能够和孩子一同面对挫折。"所以，挫折教育是在愿意让孩子走走"弯路"的前提下，和孩子一起思考如何"破局"。最恰当的形容也许是作家兼公众演说家布琳·布朗所描绘的："我们一起哭泣，共同面对恐惧和悲伤。我多么希望带走你的忧愁。然而，不，我要和你一起坐下来，教你如何感受它。"

挫折教育不是粗暴地将孩子推进风雨里，而是要在有保护的情况中预演成长中的风雨，从而让他相信：不论如何，总有人支持你，我们也一定能看见希望，看见彩虹。

毛泽东曾在艰苦的长征中吟诗："五岭逶迤腾细浪，乌蒙磅礴走泥丸。"仿佛再大的风浪也不过是成功前的小小波澜。相信经过抗挫力培养的孩子们，也终能如此这般笑看人生的起起伏伏。

第十九课 培养孩子的适应力

尽管父母常常想要竭尽全力给孩子一个安稳的生活，然而生活中预料之外的事件数不胜数，在突如其来的变化面前，孩子是否能很好地适应呢？本节课就将探讨适应力的问题。

一、什么是适应力

适应力指的是面对新环境或新问题时的适应程度，例如班级换老师或升学到新的学校，孩子是否能够顺利地适应。这种适应不仅包括孩子能否在新校园内正常学习和生活，还包括思想和情感上的适应。例如从走读到寄宿，有些孩子看起来可以照顾自己的生活，但实际却无法接受寄宿的生活方式，甚至非常反感，内心充满苦闷。这些问题会长期影响孩子的心理健康，也会影响学习成绩。

升学过程中环境和学习要求的变化往往会导致学习兴趣下降、自信心动摇等变化。在这个过程中，良好的学习适应性可以显著正向影响学业成绩。当然，该结论是在考虑学生基本能力的情况下得出的。即如果学生本身学习能力较强，但适应力较低，考试表现也会受到严重削弱。相反，如果学生学习能力相对较弱，但适应力强，他的能力将得到更好的发挥，甚至可能不亚于原本比自己强的同学。适应力的重要性可见一斑。

但很多家长可能遇到的困惑是："孩子从幼儿园开始就不太能适应，感觉他天生如此，这是能改变的吗？"其实，孩子的适应力受到先天和后天因素的共同影响。在早期阶段展现出的适应能力往往和其天生的脾性[1]有关。在发展心理学中，孩子一般可以被归为平和型的孩子、慢热型的孩子和困难型的孩子。平和型的孩子往往能很快地适应新环境，并给出积极的回应。而对于慢热型和困难型的孩子来说，适应环境相对比较艰难，过程中会产生更多消极的情绪。

先天的脾性对适应能力有很大影响，但不是无法改变的。父母的养育方式就可以改善孩子的适应力，比如对慢热型的孩子来说，陌生的环境是很难适应的，父母可以提前告知孩子，描述环境是怎么样的，会遇到什么人，可能会发生什么事，并一起准备，甚至排练谈话。多次顺利面对挑战后，孩子的适应力将得到提升。但此方法对平和型孩子可能反而是负担。所以，没有最好的教育方式，只有最适合的教育方式。关键在于了解孩子的适应力并选择最合适的方法提升其适应力。

---

[1] 脾性：指个体在生理和心理上表现出来的相对稳定的行为和情感反应方式。美国心理学家亚历山大·托马斯和斯蒂拉·切斯的一项研究项目，对114人进行追踪研究，观察这些人从婴儿期到成人期的表现，得出的结论是平和、困难、慢热三种类型的婴儿分别占比40%、10%、15%左右。平和类型的婴儿表现为适应性强，反应积极，情绪稳定；困难类型的婴儿表现为适应性较差，情绪易受到外界刺激影响，易激动、易哭闹；慢热类型的婴儿则表现为适应性较差，行为和情感反应缓慢。

二、评估孩子的适应力

为了更好地了解孩子的适应力，下面提供了两种评估方法。家长可以根据孩子的具体情况选择最合适的方法进行评估。

1. 量表评估

适应力评估量表共 20 道题，测试时让孩子根据实际情况选择每项描述的符合程度，1 代表"基本不符合"，2 代表"有些时候符合"，3 代表"偶尔符合"，4 代表"经常符合"，5 代表"绝大部分的时候都符合"。然后根据计分方法计算总分即可。

	1	2	3	4	5
1. 假如把考试的试卷拿到一个安安静静、无人监考的房间里去做，我的成绩一定会好一些。					
2. 夜间走路，我能比别人看得更清楚。					
3. 每次离开家到一个新地方，我总爱闹点毛病，如失眠、拉肚子、皮肤过敏等。					

续表

	1	2	3	4	5
4. 我在运动会上取得的成绩常比体育课或平时练习要好些。					
5. 我明明已经把课文背得滚瓜烂熟了,可在课堂上背的时候,却总要出点差错。					
6. 开会轮到我发言时,我似乎比别人更镇定、更自然。					
7. 我冬天比别人更怕冷,夏天比别人更怕热。					
8. 在嘈杂、混乱的环境里,我仍能精力集中地学习、工作,效率并不会大幅度降低。					
9. 每次检查身体,医生都说我"心跳过速",其实平时我脉搏很正常。					
10. 如果需要的话,我可以熬一个通宵,精力充沛地工作或学习。					

续表

	1	2	3	4	5
11. 当父母或兄弟姐妹的朋友来家做客时，我尽量回避他们。					
12. 出门在外，虽然吃饭、睡觉的环境变化很大，可是我很快就能习惯。					
13. 参加各种比赛时，赛场上越热烈，加油声越大，我的成绩反而越差。					
14. 上课回答问题或开会发言时，我能镇定自若地把事先想好的一切都完整地说出来。					
15. 我觉得一个人做事比大家一起干效率高些，所以我愿意一个人做事。					
16. 为了与周围的人和睦相处，我常常放弃自己的意见，附和大家。					
17. 在众人或生人面前，我常感到窘迫。					

续表

	1	2	3	4	5
18. 无论情况多么紧迫，我都能注意到该注意的细节，不丢三落四。					
19. 和别人争吵起来时，我常常哑口无言，事后才想起该怎样反驳对方，可是已经晚了。					
20. 我每次参加正式考试或考核的成绩，常常比平时的成绩更好些。					

计分方法：

单数题（如1、3、5等）为反向计分，即选项1为5分，选项2为4分，选项3不变，选项4为2分，选项5为1分；偶数题（如2、4、6等）为正向计分，即选项1为1分，选项2为2分，依此类推。最后将20题的分数汇总即为孩子的适应力分数。

分数越高，代表适应力越强。81～100分表示适应力非常强，61～80分表示适应力较强，41～60分表示适应力一般，21～40分表示适应力较差，0～20分表示适应力弱。

2. 卡牌评估

第二十二课中介绍的考试心态卡牌也适合用来进行适应力评估，关注底部标有"S"符号的卡牌以及相应的适应力得分。

如果孩子的适应力得分处于高分组（≥6分），则表明孩子能够适应各种环境变化，能快速融入并保持相对稳定的表现。平时学习时，孩子有耐心，抗干扰能力较强。遇到困难和难题时，可以灵活变通，不会被困住。相反，如果孩子的得分处于低分组（≤-6分），则表明孩子可能难以适应环境的变化，容易出现各种问题。在平时的学习中，孩子容易被难题困住，难以突破思维限制找到解题方法。

三、培养孩子的适应力

培养孩子的适应力，选择合适的方法至关重要，关键在于确保孩子与环境之间的适配度。如果孩子已经具备了适应的能力，但进展较慢，需要更多的缓冲时间，可以通过主动改变环境的方法，帮助孩子在新环境中创造出熟悉的感觉，以加速适应的过程。如果孩子在情感上无法接受新环境，可以采用想象置换法，帮助孩子从潜意识层面调整感受。

当然，适应力是多种因素综合下的结果，包括行为、态度和情感等方面。如果出现适应问题，通常不是单一因素所导致的。因此，在培养适应力时，可以多尝试不同的方法，采用更全面的解决方案。

1. 主动改变环境

主动改变环境是帮助孩子适应新环境的有效方法，可以从两个方面着手。第一，可以根据自己的需求和喜好改变环境，以保持愉悦的心态。例如，孩子升学后可能对新校园和教室不太适应，但是他喜欢温馨舒适的环境，此时可以建议孩子整理干净课桌，并挑选自己喜欢的文具，用暖色调的书皮和文具来温暖整个环境。在喜爱的环境中，孩子的情绪会更加平稳。

第二，将熟悉的元素引入新环境。在生活中，有些人在新环境中睡不好觉，可能会选择带上旧娃娃或习惯的枕头。同样的，为了帮助孩子适应新环境，也可以加入一些熟悉的元素。例如，如果孩子喜欢某个人物或娃娃，可以在旅行时带上喜欢的毛绒玩具，给书包挂上自己喜欢的挂饰等。孩子看到熟悉的物品有亲切感、安全感，对新环境的适应也会更快一些。

主动改变环境是一种非常实用的适应新环境的方法。其心理原理与"幸运符"类似。"幸运符"通常与美好的回忆相关联，比如一次比赛的胜利或亲人的祝福等。这样一来，"幸运符"就与自信或安宁的心态建立了联系。当再次看到这个小物件时，个人内心的积极感受就被激活了，自然会发挥得更好，也就变得"幸运"了。其实这就是心理学中的经典条件作用[1]。对于难以适应新环境的孩子来说，熟悉的物品就是他们的"幸运符"，可以迅速唤起孩子内心温暖的感觉，让他们更快地从心理和情感上适应环境。

---

1 经典条件作用（Classic Conditioning）：由俄国生理学家伊万·巴甫洛夫在19世纪末提出的，指的是通过有意识地让一种先前不会引起反应的刺激（称为中性刺激）与一种本来就能引起反应的刺激（称为非条件刺激）同时出现，而逐渐使得这个中性刺激自身也能引起反应的过程。经典案例就是巴甫洛夫的狗实验，巴普洛夫发现如果在喂食狗之前摇铃，随着这两个刺激反复同时出现，狗逐渐学会了把铃声作为一种预告性的信号，即便没有食物出现时，摇铃本身也可以引起狗分泌唾液。

2. 积极适应环境

在适应新环境的过程中，孩子需要面对外在环境的挑战，也需要面对内心的阻碍。孩子往往会用对抗的方式来应对新环境，觉得新的地方哪里都不好，以前的地方什么都好。为了减少孩子与环境的对抗，家长可以从以下方面进行引导。

首先，家长可以帮助孩子调整认知。随着年龄的增长，孩子在升学过程中可能会对新学校的一切感到陌生，觉得这里的老师不如以前的热情，同学不如以前的友好，而这种抵触情绪实际上主要来自对过去的怀念。这时家长可以引导孩子用更客观的视角看待过去和当下，分析当前环境的优缺点。例如，尽管当下老师看起来更有距离感了，但是这也意味着孩子更有能力为自己做决定，拥有更大的自主权。

其次，家长可以培养孩子相应的技能，增强他们面对不确定性的自信心。一想到新环境中充满着未知的挫折和打击时，人们往往倾向于缩回自己的舒适区，拒绝主动去适应。家长可以教孩子一些面对压力的方法，或是如何认识新朋友的技巧等，帮助孩子增加应对生活的技能和信心。

这些技巧的传达不仅能提升孩子处理问题的能力，也能让孩子的心态变得更加积极。人格心理学中的控制点理论[1]认为，人们通常有两种认知世界的方式：一种是"内部控制点"，认为发生的事情绝大部分是可以由自己控制或影响的；另一种是"外部控制点"，认为生活中的事情绝大部分是不受自己控制的，自己只是被动承受

---

[1] 控制点理论（Locus of Control）：最初由美国社会学理论家朱利安·罗特提出，是一种解释人们对自身行为和结果产生的控制感觉的心理学理论。

者。对笃信"外部控制点"的人来说,生活很容易变得沮丧而无奈,因为他们觉得自己没有办法控制将要发生的事情,只有等待和承受。如果孩子在新环境中保持这种心态,很容易会被生活的挑战击垮。而如果孩子认识到可以通过改变自己,调整自己去适用环境,就可以成为"内部控制点"强的人,相信自己拥有改变生活的力量,从而变得更加积极、勇于尝试。

3. 想象置换法

有时候,孩子在适应新环境上可能没有问题,但对于某些方面始终怀有消极、抵触的情绪。例如,孩子可能已经适应了新班级的生活,但一直觉得班上的一个同学很讨厌,每次想到这个同学就不愿意进教室。这时家长可以考虑使用想象置换法来减少孩子的负面情绪。

想象置换法分为五个步骤,具体指导可以根据不同情况进行调整:

第一步:找一处安静的环境,让孩子闭上眼睛,深呼吸,进入一个相对平静的状态;

第二步:引导孩子在脑海中默想出不喜欢的人(抱有消极情绪的对象);

第三步:引导孩子在脑海中想象出让他一想到就会开心的卡通人物(比如奥特曼、哆啦A梦,或大头儿子等);

第四步:引导孩子用想象置换法把卡通人物的头换到消极

情绪对象的身上。这个形象可以是可爱的,也可以是滑稽的;

第五步:不断引导孩子在脑海中强化这个组合人物形象。

经常重复以上五个步骤,直到孩子在看到那个讨厌的人时,脑海中就会浮现出卡通人物,内心感到开心,甚至会特别想笑,不再有厌恶的情绪。

想象置换法还可以用于孩子需要适应考试环境时。有些孩子在小考中表现优秀,但在大考中容易发挥失常。这可能是因为无法迅速适应陌生的考试环境。特别是在中考、高考等大型考试时,考场往往在陌生的教室,甚至在不同的学校。孩子理性上知道需要保持冷静,但情绪往往无法控制,被陌生环境触发焦虑。此时,可以采用想象置换法来帮助孩子提前调整面对陌生环境的情绪。

第一步:找一处安静的环境,让孩子闭上眼睛,深呼吸,进入一个相对平静的状态;

第二步:引导孩子在脑海中想出将要面对的考试环境(抱有消极情绪的环境上);

第三步:引导孩子在脑海中想象出让他非常有成就感,收获成功的画面,可以详细到当时的心情和思绪(引发积极情绪的环境);

第四步:引导孩子用想象置换法把成功的画面融合到接下来要面对的考场画面上,感受这个组合带来的熟悉感和自信;

第五步:不断引导孩子在脑海中强化这个组合画面,并不断告诉他，这就是最适合他发挥的环境，他将在这里发挥出最好的状态。

同样，可以重复用这个方法，直到孩子对于考试的紧张焦虑渐渐消失。

处理主观感受时，想象置换法非常有效。尽管世界本身是客观的，但每个人所看到的世界都受到他们的过往经验、认知水平和其他各种因素的影响。例如，当遇到一个脾气暴躁的门卫时，有些人会想："他是不是讨厌我？"而另一些人则会想："他每天需要面对这么多人，真的很辛苦，这可能是他发脾气的原因。"不同的想法会导致不同的情绪反应，前一种想法可能导致愤怒，而后一种想法则让人释然。所以遇到问题多引导孩子从不同的视角看待，也会让孩子的心态更平和，更好地应对生活和学习。

我国著名美学家朱光潜说："人一半是外力造成的，一半也是自己造成的。"生活的境遇造就了不同的我们，如若能顺势而为、顺时而动，相信生活中的种种磨难也终会成为"柳暗花明又一村"的惊喜。

第二十课 考前减压与放松训练技巧

本节课我们将关注考前减压和放松训练技巧，帮助孩子用最好的心态应对考试。

在考试前进行减压和放松训练是非常重要的，家长应该根据考试时间和孩子的状态来判断开始训练的时间。例如有家长问："孩子还有一年快要高考了，需要做考前减压和放松训练吗？"一般建议不要，而是在孩子离大考一个月左右的时候开始训练。如果在考试还比较遥远的时候进行训练，可能会给孩子制造不必要的紧张感。因此，在考试前一个月左右，孩子已经有一定的紧张感和焦虑情绪，更容易适应训练并取得好的效果。

另外，需要根据孩子的状态来决定是否开始训练。在孩子已经对考试产生焦虑的情况下，可以适当地开始训练。常见的情况是，孩子会声称自己"完全不紧张"，但实际上他们可能并未意识到自己的紧张情绪，在睡眠、消化等方面出现问题，如难以入睡、经常腹泻等，甚至在写作业时会无意识地握拳、咬紧牙关，父母不加提醒都难以察觉。这些反应都是身体在表达紧张情绪。因此，除了直接询问孩子对考试的心情，父母还可以关注孩子的身体状况，观察他们的饮食、睡眠等生活节律是否受到影响，以更好地了解孩子的备考状态。

一、影响情绪的因素

在考试前,许多人会提醒考生"保持细心冷静,不要紧张"等,但这些话常常是无效的。提醒的人都希望考生在收到提醒后能够掌控自己的情绪,但情绪真的能够被意志力控制吗?这是很困难的,因为意志力是有限的。例如,要用意志力控制自己不去想一只红色的大象,你的脑海中是否已经浮现出这个画面了?意志力无法控制我们脑海中出现的思维或画面,更无法控制这些想法所带来的情绪。考生在考前的思绪也是如此,他们会想到考场的情景、试卷上的问题,以及考试结束后宣布成绩的紧张感,这些都会引起他们的情绪波动。因此,直接说"不要紧张,考试没什么的"无法控制他们脑海中的画面,甚至可能让他们更多地想到考试,引发焦虑情绪。在这种情况下,更有效的方法是直接针对影响情绪的两个关键因素,即信念和身体,潜移默化地帮助孩子改变。

负面情绪常常源于负面的想法,这些思想被称为限制性信念。当看到考场时,悲观的考生会想:"我肯定考不好,这么多人,我怎么可能取胜。""如果我考不好,就没有人会关心我了。""我上不了好学校,我的未来就会一片灰暗。"这便是心理学家亚伦·贝克所称的"忧郁认知三角"。即,如果一个人陷入悲伤或焦虑中,通常是被来自自我、世界和未来三方面的限制性信念所束缚,他们认为自己不行,世界并不美好,未来没有希望。陷入忧郁认知三角的孩子对考试产生更消极的态度，情绪不稳定，行为缺乏动力。问题在于，这些想法常常出现在意识之外，当看到考场时，它们便自动浮现。考生可能会感到心慌、紧张，但却不知道是他们根深蒂固的限制性信念在影响情绪、阻碍发挥。这也是本节课的训练将要着重关注的，帮助孩子与考场建立联系，减少限制性信念的发生，平复情绪。

第二个关键因素是身体。前文提到，失眠、腹泻常常是焦虑的身体表现，这是情绪对身体的影响。而身体状态也会反过来影响情绪状态。以睡眠为例，许多研究表明，睡眠不足会显著影响人们的情绪调控能力。睡眠不足的人不仅会变得易怒和容易沮丧，还会更容易关注事物的消极方面、夸大自身情绪问题。然而，这种影响本身是很难察觉的。有些人会为了学习缩短睡眠时间，但是当面临压力的时候，他们的情绪可能就会失控，眼泪不自觉地就流下来了。这并不是说这些人的心理素质太弱，而是在身体疲劳的情况下，他们调节情绪的能力也会相应下降，使得自身无法承受压力。因此，越是在紧张的时候越要加强对身体状态的关注。在许多情况下，人们的情绪失控并不是因为他们的心理素质太差，而是身体上的疲劳损伤了他们的情绪调节系统。

此外，身体动作也会直接影响情绪。现在，大家可以尝试抬起嘴角，微笑一下，是否感到心情变得更加愉悦？《心理科学》期刊上的一项研究表明，即使是虚假的笑容也会振奋人心，因为肌肉的运动会引发大脑活动的变化。同样，大家也可以尝试握紧拳头、皱眉或者咬紧牙关，慢慢地会感到呼吸变得急促，体验到紧张或愤怒的情绪，这就是身体动作对情绪的影响。虽然人们无法直接控制情绪，但是可以改变自己的身体动作，以达到缓解情绪的效果。这也是本节课训练的重点之一：帮助孩子关注自己的身体状态，并通过身体动作来缓解和放松情绪。

二、考前需适度焦虑

在提到焦虑时，许多人都认为它是一种不良因素，如果能够完全消除就好了。但实际上，焦虑是考生达到最佳表现必须具备的一种状态。作为家长，特别需要正确认识适度焦虑的好处，帮助孩子利用焦虑促进表现，而不是一味否定它的存在。

首先，适度的焦虑能够帮助孩子保持学习的警惕性，调动身体的能量，促进表现。进化心理学的学者认为，焦虑之所以能够存在，是因为它对人类的生存有益。这种益处主要表现在提高敏感度和调动能量上。例如，当人们遇到危险时，交感神经系统就会自动进入"战斗或逃跑"应对模式，增加供血量、分解能量物质、增强感官能力等，最大限度地激发人体潜能。这也解释了为什么人们在面对危险或紧急情况时，往往能够做出平时无法完成的动作。而这种身体上的应激反应就是与焦虑联系在一起的。尽管现在人们已经很少再受到生存威胁，但这种应激反应已经成了基因中自然存在的潜能激发器。

因此，如果孩子能够在考试时适度地体验焦虑状态，实际上可以更好地帮助他们调动身体的能量和集中精力应对问题。这也是为什么很多孩子在考试时能够发挥出自己的最佳水平的原因，因为此时他们激发了自己的潜能。

其次，适度的焦虑有助于提高大脑的兴奋程度。我曾经接触过两位高考成绩非常优秀的同学，让我感到惊讶的是他们都说自己在高考前经历过失眠。其中一位同学住宿的地方附近夜间有卡车的噪声，另一位同学则一直有失眠的问题。然而，当我问他们失眠是否会对考试造成影响时，他们的回答出奇地一致，都表示失眠不会对他们的考试造成影响，甚至说："一旦进入那个状态，就感觉睡眠不再重要。"

那么，"那个状态"指的是什么呢？就是适度焦虑带来的兴奋状态。在适度焦虑的情况下，通过定期进行考前减压和放松训练，孩子就可以控制焦虑。无需将焦虑完全消除或追求毫无紧张感的状态，因为这样做反而会影响他们的考试表现。

简而言之，适度的焦虑可以让考生在不影响发挥的情况下拥有更多的紧张感，面对题目更加警醒、专注；而过度的紧张会压垮考生，甚至无法发挥出自己平时的水平。所以焦虑本身不是一件坏事，重要的是如何帮助孩子接受焦虑，利用这种焦虑提升考试表现。

三、考前放松训练

下面提供两种考试放松训练的方法：第一种考试联结法侧重于改善考生对于考场的感觉，保障考试时的稳定状态；第二种考前放松训练法侧重于舒展身心，平复紧张心情。二者互相支持和补充，建议在考前都进行一定的训练。

1. 考试联结法

考试联结法的主要目的是帮助孩子建立起对考场的安心感。前文提到，孩子的限制性信念会阻碍发挥，而这些信念往往会在面对考试相关事物时自动出现，让孩子感到不安。有些孩子甚至会因听到"考试"相关的词语而大吵大闹，家长也不敢在他们面前提及学习。但是，如果考场也成为孩子限制性信念的触发器，就会极大地影响他们的发挥。因此，最有效的方法是直接干预，改变孩子对考场的感受。

具体引导步骤如下：

（1）引导孩子想象自己正坐在考场的座位上，双手平放在课桌上，保持深呼吸，感受自己与考场的存在；

（2）慢慢地将右手放到胸口，保持深呼吸，告诉自己明天（可替换为具体的考试时间）就在这张课桌上考试；

（3）与这张课桌轻轻对话：我们一起，在这里创造属于我俩的奇迹，一起努力；

（4）保持 30 分钟（可根据实际情况调整时长），完成自己与这张课桌、与整个考场的联结；

（5）闭上眼睛，保持深呼吸，确认自己完完全全地与考场联系在一起了；

（6）从 1 数到 5，慢慢地睁开眼睛，抚摸课桌。

这个训练可以在孩子看考场的时候进行。这时孩子往往会感到紧张，因为考试的景象已经越来越真实，近在眼前。但很多时候我们无法直接在考场中对孩子进行训练。这时可以运用想象完成联结，家长可以引导孩子记住考场的景象，之后回家训练时想象自己进入考场，坐在自己的书桌上，想象自己进入了考场，完成后续联结。如果孩子无法想象考试的场景，可以借助一些图像资料，让孩子对考场及考试的常见景象有一些基本的认知再进行想象。

在时间安排上，保持三十分钟的训练可能有些困难，可以适当减少时间，同时增加训练的频率。重点在于让孩子能真切地感受到联结的存在，感到考场不再是陌生的环境，而是与之并肩向前的战友。因此，可以通过重复训练达到目的，重复可以有效地增强孩子对于催眠信息的感受，更深刻地相信自己与考场的联结。在实际操作上，可以将重点更多地放在重复训练和逐步增强感受上，不必过于纠结训练地点或训练时间的长短。

2. 考前放松训练

前面提到情绪和身体状态之间存在双向影响的关系，情绪的变化会影响身体状态，而身体状态的改善也能调整情绪。因此，为了缓解孩子的情绪紧张感，家长可以运用下面这种方法直接改善孩子的身体感受。通常进行一次完整的训练需要十五到二十分钟。根据考生实际情况，可以适当调整训练的频率。一般建议考前一个月时，每周进行三到五次，考前一星期时，每天进行一次。此方法不仅适用于已经出现紧张感的孩子，对于尚未出现明显紧张感的考生，也可以预防情绪波动和焦虑的侵袭，因此保持固定的练习频率非常重要。

可参考的引导词如下：

现在请你找一个舒适的位置坐好，闭上你的眼睛，双手自然地放在身体的两旁，双脚自然分开，深呼吸三次，用鼻子慢慢地吸气，让腹部凸起，双肺扩张。深吸气后憋气一会儿，使自己感到气已吸足。尽量放慢速度用嘴呼气，呼气同时放松自己的面部。呼气时深深体会精神与身体松弛舒适的感觉。然后用下面的方法按次序进行练习。吸气数4下，屏气数5下，呼出数6下。

吸气：1、2、3、4，屏气：1、2、3、4、5，呼气：1、2、3、4、5、6，一直重复这样的呼吸。当你在吸气的时候，想象自己在一个花园里闻着花香的感觉；当你憋气时，感受着身体的放松；接着呼气的时候，心里告诉自己，越来越放松；吸气：1、2、3、4，屏气：1、2、3、4、5，呼气：1、2、3、4、5、6，一边深呼吸的同时，一边跟随着我的引导，你什么都不必想，也什么都不想想了，只要跟着我的引导，很快你就会进入非常深、非常舒服的放松状态。

现在，继续保持深呼吸，每一次你呼吸的时候，会感觉自己更放松、更舒服，感觉你的身心变得越来越宁静，越来越放松。好，非常好，现在请慢慢地想象，你沿着一条小路向前走，前面不远处有一片青草地，碧绿的青草散发着淡淡的香气，你走在草地上，觉得非常轻松。继续向前走，就看到了一湾宁静的湖水，岸边有几棵垂柳，嫩绿的枝条轻轻地拂过湖面，泛起点点的涟漪。你觉得越来越累了，你看到前面的空地上有一块平坦的大石头，石头被雨水冲刷得非常洁净，躺在上面休息感觉非常舒适，温暖的阳光轻轻地照射在你的身上，非常的舒服。好，继续深呼吸，现在你仔细体验，有一股暖流在你的头皮间涌动，缓缓地滋养着你头部的每一个细胞，使你疲劳的大脑得到了有效的休养，你感觉到一种前所未有的轻松舒适。

我们让这股暖流顺着我们的脸庞缓缓地向下移动，你的脸上会有一种温暖放松的感觉。好，非常好，现在暖流顺着你的颈脖子继续向下，你的肩部渐渐地觉得温暖起来，非常放松。这股暖流顺着你双手的手臂继续向下移动，经过你的小臂，你的手腕，现在你觉得两个手心越来越温暖了。好，现在这股暖流顺着你的十个手指缓缓地排出体外，这股暖流带着身体中所有的不适与考试的压力正缓缓地排出你的体外。你的身体在暖流的抚慰下得到了最有效的滋养，有一种轻松与舒适的感觉。好，请继续之前的步骤，直到你觉得体内所有烦恼和压力已经顺着你的指尖全部排出了体外。

好，非常好，现在我们将暖流重新凝聚在你的肩部。好，你觉得你的肩部越来越温暖放松。现在让这股暖流顺着你的躯体缓缓地向下移动，你的肺部、胃部、肝部、肾脏等所有的脏腑都得到了有效的滋养。好，现在你觉得你的腹部越来越温暖放松。

好，非常好，这股热流顺着你的大腿继续向下移动，你觉得你的小腿也渐渐温暖起来，现在放松和温暖的感觉已经到达了你的脚心，你的双脚也越来越温暖了，让这股暖流顺着你的十个脚趾缓缓地排出体外，随之被带走的是你烦恼的情绪与过重的压力，现在你会觉得全身都有一种轻松与舒适的感觉，请记住这种轻松与舒适的感觉，体验这种幸福与快乐的心情。

（时间紧张时，可选择跳过以下内容）接下来我们继续往前走，想象你来到一个一望无际、美丽的大草原，湛蓝的天空中，一片片的白云正慢慢地飘过。就在这充满明媚阳光的天空下，你一边躺在非常舒适的草地上，一边享受着美妙而清新的空气，阳光温暖地洒在你的身上，包围着你的全身，你感觉非常温暖非常舒服。远处徐徐吹来的微风，还带着青草的香气，现在请你深深地吸一口气，你似乎已经闻到了远处传来花儿的芳香，那沁人心脾的芳香，令你感到前所未有的轻松，感到前所未有的舒服。

不知什么时候，草丛中飞来几只靓丽的蝴蝶，扇动着那色彩斑斓的翅膀在晴空中自由地飞舞。你感到大自然的一切是那么的和谐、宁静、美好。不知不觉中，你的呼吸也变得越来越缓慢而均匀，你感到内心越来越安详，就像回到小时候妈妈的怀抱一样，无忧无虑，自由自在。

现在，当你的身心已经完全地放松，所有紧张的情绪都已经完全消失后，我会从3回数到1，当我数到1的时候，你会完完全全地苏醒过来，双眼非常明亮有神。3……现在，你的身体正在慢慢地复苏，渐渐地苏醒过来了。2……你可以慢慢地活动一下自己的身体，从手指、脚趾头开始，渐渐地到手臂、腿部。现在，当我数到1的时候，你就可以完全苏醒过来了。1……回到当下，感受着自己内心的平静与放松。

在引导孩子放松时，家长的语调和语速至关重要。为了达到缓解压力的目的，家长的声音必须轻柔，语速缓慢，同时要配合内容的变化，营造出一种放松的氛围，帮助孩子舒缓压力。如果孩子的备考时间比较紧张，无法完成全部训练，家长可以适当调整内容，只引导孩子进行前半部分。

我们可以发现，整个引导词都在关注身体中"暖流"的流动。实际上，这股"暖流"代表了孩子身体内部的潜能。在日常生活中，孩子可能会认为自己的潜能是难以捉摸的，比如说："我感觉好就考得好，感觉不好就考不好。"这种说法在某些方面是有道理的，但并不完全正确。孩子所谓的"感觉"其实就是他们自身的"潜能"。感觉良好时，孩子就能够充分发挥自己的能力；感觉糟糕时，孩子的表现就会受到影响，发挥不了平常的水平。这种"潜能"平常难以察觉，但可以通过重复的催眠来掌控。在训练过程中，孩子可以一遍又一遍地感受到暖流流过身体的感觉，下一次面对考试或其他令自己不安的情况时，孩子就更有可能调动身体内部的能量，进入被暖流包裹的状态，激发潜能。这就是为什么训练不仅可以缓解当前的焦虑，也可以预防未来的情绪波动和焦虑。因此，保持定期的练习频率非常重要。

在孩子们备考的过程中，常常处于被催促奔跑的状态，导致他们常常感到疲惫不堪，甚至无所适从。而考前的减压和放松训练则是他们在这场冲刺中的喘息之所。这是让孩子们慢下来，静下心来，感受平静、激活能量的空间。当孩子们能够在平静、踏实的感觉中再次上路时，才能更加自信、勇敢地大声宣告："未来，我来了！"

第二十一课 考试超常发挥的心理技巧

要想考试超常发挥，实力、技巧和心态，哪个对考试成绩的影响更大？

经过之前的学习，相信大家已经知道答案——心态影响更大。能力是平时积累的结果，而能力在考场上是否能有效地发挥，取决于考试时的心态。这种能力和心态的关系不仅在学习中体现，更在各个竞争领域中展现。

2012年的伦敦田径赛场上，出现了令整个田径界震惊的现象——在百米飞人大战中，八位选手中有七位跑进了十秒。在1968年第一位突破十秒的选手出现后直至2008年，40年中仅有67人跑进十秒。但是在2008年之后的短短十年中，就有70人跑进十秒。这是为什么呢？

研究发现，尽管训练技术、运动员的体能等方面都得到了优化，但如此巨大的突破显然不可能是短时间内人类身体大幅度进化的结果。更关键的，也许在于心态。2008年发生了什么？"飞人"博尔特在2008年和2009年三次打破十秒大关，两次刷新世界纪录，彻底打破了十秒这个可怕的魔咒，让这个曾经被科学家认为"突破人类生理极限"的壁垒不再高不可攀。在心态的限制被破除后,突破十秒的田径运动员数量大幅增加。

对于这些田径选手而言,他们的体能或许早已达到了突破十秒的标准,但由于缺乏自信,迟迟无法突破。正如我国著名运动员苏炳添所说:"我认为(破十)这一壁垒更多地体现在心理上,而非生理上。"

这个道理也适用于孩子们。或许他们早已具备实力,但是由于自我怀疑,最终被心态限制,阻碍了他们的表现。因此,要实现超常发挥,就必须拥有突破自我的信心,怀有必胜的信念,并激发自身的潜能。

那么,作为父母,可以如何帮助孩子改善心态,促进他们的表现呢?在本节课中,我们将推荐三种助力超常表现的心理技巧。

一、能量流通法

能量流通法是一种心理技巧,主要用于应对考场上的紧急情况,比如突然忘记简单题目的解法或者大脑一片空白等情况。这些情况会使考生变得更加紧张和焦虑,从而影响下一步的思考,形成恶性循环。因此,家长需要告诉孩子如何运用这种方法,以便他们能尽快从紧张和焦虑的情绪中解脱出来。

可参考的指导如下:

（1）在考试进行中，往往会遇上难题，此时先做一个深呼吸，让自己大脑供氧充足；

（2）想象自己每一次吸气的时候，都可以从考场上获取能量与智慧；

（3）让自己的心灵与所有的同学互相沟通，顺利地做出每一道题；

（4）只要有一个同学能做出的题，我也能够，我们的智慧和能量是相通的；

（5）让整个考场的智慧和力量与自己紧紧地联系在一起，激发自身的潜能；

（6）在每一次的考试中，都能创造出自己的奇迹。

在考场中，深呼吸是调整状态的有效方法。为什么会出现大脑一片空白的情况呢？这是由于考试紧张引起肾上腺素分泌过度，导致身体兴奋，毛细血管充血，肌肉紧张，氧气需求增加，而大脑供氧不足，导致思维混乱、脑海一片空白。与此同时，手发抖、呼吸急促等相关身体反应又会进一步加重考生的紧张感，形成恶性循环。因此，有效打破这一循环的方法是保证大脑及时得到充足的氧气，通过深呼吸来缓解紧张状态。

而第二步到第四步的关键在于积极暗示。许多考生进入考场后，往往会有很多不必要的担忧，例如"我有没有没复习到的题目？""有没有看不懂的题目？"等，这些消极的想法会分散注意力，影响发挥。因此，需要通过积极暗示来扭转他们的信念，例如老师常说的

"你不会的题别人也不会,所以不要慌",而我们的训练目的在于超常发挥,要相信自己可以做出别人做不出的题目,借助考场中流动的能量,平复心情。此时的积极思想应该是"如果整个考场只有一个人能做出最难的题,那么为什么不能是我呢?"只有相信自己,才能发挥出最佳水平。

二、师生同在法

当我们面临难以解决的问题时,是否曾经对自己说过:"如果我能够像 xx 一样就好了,一定能够轻松处理这个问题。"在生活中,我们不仅从书本中学习,也从周围的人身上学习。一些备受我们尊敬和亲近的人,通常也是我们学习解决问题技巧的可靠榜样。

对孩子而言也是如此。家长们可能会发现,当孩子喜欢某位老师时,他们在这个老师所教授的学科上表现更好。因为此时孩子不仅能从老师的教学中获取知识,更无意识地向老师的生活态度和学习态度靠近,从模仿中学习。在考试时,如果孩子能够在心中想象出他所喜欢的老师的形象,无疑会成为应对考试的一剂良药。老师与学生同在法正是一种方法,它的目的在于将"如果 xx 老师在就好了"这种想法转变为"如果 xx 老师在,他会怎样做?"这样孩子会在脑海中浮现老师的形象,并根据老师的学习方法,从容地解决当前的问题。

可参考的指导如下:

（1）写出你最喜欢的老师姓名和所教的科目；

（2）描写出老师做题的样子；

（3）写出他平时对你学习上的帮助；

（4）感受他平时对你的学习期待；

（5）想象你遇到难题时他会怎么帮你；

（6）考场上你怎样成为自己的老师。

这些描述可以更加具体，或根据不同科目的具体情况进行调整。比如数学需要严密的推理，在做第二、三步的时候，就可以告诉孩子去回想老师平时在黑板上推理题目的样子，一步一步是如何推进的？计算过程中会注意哪些细节等。能够回忆出的细节越细致，考试时带来的好处就更大。仿佛自己已经成了老师，站在考试时紧张的自己身后，用令人安心的声音说："不用担心，我们尽力发挥，不留遗憾。"

三、考试预演法

先前讲过"经典条件作用"这一概念，而考试预演法则是应用了这一心理现象，帮助孩子调整考试心态的一种方法。该方法主要是在考试之前进行训练，帮助孩子设定超常发挥的"开关"。具体而言，设定"开关"是指通过训练，将某种刺激与特定的行为建立联系，从而激发对应的反应。

如果将"开关"和相应的条件反射换一下，就可以在日常生活中起到非常神奇的作用。

一个人的困意是难以用意识控制的，尤其是对于孩子而言，每次想要按照健康的作息时间表让孩子睡觉都是一项巨大的挑战。但是，如果为困意建立一个开关，问题就可以轻松得到解决。

曾经有一位母亲找到我，抱怨她的孩子总是哭闹，睡眠不规律，但是因为孩子太小，无法理解她的话，该怎么调整孩子的作息呢？于是我向她介绍了一种方法——在孩子的额头上用手指画圆。每当孩子感到困倦想要入睡时，母亲可以一边哄孩子一边在他的额头上画圆。当手指画圆和困意两种情况多次重复出现后，手指画圆就会逐渐成为困意的开关。以后需要孩子入睡时，只需用手指在孩子的额头画圆，孩子很快就会产生困意了。

这个开关到底多有效呢？后来我再次见到这位母亲，她笑着说，现在孩子长大了，懂得要按时睡觉了。每当孩子睡不着的时候，他就自己拿起手指在额头上画圆圈，用这个母亲多年前建立的开关入睡。

因此，对于无法通过意识直接控制的事物，例如困意、良好的感受等，家长可以通过建立"开关"的方式，帮助孩子获得调整的方法。在使用考试预演法时，孩子将模拟自己在考试时的场景，感受在考场中的情绪，并跟随着引导切换到良好的状态。家长可以帮助孩子建立"开关"，例如摸摸后脑勺的动作，或者涂抹一点风油精，这样在日后紧张时用特定的动作或行为就能唤醒稳定的感受。因此，考试预演法需要在考试前多次训练，这样才能将"开关"和感受建立起稳定的联系。

可参考的引导词如下：

现在，你可以想象你来到了正式考试的这一天，早晨洗漱完，吃完早餐，你拿出了考试物品清单，对照清单你整理自己考试所需的物品，身份证、准考证、饮用水、钟表、至少2支2B铅笔、2支黑色书写笔、铅笔刀、橡皮擦、直尺、圆规、三角板和其他文具，如果阴雨天还需要带好雨伞等物品。所穿衣服尽可能舒适、宽松、透气好。当你准备好一切后，可以深呼吸，握紧拳头，然后告诉自己：加油！我是最棒的！

接着，你沿着之前看考场所走的路线来到了考点的大门口，有保安正在检查考生的身份证与准考证，你深吸一口气，握紧拳头，然后告诉自己：加油！我是最棒的！你走进考场找到自己的位置并坐了下来，再一次地检查了自己的文具和其他物品，摆放到相应的位置，然后深吸一口气，握紧拳头，告诉自己：加油！我是最棒的！监考老师正在四处巡视，你可以看着他们，然后深吸一口气告诉自己：加油！我是最棒的！

现在，监考老师在跟大家宣读考场的规则，接着发放试卷。当你拿到试卷后，先不要开始答题，而是先保持内心的平静，让自己进入巅峰的考试状态，然后从头到尾先检查一下试卷，看是否有印刷不清的文字或缺页漏页的情况，大致浏览一下试卷，然后按照顺序从最容易的题目开始做起。保持平和的心态，注意审题，看清规则，答题字迹要工整。如果出现情绪波动或紧张时，要暂时停止答题，深呼吸保持最佳的考试状态，然后继续。在答题的过程中，如果遇到会做但却忘记了的题目，或者较难不会做的题目，都请先速度跳过，深吸一口气告诉自己：加油！我是最棒的！然后继续做下一题，直到把所有容易的题目全部做完再去解决难题。检查的时候特别要注意，有时候要相信自己潜意识的第一感觉，改动要谨慎。最后检查下自己的答案是否按要求写在了答题卡或答卷上，考试结束的铃声响起后，你可以放下笔，按照考试清单整理好自己的物品，然后走出考场，遇到同学或父母都用微笑面对他们，不谈论考试的情况，保持好最佳的状态迎接下一场考试……

好的。在我数到1的时候，你就可以睁开眼睛回到现在，3……2……1……

为了帮助孩子建立一个良好考试状态的"开关"，在训练过程中需要注意两个关键点。首先，在模拟考试时要确保孩子已经调整到了良好的心态。其次，训练需要在考前多次进行，以确保"开关"与良好的状态建立联系。

在具体操作时，父母需要注意引导时的语气和自己的状态。语气应该保持沉稳坚定,自己也要有信心。超常表现需要的是孩子能够拥有必胜的信念,超越自我。如果父母在引导时自己都带着怀疑和不确定的态度,那么孩子就不可能相信自己能够取得成功。如果孩子在模拟过程中出现紧张的表现,父母可以加入一些放松动作,如深呼吸等,帮助孩子保持良好状态。

第二个关键点是,完成训练后,父母可以检查"开关"是否已经和良好状态建立联系。例如,如果这个"开关"是摸后脑勺的动作,可以让孩子做这个动作,看看是否会出现内心更加稳定、平和的感觉。如果孩子感受到了,就说明"开关"已经成功建立。

当然,这些引导词仅是基础内容,家长可以根据孩子参加考试的实际情况进行修改。例如,有些孩子从学校出发去考试,有些孩子从家里出发。或是预见孩子可能会遇到的问题,如忘记带东西、被同学拉着对答案等。任何可能影响孩子发挥的事情都可以在预演法中进行排练,以减少真正面对问题的慌乱。预演法的目的就是尽可能真实地模拟考试当天的环境,从而让孩子也能够体验到相应的情绪和状态,避免突然的紧张和焦虑。因此,预演时细节越真实生动,预演的效果也就越好。

这三种方法,最重要的前提是相信。如果一个孩子不相信自己能够超越自我,那么他永远无法在考场上取得突破。如果父母不能全身心地相信孩子,那么也永远无法看到孩子的进步。相信的力量是无穷的。

"正念之母"埃伦·兰格曾说:"当你不认为世界是确定的,而是充满可能性时,它就会变得无穷无尽。"一切皆有可能,如果我们在尝试之前已经不再相信，又怎么能帮助孩子突破自我呢？既然选择了要去做，那就要完全相信，相信孩子的潜力，相信他们可以做到。

Chapter 4
语言的力量

第二十二课 语言的魔力

本节课向大家介绍的是亲子沟通的策略，主要借助语言的魔力卡牌，旨在帮助大家建立促进亲子沟通的语言模式。该卡牌一共有52张，包含52个不同的语言模式。通过这些语言模式，每天只需训练十分钟，我们就可以改善与他人的沟通模式，使对话更加友好、积极、和谐。当语言模式发生改变后，我们会发现自己与周围人的关系得到了改善，更为重要的是，也能唤醒我们内在的正能量。

一、语言的魔力卡牌的价值

我们为什么要强调语言模式需要训练呢？

以练字为例，我们在练习过程中会对照字帖调整笔画，一般写出来的效果还不错。但在日常写字时，没有字帖作为参照，写出来的可能就没有那么好看了。除非我们已经在长时间的练字过程中，把怎么结构、怎么运笔内化为自己的习惯，才能"下笔如有神"。

语言模式也是如此，必须通过长时间的有意识的训练，才能真正内化为自己的习惯，从而得以在平时交流中灵活运用。

基于此目的，训练时有两个关键要素。

第一，多练习。大家很可能在学习过程中掌握了一句话，但在实际生活中却不记得去运用，没有形成本能的反应。原因就是练习不够。在生活中，我们会遇到各种各样的情境，语言魔力卡牌上的每一句话都可以根据不同的情境进行转化和运用，但如果练习不够，就很难立刻找到合适的语言模式应对。只有掌握更多的语言模式，不同场景中的运用才会更加灵活和自然。这也是为什么语言魔力卡牌提供了 52 种语言模式，目的就是为大家提供一个丰富的语言选择库。

第二，要把有意识地学习变成无意识地学习。有意识地学习是刻意地训练自己的语言。例如，生活中大家可能会思考："这句话这样说会不会更好？"或"跟孩子这样说会不会更好？"这就是有意识地学习。我们需要在练习中把这种思考变成无意识的习惯。无意识的习惯意味着已经不需要再思考如何讲话，但实际上语言模式已经发生了翻天覆地的变化，这一切都是与我们的训练有关的。

语言的魔力卡牌正是根据以上要素定制而成的工具。只需坚持训练，熟练掌握卡牌的玩法，慢慢地，我们就无须刻意去思考"我该如何回应？"或"我该用何种措辞？"，而是能将这些语言模式转化为一种无意识的应用。一个月后，练习者将发现自己的语言模式有了巨大的变化。

此外，语言的魔力卡牌的应用范围十分广泛。虽然本节将其应用于亲子教育，但实际上，卡牌在夫妻相处和职场营销中也十分实用。一旦熟练掌握，即使与不同的交流对象打交道，语言模式也能自然地发生改变。

这里还有几点需要说明。

第一，我们的训练目的是改变语言模式，而不是瞬间就达到理想的结果。例如，孩子正在玩游戏，我们希望他去写作业。在这种情况下，理想结果是孩子能立即停止游戏并开始写作业。针对这个特定的沟通场景，我们可以选择一张卡牌进行训练。假设我们抽到了："有人告诉我……"，我们就可以说："有人告诉我，先完成作业的孩子才是最棒的孩子。"这样的训练可以帮助我们改变语言模式，给孩子积极的暗示。但是，我们也要知道，这些暗示有时候并不能立即改变孩子的行为，因为人的行为具有一定的惯性，不能指望一两句话就立竿见影地起效。我们的重点在于改善旧的语言模式，让其朝着更积极更正面的沟通模式转变，日积月累，我们才会逐渐感受到亲子沟通变得更加顺畅，亲子关系变得更加和谐，最终孩子的行为问题才有得到改善的可能。因此，在进行训练时，我们会强调随机抽取卡牌。因为我们关注的重点不是卡牌上的内容能否在这一刻发生作用，而是自己能否在日常生活中灵活地运用各种积极正向的语言模式。例如，如果在上面情境下抽到了"我最欣赏的就是……"，我们可以说："我最欣赏的就是你总是能够先完成作业再去玩。"这种随机的训练方式将大大丰富我们的语料库，并训练我们举一反三的能力，最终达成改变语言模式的效果。

这里还有一个小技巧，在与孩子发生冲突时，可以使用手机记录彼此的对话，以备之后反思。有人可能会说，当情绪激动时，实在想不起要录音，但其实仅仅回想自己曾说过的话也是有帮助的。通常情况下，亲子间沟通失败都是由于语言模式的问题，明明是出于关心，却变成出口伤人。因此，我们可以多回忆冲突场景下自己的语言，并进行反思，调整沟通时的语言模式，更准确地表达自己真实的想法，而不是被情绪裹挟。

第二，表达效果是非语言因素和语言模式共同作用下的结果。还是上面的场景，如果家长说："你能不能先把作业做完再去玩？"虽然本意也是希望孩子听从劝告，但这种句式下，家长的语气和语调不自觉地就会变得激动，脸上的表情往往也非常严肃，导致沟通变成了责备和批评。这就是非语言因素对表达效果的影响。

在我们的实训课程中，有一个环节就是强调身体语言的重要性。在这个环节中，我会请一个常常批评和指责孩子的家长上台，并让另一个学员扮演他的孩子，然后模拟他平时教育孩子的场景。在这个过程中，我会引导大家关注他的身体语言。我们会发现这位家长在责备孩子时会做出很多手势动作，甚至会用食指指着孩子。

为了探究这些手势动作对沟通的影响，我让这位家长将双手放在屁股底下，然后再去责备孩子。这时，他发现自己的语气和语调都不同了，火气也变得小了很多，而这只是因为我控制住了他的一个小小的身体动作。

在批评孩子的时候，你也可以尝试限制住双手的行动，这样做会让你感觉很不自然，你当下的情绪也会随着双手一起被限制，很难一下子到达高点。

所以，在和孩子交流的过程中，我们需要时刻留意自己的身体语言。身体语言是构成沟通的重要因素，如果在孩子考得不好的时候，家长表情失望，手指着孩子的脑门说："你考得这么差，我还能帮你做什么呢？"那么这句话就会被解读为："你考得这么差，我对你非常失望，也感到无能为力。"而如果家长温柔平静地拉着孩子的手说，这句话就会被理解为："你考得不好，我是真的想帮你，你希望我做些什么？"可以看到，相同的话，配合不同的身体语言，会产生完全不同的效果。

同样的，在表扬孩子时，我们可以竖起大拇指，这种肢体动作可以加强赞美的效果。在向孩子传达安全感、爱和温暖时，我们可以抱着孩子说。这种亲密的肢体接触和安慰性的话语能让孩子感到温暖和安心，有助于消除孩子内心的不安和恐惧。

第三，语言模式本身可以调整情绪的输出。例如，权威我的语言模式通常是指责型的，他们常常会用"为什么"。比如："为什么你作业还没有做完？""为什么你不能更懂事一点？我都跟你说了多少遍了。"在这种语言模式下，不管原本想要表达的内容是什么，都很容易被输出为指责批判，从而伤害亲子关系。但如果对语言模式进行调整，使用"我看到……让我感觉……"的句式，我们可以说："我看到你作业没有做完却在玩，让我感觉你今天作业要很晚才能完成，我很担忧。"或者："我看到你现在跟我顶嘴，让我感觉又愤怒又难过。"相比于批判指责的语言模式："你怎么还敢顶嘴？"运用卡牌上的句式表述时，我们会发现自己的情绪没有那么强烈了。因为这种语言模式中，描述客观事实和表达主观情感是分开的，既客观陈述了事实又平静地传达了这个事实给自己带来的感受。这时孩子就会更愿意听我们说话，沟通也会变得更有意义。

二、语言的魔力卡牌的玩法

语言的魔力卡牌有很多种玩法，下面为大家罗列几种，大家可以根据自己的喜好和需求来选择，也可以在熟练掌握后自己去创新玩法。

1. 造句

第一种玩法是随机抽取一张牌来进行造句。玩家首先需要设定一个情境，然后随机抽取一张卡牌，并运用卡牌上的句式来造句。

接下来，我们将用不同的情境示范卡牌的造句玩法。

（1）赞美孩子

假设抽出一张卡牌，"当你……，会发生什么？"我们可以说："当你成功地解答出这道难题时，会发生什么？"或者"当你取得全班前三名时，会发生什么？"这些鼓励孩子的话语将给予他们积极的信念和动力，孩子会跟随我们的引导去想象这个美好的瞬间，这实际上是我们通过语言给予了孩子积极的暗示。家长也可以使用这个句式来激励孩子追求长远的目标，比如"你成绩进步了，离当医生的理想越来越近了！当你真正成为一名医生时，会发生什么？"这种赞美方式可以激发孩子的兴趣和动力，让他们更有冲劲去追求自己的目标。

训练的过程中大家随便造句，可以先不用太在意句子的逻辑性。因为学习的关键是迈出第一步，而不是好坏和对错。我们首先要改变的是固化的语言。就好像原来经常用右手，但现在要训练用左手一样。重点是要多用，然后在运用中去理解和改变。

（2）开启孩子的想象力

同样用"当你……时，会发生什么？"的句式，我们可以说："当你追随自己的梦想时，将会发生什么？""当你获得一百分的优异成绩时，会发生什么？""当你克服巨大困难时，会有何成就……"通过这些幻想的情境，激发孩子去想象当时的感受、体验，从而获得前行的动力。

这里跟大家分享一个基本的暗示技巧：将两个潜在相关或不相关的事物联系在一起，便可产生催眠效果。例如，有些家长会说："怎么考得这么差？你怎么考得上大学？"这个句子中，"怎么考得这么差？"是一个事实描述，表明没考好。"你怎么考得上大学"则是一种预测的结果。这两者之间并没有必然联系。因为这一次考得不好，就意味着未来无法上大学吗？但是当这两个句子放在一起时，人们会觉得它们的确有某种关联。再比如，"哇，你吃这么多，又要变胖了。""吃这么多"是一个事实描述，"要变胖了"则是一种结果。但是，吃得多并不一定意味着未来一定会变胖，可能只是因为今天是节日而吃得多了。然而，听到这句话后，很多人会真的觉得自己变胖了，回家后会马上去称体重。

我们的生活中存在许多类似的暗示，很多时候都是消极的、负面的。但在亲子教育中，家长可以运用这种句式，从积极面去引导孩子。一个最基本的语言技巧就是描述客观事实并加上正面的暗示。

例如，家长可以对孩子说："这么难的题目你都做出来了，你真是个天才。"虽然做出这道题目并不一定意味着孩子是天才，但是将客观事实和正面暗示放在一起，能让孩子感受到自己被肯定和鼓励，从而增强自信心。在日常生活中，家长应多运用这种技巧来给孩子正面暗示。例如，"你的行动力真强，真是一个干大事的人！""你一回来就把作业给做完了，真是一个自律的孩子！"这样的暗示能够激励孩子发挥自己的优点和潜力。相反，如果家长给出负面的暗示，例如"你一回来就知道玩，将来能有什么出息"，就会严重打击孩子的自信心。

（3）开导孩子

这种情境是在孩子陷入悲伤时，如何开导他们。

假如我们抽到"我愿意……"的句式，就可以在后面接上正面的引导，如"我愿意在你需要的时候给你提供帮助。""我愿意在你难过的时候听你说说。""我愿意一直支持你……"这些正面的引导会为孩子带来温暖和支持。

江西有一位16岁的男孩被高中开除了。回家的路上，妈妈说了他几句，孩子本来就很难过，被妈妈一指责，一气之下就离家出走了。父母焦急万分，四处寻找，9天后才找到他。原来他一直住在一所初中的篮球馆里，在篮球馆的储藏柜里躲了9天，晚上就偷偷到教室里找同学们剩下的零食填肚子。

被学校开除，对任何孩子和他们的父母来说都是巨大的打击，父母此时会难以接受，既担心孩子的未来，也觉得很丢脸，这都是正常的。但同时，父母也要知道，对于承受这个事件的孩子来说，此刻他的心里才是最难受的。如果父母不能收拾好心情，给孩子一些支持，那很可能就会发生类似上面案例一样的极端事件。如果父母能够运用适当的语言与孩子沟通，例如"我愿意一直支持你，不论发生什么。"孩子感受到了父母无条件的爱，才能更快地从悲伤中走出来，也更有动力去改变自己。当然，我们也可以使用其他的句式，比如"我能为你做些什么？"父母可以对孩子说："我知道你现在很难过，我能为你做些什么？"不要低估话语的力量，一句贴心的话语可能一下就打开了一扇紧闭的心门。

在孩子非常痛苦和无助的时候，有两个因素是需要特别关注的。首先，孩子需要有希望，即相信自己还有未来和出路。其次，孩子需要得到支持，即知道有人会支持和帮助他。许多放弃自己生命的孩子，首先感到的是失去希望，认为自己的未来一片渺茫，而明天一定会比今天更糟糕。其次，他们感到没有人会给予自己支持，觉得没有人理解自己，因此绝望无助。只要有这两点中的任何一个，孩子都不会轻易结束自己的生命。而父母有效地开导可以帮助孩子看到希望，让他们感到被支持。因此，我们不能低估语言的力量。有时候，语言可以真正地影响一个孩子的一生。我们说什么只是一方面，更重要的是我们怎么说，怎么调整语言模式、语气语调和肢体状态。

（4）拉近和孩子之间的距离

假设抽到了"我能为你做些什么……"那么我们可以说："我们能为你做些什么来让你感到开心？""我能为你做些什么来支持你的行动？""我能为你做些什么来帮助你更上一层楼？"这些都是积极的暗示。

如果我们抽到的是"你的意识……但你的潜意识……"那么我们可以说："也许你的意识不想跟我交流那么多，想保持一些距离。但你的潜意识或许还是很信赖爸爸/妈妈的。"即使孩子的回应有些冷淡，说："哼，我才不爱你。"我们仍然要不断地暗示拉近距离："你的潜意识是爱我的。"

如果抽到的是"……真的太好了。"那么我们可以说："你愿意跟爸爸在一起，真是太好了。""你愿意与爸爸分享内心想法，真是太好了。""你愿意和爸爸一起出去散散步，真是太好了。""你愿意帮助爸爸揉揉肩，真是太好了。"我们需要经常去说，去练习这些话语。特别是在学习的过程中，要坚持不懈地使用它们，即使暂时看不到效果，也要相信水滴石穿，奇迹终将发生。

（5）鼓励孩子参加集体活动

如果我们仍然使用"……真是太好了。"，那么可以说："你的自信心越来越强，敢于表现自己，真是太好了。""你能够在演讲时完整地表达出自己的想法，真是太好了。""你能够勇敢地迈出这一步，真是太好了。"

我们使用的基本技巧一直都是描述事实并加入积极的暗示。需要注意的是，描述的事实是有选择的。例如，如果孩子的考试成绩不理想，只有六七十分，我们不能说："全班倒数，这真是太好了。"这明显就是讽刺了。我们应该选择积极的客观事实进行描述。比如，孩子这一次即便没有考上90分，但是已经取得了很大的进步，我们可以说："这次你的进步真的很大，这真是太棒了。"因此，正向关注加正念催眠是造好句子的关键。

（6）激发孩子的领导力

如果我们使用"有人告诉我……"这个卡牌，可以说："有人告诉我，你是一个非常有责任心的人。""有人告诉我，你是一个非常仗义的人。""有人告诉我，你是一个值得信赖的人。"这个句式的巧妙之处在于借助第三者来避免一些沟通障碍。因为当我们对孩子说"你真是一个有责任心的人"时，有的孩子可能会立刻感到警惕："什么意思？你为什么表扬我？你是不是想让我干什么？"而从第三者的角度转述，孩子会放下戒备心，也让这句话更可信。我们也可以根据实际情况改为："今天老师告诉我，你在班上表现非常好，非常有责任心。"

如果我们使用"我们每个人都需要……"这个语言技巧，可以说："我们每个人都需要像你这样能够引领我们前进的人。""我们每个人都需要像你这样能够指导我们做得更好的人。""我们每个人都需要像你这样拥有特别的领导才能的人。"

如果使用"你不必……"这个语言技巧，我们可以说："你不必太在意，你居然拥有如此强大的领导能力。"当我们说你不必在意某事时，人们往往会更在意，这个技巧叫作反向暗示。心理学上，这也被称为白熊效应，越不让你想象一头白色的熊，你就越容易想到它。虽然给你的语言指令是否定的，但是努力压抑思维的行为反而导致了思维更加强烈的"报复"。

（7）鼓励孩子助人为乐

假设运用"我需要你"的句式，可以这样表达："我遇到难题了，需要你的帮助。""我在忙家务，你能来帮帮我吗？"这种语言技巧被称为示弱教育，作为父母，我们需要学会适度地示弱，表现出自己做不到或者装作不知道。这样能让孩子感受到"我的父母需要我，我是非常有能力的"，从而变得更加自信、更加独立。

（8）帮助孩子放松，缓解焦虑

例如抽出的句式是"对，就是这样……"我们可以说："缓缓地深呼吸。对，就是这样，慢慢地放松自己。"或者"对，就是这样，让自己变得平静。"这个句式肯定了行为和结果，暗示孩子做得好做得对。

如果我们使用"我最欣赏"的句式，可以说："我最欣赏的是当你遇到问题时，你能够冷静地处理它。"即使孩子尚未做到这一点，这句话也会激发他们这样去做。因为"我最欣赏"是一种积极的建议，它告诉孩子我们关注到了他们的哪些优点，从而激发他们保持和发展这些优点。

如果使用"当……同时"的句式，我们可以说："当你感到紧张和焦虑的同时，你可以深呼吸，这样你就能够放松下来。"用这个句式，我们可以教孩子如何应对困难情况，为他们提供有效的方法。

（9）孩子自卑，害怕当众发言，不敢表达自己的想法

在这种情况下，如果抽出"你不必……"的句式，可以说"你不必害怕说出自己的想法，我会一直在你身边支持你。"或者是"你不必委屈自己，你可以毫无保留地表达你的想法。"又或者是"你不必在意他人的评价，你有进步就是最重要的。"帮助孩子缓解紧张情绪和自卑感。

此外，还可以用"有人告诉我……"的句式，比如"有人告诉我，当我们勇敢面对自己害怕的事情时，我们会更加自信和成功。"这种方式可以绕过孩子的防御心理，让孩子更容易接受我们的建议，从而更好地帮助孩子缓解焦虑和自卑情绪。

（10）想让孩子变得更体贴懂事

假设抽到的是"你能……因为……"的句式，我们可以说：因"你能做好自己的事，因为你已经长大了""你能有同理心，因为你考虑了他人的感受""你能如此体贴细心，因为你关心我"。这种语言模式是一个因果关系，"因为"后面的结果并不是必然存在的。实际上，孩子能够做好自己的事情并不完全是因为长大了，有同情心也不一定是因为考虑了他人感受，而能够体贴细心也不一定是因为关心家人。但是当使用"因为"连接时，一切看起来似乎都有了因果关系。

总之，玩法一是进行自我训练。首先，我们需要确定一个情境，然后明确谈话对象，最后通过随机抽取卡牌的方式来练习表达能力。我们还可以回想过去与孩子沟通失败或亲子关系紧张的情况，以此来利用卡牌进行复盘和提高沟通技巧。

2. 两人对练

语言魔力卡牌的第二种玩法是两人对练，例如夫妻或者父母和孩子。

玩法是将卡牌分成两等份，并确定好对练场景。其中一位玩家先出牌并造句，然后另一位玩家随机抽取一张卡牌，接着进行造句，以此类推，轮流抽牌。如果有哪位玩家在某张牌上无法造句，另一位玩家将获得桌面上已打出的所有牌，然后游戏继续，直到某位玩家将牌出完，游戏结束。

这种玩法可以提高玩家的表达能力和语言技巧，同时也将增进双方之间的沟通和理解。

（1）亲子之间互相赞美

在练习时，规定好场景是互相赞美和认可，然后将牌分成两等份。一位玩家先抽一张牌并造句，例如："我看到你在跳舞的时候非常自信，让我感觉你真的是一个天才的舞蹈家。"接着，另一位玩家随机抽一张牌并用这张牌造句，比如："妈妈，你不必那么生气，有时候我犯了错自己也很难过，我也想改变。"以此类推，轮流抽牌，直到其中一位玩家无法造句为止。此时，另一位玩家将获得桌面上已打出的所有牌，然后游戏继续，直到某位玩家将牌出完，游戏结束。

需要注意的是，在玩的过程中，不要用这些句式去挑毛病或挑刺，而应该选择积极正向的情境，专注于对方的，这样才能增进彼此的理解和认可。否则反而会破坏亲子之间的关系。

（2）亲子之间加油打气

在这种场景下，亲子一起参与，将牌分成两堆，每人一堆，并随机抽取一张牌。例如，如果父亲抽到了"不要太快……"，那么他可以说："不要太快地下结论。""不要太快否定自己。""不要太快说放弃。"如果孩子抽到了"我知道"，便可以对父亲说："我知道你爱我。""我知道你会为我提供帮助。""我知道你会引领我向前。"

3. 四连组合

第三种玩法叫作四连组合。首先确定应用情境以及谈话的对象；
将四种花色的卡牌按牌上数字归类，比如四张三，按照黑桃、红桃、梅花、方块的顺序依次摆开。或者增加难度，打乱花色将四张三随机摆放。然后根据卡牌上的句式造句，或者组成一段话。

（1）临近高考了，孩子感到非常的紧张，很怯场，没办法静下心来复习

假如我们抽到了数字3，按照黑桃、红桃、梅花、方块的顺序，玩法如下。

第一张牌上的句式是"（做）……会（发生）……"，我们可以这样说："高考快要来了，你会感到紧张是正常的。"我们常说，学生上考场就像战士上战场一样。如果战士过度紧张，拿枪手都在抖，很容易输；但如果战士非常放松地上了战场，没有任何警惕性和斗志，打仗同样会输。因此，考试需要保持警惕性，既不能过度紧张，但也不能完全不紧张。

第二张牌上的句式是"当你真的开始……之后……"，通常用来给出建议。我们可以说："当你真正开始相信和肯定自己的实力之后，会感觉自己的心态越来越放松和平静，自信也会逐渐增强。"在考试过程中，稳定的心态非常重要。通过这句话描述理想情境，并将画面具体化。在想象的过程中，我们的建议和积极暗示也会更容易被孩子接受。

第三张牌上的句式是"你也许意识到……当你……"，我们可以这样说："你也许意识到自己非常想在高考中取得好成绩，当你能够肯定自己的能力时，你就是最棒的，一定能实现梦想。"这句话可以加强之前的积极暗示。

第四张牌上的句式是"我可以说……但……"，我们可以对孩子说："我可以给你提供一些克服紧张的方法，但关键是你要考虑如何实际操作。只要你努力了，你需要的一切都会来到你的身边。"

在这四句话的组合中，我们描述了很多具体的情境。如果孩子可以闭上眼睛听，效果会更好，因为这些话都带有放松的暗示作用。语言的魔力卡牌实际上源于催眠课程中的语言模式，如果能熟练地将催眠和积极暗示在日常生活中运用，往往会获得意想不到的改变。

（2）孩子撒谎说已经在学校把作业完成了，实际上作业完成质量很差，回家后沉迷于看课外书

现在我们再拿出四张卡牌，分别是："我看到……让我感觉……""我最欣赏……""虽然……"和"我能为你做些什么……"。

在这种情境下，我们经常会使用指责型的语言模式，所以使用以上的句式，我们就可以说："我看到你每天都会花时间看课外书籍，让我感觉你是一个爱阅读的孩子。"第一句话就是赞扬："你是一个爱阅读的孩子。"接下来的两句话则是："我最欣赏你在阅读时的专注。""虽然你隐瞒了我，说自己已经在学校把作业完成了。"

每一张牌上的句式都是做了精心的设计的，我们来一一看一下这四个句式的妙处在哪里。

第一个句式"我看到……让我感觉……"，它分开描述了客观事实和主观感受，这涉及沟通中一个非常重要的区别，即评论和判断的区别。例如："你怎么这么不懂事？"这是一种评论。"你为什么对我说话声音这么大？"这是一种判断，即描述客观事实。在沟通过程中，有些父母会频繁使用评论，总是念叨："你这个孩子太不听话了，太不懂事了。""你一点都不爱学习，将来会没有出息。"这些评论的语言虽然通常基于孩子的事实行为，但最终会给孩子贴上不懂事、不爱学习的标签。然而，行为和人是有本质区别的，比如"孩子晚上11点还在打游戏。"这就是在描述孩子的行为，但"孩子不爱学习"就是一种评论。深夜打游戏的行为和"不爱学习"的评论本质上是没有联系的，但在日常表达中，许多父母经常把这两者直接联系起来，给孩子带来负面的暗示。如果我们使用"我看到……让我感觉……"这个句式，就可以说"我看到你晚上 11 点还在打游戏，让我感觉很焦虑，我担心你的未来。"这种表达往往比直接使用评论和判断更好，因为"我感觉"表达的是"我"的感受、情绪，是来自父母的真诚担忧和关心，而不是直接给孩子一个论断，你不爱学习，你将来没出息。

因此，"我看到……让我感觉……"的句式很适合在情绪激动时使用。因为情绪会影响我们对他人的评价，而这个句式可以从技术上帮助我们分离事实和受情绪影响的评论。例如，夫妻在吵架时会说："我觉得你不爱我。"这句话混合了评论和判断。评论"不爱我"是基于什么样的判断得出的呢？也许是伴侣的某些行为让人感到不舒服，不被尊重。此时可以使用"我看到"和"让我感觉"这个工具，例如说："当我跟你说话时，我看到你不看着我的眼睛，这让我感觉你不爱我，你不在乎我的感受。"这样表述的时候，对方会更清楚问题出在哪里，也更愿意接受批评并做出改变。"我看到……"通常描述事实行为，这可能是不良行为或我们想要纠正的孩子的行为。"让我感觉……"则用来描述我们的感受或期望。例如："我看到你和我们讲话时喜欢顶嘴，让我感觉你不尊重我们。"这描述了客观事实行为并附加了对行为的主观感受。这个表达的关键在于把信息拆分为两句话，将客观事实和主观感受分离，让孩子更愿意接受批评。

第二个句式"我最欣赏……"的重点在于赞扬孩子的优点，本质上是升维。例如，孩子看课外书，我们说："你真棒，这么喜欢学习。"这就是提高维度。如果孩子在顶嘴，你可以说："我最欣赏的是你已经长大了，有自己的想法和思考。"这也是升维。在客观事实的基础上，将对孩子的评价提高一点。例如："我最欣赏的是你能够很好地帮助妈妈，能够读懂妈妈的心理。"这可能是孩子目前没有做到的，但通过升维，孩子就有了朝这个方向努力的动力，这就是一种赋能过程。

所有卡牌上的句式都可以升维和赋能，例如："我看到你每周为家里买一次水果，让我感觉你越来越能够照顾家庭了。"每周为家里购买水果并不一定代表着能够照顾这个家庭，然而，当我们用"让我感觉你越来越能够照顾家庭了"这样的语言表达时，对方会立刻感受到被肯定，并更有动力去改变、去成长。同样，对孩子说："我注意到你在做作业时不太专注，这让我感觉你可能需要更多的时间来完成作业。但我最欣赏的是你平时专注做作业的样子。"相比直接指责孩子，这样的表达方式会更加有效。

因此，我们并非不能批评孩子，而是要学会使用有效的语言，以带来更多积极的改变。在升维的过程中，有些人可能会遇到困难，例如，在说完"我最欣赏……"之后，不知道接下来该说些什么。实际上，升维困难最根本的原因在于内心对孩子的评价不够高。有些父母可能会对孩子的未来和前途持悲观态度，觉得孩子将来没有出路，这样的心态需要改变。升维的关键就是相信孩子，相信每个孩子都希望成为父母和老师的骄傲，都希望成为最优秀的孩子。从更高维度看待孩子就是从期望的方向看待孩子，注重孩子的积极面，并多加赞美。

而日常生活中，很多父母在教育孩子的时候都是在降维。何为降维？孩子作业没有完成时说："像你这样作业都不会做的，以后都考不上大学。"这就是降维打击，会对孩子造成难以磨灭的伤害。

在面对同一件事情时，人们的应对方式可以归为降维、忽视和升维三种，而这三种方式导致的结果大不相同。例如，当伴侣为我们做早餐时，第一种降维的方式是挑剔地指出问题，如"你做的荷包蛋油太多，粥也煮得不好"，这样会使伴侣失去烹饪的兴趣。第二种忽视的方式是不做任何评价，直接吃完走人，这样会让伴侣感到自己的付出没有被认可。第三种升维的方式则是通过表扬和肯定来鼓励伴侣，例如"我感觉你非常爱我，因为你每天都为我做早餐""你专注地烹饪让我感到非常快乐和幸福"，这样会让伴侣更加有动力继续为我们做早餐。因为人们永远是在受到期待和关注的方向上得到提升。

这三种方式同样适用于孩子的教育。我们是否能发现孩子的努力并及时给予升维表扬呢？没有孩子天生讨厌学习，想要考全班倒数第一，他们肯定也曾付出过努力，但有时父母可能只给他们带来了降维打击。我们应该多通过升维表扬来激励孩子，这是孩子向上成长的基础。

第三个句式"虽然……"是一个很重要的词，它是一种提示，而"但是"则是一种内容上的转折。我们可以感受下二者之间的差异，同样的一句话，如果把"虽然"换成"但是"，就会变成："我最欣赏你在阅读时的专注,但是你隐瞒了我,说自己已经在学校把作业完成了。"责备的意味马上出来了。因此,教育孩子时,我们可以多用"虽然"作为连接词,例如:"我觉得你挺聪明的,虽然这次考试没有考好。"而不是:"我觉得你挺聪明的,但是这次考试怎么没有考好?""但是"一出现,责备的感觉就会出现,而"虽然"可以更柔和地表达我们的批评,让孩子更能接受。因为在"但是"连接的句子中,人们更倾向于关注"但是"后面的内容,即"考试没考好"。而在"虽然"连接的句子中,人们更倾向于关注前面的内容。比如,"这次考试没有考好"中,"虽然"之后的部分就像一个委婉的提醒,让孩子引起注意,而不会伤害他们的自尊心。这就是两个连接词之间的差异。

这种差异虽然细微,但对表达效果的影响很大。事实上,生活中类似的语言技巧很多,我们从小到大最缺乏的就是学习如何说话,所以很难注意到语言中细微的差别可能导致完全不同的表达效果。很多人不明白为什么在夫妻沟通中,一句话就会让对方气炸,导致争吵不断;或者明明在和孩子好好说话,但孩子就是听不进去,亲子之间的关系变得越来越紧张。其实,有时候就是因为类似"虽然"和"但是"之间的差异,看似微小,实则大大影响了表达的效果。所以,每一点改变都极其重要。当我们没有意识到时,语言可能就像一个火药桶引线;但是,一旦我们有意识地去改善,语言就成了创造奇迹的关键。

"虽然"这个词主要有两种用法,具体取决于它之前的表达。第一种用法是,如果前面是在赞扬,那么"虽然"后面就可以提出建议。例如:"我最欣赏的就是你做作业认真的样子,虽然你现在还在看课外书,没有去做作业。"第二种用法是,如果前面是负面的,比如批评孩子作业还没做完或者太贪玩,那么"虽然"后面就要表达我们对孩子的理解。例如:"我看到你现在这么晚了还在打游戏,让我感觉到很生气。我最欣赏的就是你能够按时地休息和睡觉,成为一个自律的孩子。虽然我知道你现在打游戏正是兴致非常高的时候。"把孩子负面行为的理由说出来,表达自己对孩子的理解,孩子也更能接受之后的建议。

第四个句式"我能为你做些什么……",其核心意思是:我们可以共同面对这个问题,而不是我去命令或指责你。这样可以将指责转化为亲子双方共同面对的问题,从而形成"我们"的概念。例如,可以说:"你在这次期中考试中取得了进步,虽然你的数学成绩还需要提高,但是我想问问,我能为你做些什么呢?我们可以一起努力。"这样说,孩子就不会感到被批评或指责,相反,他会认为这是一个合理的建议,更容易接受并理解。

4. 随机三连

第四种玩法叫随机三连,即确定应用情境以及谈话的对象,随机抽取3张语言的魔力卡牌,然后根据卡牌上的句式组成一段话。

(1)父母离婚了,孩子成了问题学生

这个时候我们怎么跟孩子沟通?可以随机抽取3张卡牌并造句。比如第一张"我在想……"的句式,我们可以说:"我在想,

你因为爸爸妈妈分开了，内心非常难受？""我在想……"这句话的核心内涵是读心，是根据孩子的表现对孩子的内心想法做一个猜测。比如："我在想，或许你因为我刚才没有陪着你，所以你才生气？"或者孩子现在不想去学校，我们可以说："我在想，或者是因为在学校里，老师可能说了或做了什么，让你不想去？"猜测可能是错的，但是通过大胆的猜测，孩子可能会愿意跟我们分享更多的东西。读心指的不是我们一定能读出孩子真实的想法，而是通过读心的语言模式，孩子更有可能会愿意跟我们交流他真实的想法。

第二个句式"或许你会……或者……"这句话的核心内涵是，通过提出多种可能性来猜测出孩子的想法，或者孩子行为背后的一些感受和情绪。比如："或许你会感到难过、慌张，或者希望我们更多地关注你。"我们可以把所有猜测的可能性通过"或许"和"或者"表达出来。重要的不是对错，而是表示我们对孩子的关注，让他更愿意表达出自己真实的想法。

第三个句式"我能为你做些什么……"这个句式前面已经提到过了，在这个情境下，我们可以说："我知道你很难过，我能你做些什么？你希望我是静静地陪你，还是和你一起出去走走？"

（2）孩子偷拿同学玩具回家

假设抽出的 3 个句式分别是："我知道……""如果你……你会有什么样的感觉？""你可以先……然后……"。我们可以说："我知道你看到别人的玩具很喜欢，很想玩。""但如果你的玩具带到学校被别人拿走了，你会有什么样的感受？""你可以先问同学，能否借他的玩具玩一下，取得他的同意后再拿，并且记得玩完后把玩具还给他。"

日常生活里，很多时候亲子教育中只有指责，缺乏教育和引导。很多父母只会告诉孩子："不应该这么做，不应该这么说。""不应该"和"不能"充斥着孩子的生活，孩子不知道什么是"应该"。"你可以先……然后……"的句式就可以解决这个问题，它的核心内涵是提供方法，告诉孩子应该如何处理相应的问题。需要注意的是，父母给出的建议必须具体，具体到孩子可以怎么做到，这样孩子才能顺利接受并且执行。

5. 一个情境的多种语言模式

第五种玩法是一个情境的多种语言模式训练。首先确定应用情境以及谈话的对象，随机抽取不同的语言的魔力卡牌出来，用卡牌上的句式造句。

假如需要应用的情境是孩子对大人过于依赖，父母希望鼓励孩子独立自主。抽到第一张牌上的句式是"当你……时，会发生什么？"我们可以说："当你成为一个独立、自主、能够自给自足的孩子时，会发生什么？"第二张牌："你可以先从……，然后……"可以说："你可以先从小事做起，比如整理房间、自己洗澡、自己刷牙等，然后逐渐承担更多的责任。"第三张牌："你可能已经注意到……"可以说："你可能已经注意到，大人们很欣赏你的独立自主，也很愿意给予你更多的自主权。"第四张牌："很多人都能……，你也一定行！"可以说："很多人都能够独立自主，而你也一定有能力做到。"

如果需要解决一个具体的沟通问题，这种一个情境的多种语言模式的训练非常适合。比如孩子玩手机时间太长，与我们产生了冲突。我们可以随机抽取 52 张牌中的任意一张反复练习，这样我们在这个具体的问题上就不会只有一套"陈词滥调"的说辞，而是能根据孩子的具体情况随机应变。

不过，语言的魔力卡牌的使用也需要具体情况具体分析。

首先，卡牌在不同年龄阶段产生的效果是不同的。在孩子对语言的理解能力不强的时候，接受这些语言的暗示就没有长大后那么有效。但是作为父母，我们必须坚持用这种语言模式去练习、去表达，因为我们的语言需要先发生变化，才能潜移默化地改变孩子的心态。否则，等孩子到了中学，进入青春期和叛逆期的时候，沟通障碍将成倍增加。

其次，卡牌的使用效果与亲子关系的现状有关。如果亲子关系已经遇到了很大的问题，比如孩子在家都不爱说话了，此时使用这些语言可能不会立刻起效，因为问题需要时间修复。但我们能做的，就是先改变，然后慢慢地改善亲子关系，这是一个修复的过程。但如果亲子沟通本身没有太大的问题，这套语言很快就会起到奇迹般的效果。因为我们本来就觉得孩子是很好的，现在对孩子的赞美和认可更多了，我们对他的关注也更高了，孩子的自信心也会显著增强。在这种状况下，训练的关键就在于赋能。训练时可以多问问自己：怎样表达能够给孩子升维？怎样可以为孩子赋能？这样才能发挥语言的魔力卡牌的最大功效。

作为父母，我们可能很少考虑应该如何表达自己，但有时我们也会隐约感觉到自己的表达是有问题的。也许我们了解一些亲子沟通的知识，但有时候它并不太实用。因为当真正面临问题时，我们需要的是实际操作。此外，当情绪上涨时，旧的习惯往往会压倒新学的理论。因此，语言的魔力卡牌的设计会具体到每一句话，每一种练习方式。只要坚持训练，就可以潜移默化地改变自己。在某一天，我们会发现与孩子的相处已经变得非常和谐。

可能有人会问："为什么月波老师可以轻松地说出话来，但我却感到艰难？"其实，这正是本书想要强调的——亲子教育是一个完整的系统。当我们更理解自己的孩子，更关注正面和积极的事物时，就会发现用卡牌造句越来越轻松。因此，我们必须改变自己的内心，才能改变我们的语言。相反，语言也可以改变我们的思维模式甚至行为。如果我们对孩子说了5000句肯定、认可和赞美，不断的练习，我们就能找到无数孩子的优点，会看到那些被我们忽视的美好，对孩子的未来更有信心。也会更相信孩子真的很好。然后，我们会发现自己对待孩子的行为方式也相应地发生了改变。

所以语言真的是有魔力的，我们不要低估它，也不要低估了自己掌握和运用这种魔力的潜力。多多练习，多多体悟，我们和孩子一定会互相成就。

第二十三课 积极暗示技巧

前面介绍了语言的魔力卡牌，它可以有效地改善我们的语言模式，提高我们在亲子沟通中的表达效果。在本节课中，我们要讨论的是亲子沟通中非常重要的部分——积极的暗示。有效地给孩子积极的暗示可以对亲子教育成果产生深远的影响。

生活中人们可能很少关注自己话语中的暗示，但暗示本身的作用是强大的。如果我们给自己负面消极的暗示，就会无意识地放大内心的痛苦感受；而给自己积极的暗示时，就容易产生更多正面积极的想法。比如，人在生病时，如果我们能给自己积极的暗示，处于一种正念和正能量的状态，往往会更有能力面对伤病，有利于快速恢复。大家可能有过类似的经历，当不断地对自己说："我不行，我不能，我做不到。"自己真的总是无法突破限制，好像被一层看不见的壁挡住了；如果总是对自己说："我就是这样，一直运气不好，好事永远不会找我。"就会发现自己总是很倒霉，做什么事情都不顺利。这都是因为我们给了自己消极的暗示。

一个很能说明暗示效果的例子是医学生的"疑病症"。虽然他们的身体实际上并没有问题，却总是觉得自己身体上出现了各种问题。这是因为医学生在学习的过程中接触到了各种病症的知识，了解了这些病症的症状，慢慢地就会受到暗示，产生类似这些症状的感觉，觉得自己有病。

其实不用说同学，我自己也经常受到暗示。

随着人们对自身健康的关注日益增强，"疑病症"的情况也越来越普遍。一旦我们开始完全注意某个方面，就很容易觉得自己在这个方面存在缺陷。相比于不了解，当我们在某个领域掌握了一些知识时，我们就会感到更加害怕，因为已经知道了一些表现，但又并没有完全理解其中的细节。例如，当感到胃疼时，很多人都会开始担心是否患有胃癌；当感到心脏不适时，也会担心是否罹患冠心病。当我们开始关注某个部位时，就会在心理上给自己暗示。我们的关注点决定了我们的暗示方向，我们越是注意什么，就越容易把它放大。一旦我们的感受被放大，疑虑也就随之而来。

所以，我们不应该低估生活中给孩子的暗示。这些暗示会影响孩子的注意力，让他们的缺点或者优点更加突出，有时甚至可以化腐朽为神奇，改变孩子的表现。这种暗示甚至可能发生在我们对孩子随口说出的一句话中。例如，有些父母会对孩子说："你是从垃圾桶里捡来的。"这种话可能会让孩子真的相信自己是被遗弃的，或者被别人不要了才被捡起来。

一、有效暗示的三个因素

既然暗示的效果如此显著，我们应该如何有效地给孩子传递积极的暗示，避免消极的暗示呢？首先，我们需要了解暗示背后的机制和原理，才能掌握有效的暗示方法。有效的暗示具有三个方面的原因。

首先是关系，父母和孩子关系越密切时，暗示的作用越强大。在孩子很小的时候，特别是在六岁以前，父母所说的话对他们来说就是事实。由于缺乏足够的判断能力，孩子很难独立区分真假。因此，如果父母告诉孩子他是被捡来的，他就会认为自己是被捡来的。这句话也许只是无心之言，但对于依赖父母的孩子来说，这句话可能会产生巨大的影响。

在我们寒暑假的追光少年训练营中，有一个七岁的孩子和我们分享了他人生当中最痛苦的经历，那就是他刚刚出生的时候。全场同学都哈哈大笑："你刚刚出生的时候，你怎么会知道呢？"他回答说："是妈妈跟我讲的。"原来，他刚刚出生的时候就被放到了保温箱里面。妈妈就在窗户外面看着保温箱里的他。妈妈在外面哭着说："宝宝，我好想你。"他就在里面哭。这个孩子说当时他一定也想说："妈妈，我也好想你。"边说边哭，非常伤心。当时边讲边自己哭得好伤心，好难过。

但是作为听众，我们会觉得很不可思议。因为理性来说，这件事情孩子是记不住的。但他为什么还会有这么深的感受？因为妈妈在他五岁的时候就开始不断告诉他，强化他的感受。所以接着我问他："五岁以前的你是什么样的？"他说："五岁以前我是很活泼开朗的一个人，我整天都很开心的。"我问："现在呢？"他说："现在我觉得我根本离不开妈妈，一离开我妈妈我就想要哭，我觉得我现在特别不开心，总是开心不起来。"大家可以发现，正是因为妈妈在不断地放大他出生时母子分离的情感体验，孩子对母亲产生了很强的依恋，这种依恋甚至影响了孩子的生活，他几乎离不开妈妈了。

这位母亲所产生的暗示效应之所以如此显著，其中一个重要的原因就是暗示时的母子关系。在孩子六岁以前，父母的话会被孩子当作真理。一般来说，三岁之前母亲的作用很大，孩子不能缺少母亲的陪伴。而四岁到六岁是父亲的作用更为显著。比如，在孩子六岁以前，如果父母对孩子说："你给我滚，我不要你了。"孩子会非常受伤，因为他会觉得自己被遗弃了。但是孩子到高中时，十五六岁时，父母生气了说："我不要你了。"一般来说，孩子的反应会是什么呢？这个孩子很可能会说："走就走，我还不想回来了呢！"因为随着年龄的增长，孩子对父母的依赖逐渐减少，亲子关系也不再那么紧密，父母对孩子的暗示影响也就越小。因此，暗示是否能够起作用，关键在于暗示者和被暗示者之间的关系。也就是说，如果孩子现在还比较小，与我们的关系非常亲密，那么就应该抓住机会多给孩子一些正面积极的暗示。这样的正能量可能会让孩子受益终生。

而暗示无效的重要原因之一是因为亲子之间的连接还不够紧密。在学习了亲子教育之后，一些父母会开始转变教育方式，给予孩子积极的暗示。然而，他们经常会发现，无论如何赞美和认可孩子，孩子总是不能接受和理解；或者即便父母不断地告诉孩子"你很棒，要自信"，孩子仍旧感到自卑。这很可能是因为以往的相处方式导致了亲子关系的疏远，也可能是因为父母的权威性不够，即孩子对父母话语的信任程度。比如，有些话在父母口中说出与老师口中说出会产生完全不同的效果，孩子就是特别听老师的，动不动就说"老师说……"。因为学生对老师有一定的崇拜和喜爱，这种崇拜和喜爱在暗示过程中会产生奇妙的效果。在学校里，一个学生可能会因为老师的一句话讨厌学习，甚至不想读书；但也有些学生在绝望之际因为老师的一句话重新振作起来。在我们的培训中也有很多例子，同样的一句话，由老师而不是家长说出来，学生们往往更容易接受。这就是崇拜和喜爱所产生的影响力。

在我开办追光少年的训练营时，好多女同学过来问我，她们问："月波老师，你参加电视节目的时候，和宋亚轩握手是握的哪只手？"我不太记得了，但是我说："我一般都是右手和别人握的。"结果她说："月波老师，我能跟你握手吗？"我说可以，我就把右手伸出去，她抓着我的右手，然后激动得不行："我握到宋亚轩了！"不停地欢呼。大家一听握到宋亚轩了，全部都来排队，排成一长队过来想要握手，兴奋得不行。大家可以想象，如果孩子们的偶像能和她们说一句鼓励的话，一个积极的暗示，可能比父母念叨的效果更好。所以说，由喜欢和崇拜构筑起来的影响力有时候真的是超乎想象，暗示的效果会如同奇迹。

如果我们想要增强影响力，必须从关系的层面入手。关系是最重要的因素，如果没有良好的关系为基础，暗示效果会大幅削弱。

影响暗示效果的第二个因素叫**重复**，一个暗示不是一次就能达到理想的效果，我们要多说，不断重复。比如对孩子的积极暗示，说："你是个天才，你真棒！"这句话说一次作用不大，可能要说很多次。

我的女儿是快乐我加敏感我，她小时候特别敏感，内心也不太自信，而且胆子很小。但是她很喜欢舞蹈，也能够坚持。所以为了增强她的自信心，我就抓住她的优点开始给她暗示，我说："你是个天才，你是个天才的舞蹈家。"但是最开始她是捂着耳朵的，她说："我不听我不听，我不是的。"我和女儿的关系是很好的，在这个前提下，我决定对暗示进行重复。在我重复的时候她可能还是没听，但是我仍继续给出暗示。到了后来，我就把鼓励的话录成了CD，"我是xx（孩子的小名），我是个天才。"然后经常放给她听。

后来我女儿不止听进去了，甚至会模仿反过来给我积极的暗示，说："我是爸爸，我也是个天才！"每当我说："我是xx（孩子的小名），我是个舞蹈天才。"她就和我一起说："我是爸爸，我是个心理学的天才。"一段时间后，她已经不需要外部的积极暗示了，自己就有了很强的自信和自我暗示的能力。她会在早上吃饭的时候和我讲："爸爸，我真的觉得我是个天才诶。"我说："对，你就是个天才。"再到后来，即使遇到了挫折，她也能够积极地面对失败，寻找解决问题的方法。

影响暗示效果的第三个因素叫情绪。大家可以先来感受一下。

孩子一次考试没有考好，这时父母对他说："你真是个天才！"

孩子和同学打架被老师批评了，回家后父母说："你真的太优秀了！"

孩子和父母顶嘴，两个人已经吵起来了，父母说一句："你太孝顺了！"

在以上情境中，这些正面的暗示听起来却让人不太舒服，甚至像一种讽刺。这是因为在给出积极暗示时，情绪和语言的表达不匹配。因此，我们要在正确的情绪下做正确的事，在孩子处于积极情绪时给出积极暗示。

孩子取得了好的成绩，这个时候说："你是个天才！"

孩子在学校被老师夸奖了，对他说："你真棒，你做得真好，你太优秀了！"

在孩子给你捶背的时候说："你真是太懂事，太孝顺了。"

这些才是在适宜的情绪下给出恰当的暗示，孩子能够立即理解并接收。我们的情绪需要与我们当前给出的语言暗示相符合。因此，并非在任何时候我们都可以直接对孩子说："你是个天才，你真棒。"情绪不协调，暗示甚至可能起到反作用。

二、给孩子的积极暗示

接下来我们来看一看如何具体地为孩子提供积极的暗示。本书收集了一些用于积极暗示的语言，根据语言的内容，我们将其分为六大板块，供大家根据需要和感受程度有选择性地使用。这六个板块分别为：增强孩子自信的积极暗示、增强孩子领导能力的积极暗示、增强孩子心理营养的积极暗示、有利于孩子人际关系的积极暗示、有助于孩子高效学习的积极暗示以及能够为孩子提供能量疗愈的积极暗示。

1. 使用方式

我们先来看一下这些积极暗示的语言应当如何使用。使用这些句子的过程中，需要注意人称的选择。书写时，我们使用了"我是___"第一人称，而不是通常我们对孩子使用的"你"。然而具体练习中，"你"和"我"都可以使用，但需要根据使用句子的特定场景进行选择。一般而言，可以分成两种场景。

第一种是我们与孩子进行日常交流时，例如在吃饭、散步等休闲时的闲聊，或者单纯的聊天。在这种情境下，我们可以用"你"代替所有的"我"。例如使用句子"我是___，我很好，我不需要和别人比较"时，我们可以对孩子说："你很好，你不需要与别人比较。"关键在于自然地保持平日的沟通状态，包括语气、语调不需要改变，只需要将所有的"我"替换为"你"，就能将积极暗示自然地融入我们的日常生活中。

第二种场景是我们与孩子一起练习时，这时我们可能会一起朗诵这些句子，就可以直接使用"我是 ___"然后带着孩子念出自己的名字。这种练习本质上是亲子共读，我们与孩子一起朗读句子。例如："我是 ___，我很好，我不需要和别人比较。"然后与孩子一起朗读，我们说"我是 ___"并说出我们的名字，孩子也跟着念出自己的名字。因为有时候让孩子单独做这些事情可能会让他们感到尴尬或不好意思，但如果有父母带领，甚至整个家庭一起做，例如在吃饭前一起念一句话，就会有一种仪式感，也可以形成一种家庭文化。在这种氛围下，孩子就会很愿意去练习。

营造练习的良好氛围对于训练的成效至关重要。正如大家所见，这些积极的语言暗示可以在家中自行练习，同时在我们的训练营中也广泛采用。然而，家长们常常觉得训练营中的效果要优于在家中的训练，这其中一个原因在于氛围的不同。有些孩子在家中，即使父母让他们念诵这些话，也往往缺乏积极性，单纯是为了完成任务，最终不会产生任何实际效果。然而在"追光少年"训练营中，情况就大不相同了。当所有的学员一起朗读时，孩子们自然而然地参与其中。此外，每个小组都会有相应的积分，对于小组的荣誉感也会促使孩子们坚持训练。在训练营中，念诵这些句子已经成为孩子们的习惯。在经过多次重复后，孩子们慢慢地被自我暗示所影响，逐渐增强了信念。因此，如果家庭中也能够形成练习的良好氛围，并促使孩子们参与和坚持，训练的效果会比孩子一个人进行训练时更加显著。

在练习中，有一项小技巧：我们可以给那些令人感觉深刻的句子做标记。在与孩子一起朗读时，要注意哪些句子让我们感觉最强烈，然后将其标记出来。由于每个人的经历和性格不同，虽然都能带来积极的感受，但不同的句子对我们的影响程度不同。这正是每个人独一无二的部分，因此必须积极地确认自己的感觉。例如："我是 ___，在我的生命中，我就是发光的太阳。"这句话能够激励我们，因为我们一直都是一个充满正能量的人，希望能够将这种能量传递给身边的人。一旦读到这句话，我们就很能感受到自己的能量开始膨胀，那么可以将其标记出来。但是，另一句话："我是 ___，我热爱运动，这样可以强壮我的身体，保护我自己和我爱的人。"则可能无法激起某些人强烈的感觉，因为有些人可能本身不太喜欢运动。因此，这句话就不需要标记，甚至可以在之后的练习中删除。我们必须选择那些能够让自己特别有感觉的句子进行练习，因为这些话能带给我们的能量是最多的。

2. 积极暗示的语言

（1）增强孩子自信的积极暗示

如果想要增强孩子的自信，我们可以说：

我是 ___，我很好，我不需要跟任何人比较。

我是 ___，所有我需要的东西，都会来到我的身边。

我是 ___，在我的生命中，我就是发光的太阳。

我是 ___，我身体的每个细胞都充满了无限自信的能量。

我是 ___，我值得拥有快乐且充实的生活。

我是 ___，只要我信任我自己，就可以面对任何情况。

我是 ___，我肯定我自己，我相信我自己，我对我自己负责。

我是 ___，无论我的父母或老师是否认可我，我都认可我自己。

我是 ___，我拥有良好的语言天赋，我可以很自信地表达自己的想法。

我是 ___，我是独一无二的，我拥有无限的潜能。

我是 ___，我是最棒的，我一定会实现梦想。

我是 ___，我很自信，这是我与生俱来的能力。

在运用这些语言时，需要注意情绪的表达。许多人在学习这方面的板块时，容易犯一个错误。例如，当他们发现自己的孩子总是与他人比较并感到伤心时，父母给出"你很好，你不需要与任何人比较"的建议是没有实际作用的。在之前我们提到过，要在正确的情绪下给出正确的建议。如果孩子现在总是与他人比较，父母给出"你不要跟别人比较"的建议，实际上这是在加强孩子不好的感觉，而孩子反而会更加关注"比较"这一点。因此，我们在使用这些语言时，必须掌握好情境和情绪的表达。比如，在孩子没有与他人比较的时候，或者是孩子和别人比较但取得胜利，感觉自己很出色的时候，我们可以及时给出以下的建议："实际上，你很棒，你不需要与别人比较。"但是在孩子遇到挫折时，可以更多关注孩子当下的情绪，避免和他人作比较。

（2）增强孩子领导能力的积极暗示

如果想要增强孩子的领导能力，我们可以说：

我是___，我知道我很有力量，并以不同的方式来使用它们。

我是___，我对自己负责，不为任何事情责怪任何人。

我是___，我是一个以目标导向，且越挫越勇的人。

我是___，我是个天生的领袖，有很强的执行力和决策力。

我是___，我可以完全掌控自己的人生，我是天生的领导者。

我是___，我具备成功者的品格，我的付出都一定能成功。

我是___，我会主动竞选班干部，勇于承担起班级的责任。

我是___，在家庭事务中，我会主动给出建议，帮助大家解决问题。

我是___，我是一个很有行动力的人，想到的事情马上就去做。

我是___，我有能力做好所有的事情，达成所有的目标。

我是___，我每天都在进步，我看到了自己的成长和变化，我相信自己一定会成功。

我是___，我非常勇敢，内心充满力量。

我是___，我是一个很有领导力的人，未来可以帮助很多人。

我是___，我是一个聪明、独立、能干的人，我可以战胜一切。

如果希望进一步增强暗示的效果，可以考虑采用相应的动作配合阅读。例如握紧拳头，这将给我们传达一种有力量的暗示。此外，在领导力方面，需要注意筛选出最为有意义的暗示。我们可以参照之前提到的标记法，选择那些给我们带来强烈感受的暗示进行练习。

（3）增强孩子心理营养的积极暗示

如果我们希望增强孩子的心理营养，我们可以说：

我是 ___，我是自己情绪的主人，我可以很好地掌控我的情绪。

我是 ___，我可以创造内心的安全感。

我是 ___，每天早晨醒来，我都充满期待美好的一天。

我是 ___，活在当下使我充满力量。

我是 ___，在我的心中充满了无限的爱。

我是 ___，我知道我是所有爱的源头。

我是 ___，我有权利也有能力去表达我的情绪与意见，而不会伤害任何人，也不会失去他们对我的爱。

我是 ___，无论我到何处，我总是被保护也被爱。

我是 ___，我爱自己的人生，也爱别人的人生。

我是 ___，我热爱运动，这样可以强壮我的身体，保护自己和我爱的人。

我们都应当注重给孩子提供身心两方面的营养。除了钙、铁、锌等身体元素外，孩子的心灵也需要得到滋养。在之前我们已经了解到，在干预孩子的成长过程中，精神层面是最为关键的。如果孩子从小生活在充满爱的环境中，他将自然而然地充满安全感和自信心。然而，如果孩子内心缺乏滋养，即使环境和硬件设施再好，也难以有效地帮助孩子。因此，我们平日里可以多给孩子鼓励和关注，为孩子补充心理营养。

（4）有助于孩子人际关系的积极暗示

如果我们想给孩子的人际关系注入正能量，我们可以说：

> 我是 ___，我是有价值并且受欢迎的，我目前就是如此。
>
> 我是 ___，无论对自己或别人，我都选择爱的想法。
>
> 我是 ___，我很容易适应老师、同学以及陌生的环境。
>
> 我是 ___，我喜欢认识新的朋友，并跟他们友好相处。
>
> 我是 ___，我放下跟别人的竞争和比较。
>
> 我是 ___，我很有亲和力，很多人都喜欢我。
>
> 我是 ___，我热情主动，愿意帮助他人，能够接纳别人的意见。
>
> 我是 ___，我懂得感恩，感恩父母，感恩老师，感恩同学，感恩生命中遇到的每一个人。
>
> 我是 ___，我擅长沟通和表达情感，能够很好地与大家相处。
>
> 我是 ___，我是大家的开心果，我愿意把快乐带给周围的人。
>
> 我是 ___，我是独一无二的，而别人也是如此。
>
> 我是 ___，我会好好爱自己，爱身边的每一个人。

这些话术有助于帮助练习者更加重视人际关系中的积极方面，

并且更加关注自身的闪光点，学会欣赏自己。例如："我是 ___，我热爱自己，热爱身边的每一个人。""我是 ___，我懂得感恩父母、感恩老师、感恩同学、感恩生命中遇到的每一个人。" 在阅读这些话语时，人们的脑海中可能会浮现出自己生命中那些珍贵的人，回忆起这些温暖，因此而感到更加充满力量。很多时候，我们容易被当下的烦恼和困难所困扰，否定自己，看不到希望。但实际上，生命充满起伏，许多值得珍视的事物都存在于我们的记忆中。通过这些暗示，我们可以帮助自己回忆起那些美好，获得战胜苦难的勇气。另外，有些时候，我们遭遇困境，但是没有重要的人在身边。这些暗示可以帮助我们学会在独自一人时获得力量，勇敢地面对困难。

（5）有助于孩子高效学习的暗示

如果我们想帮助孩子提升学习效率，可以这样说：

> 我是 ___，我是一个天才，我拥有天才的学习力。
>
> 我是 ___，我喜欢学习、成长和改变，因为我是最优秀的。
>
> 我是 ___，我把学习完成得很好，并受到每个人的肯定与赞美。
>
> 我是 ___，我可以自动自发地学习，我能够在学习中找到乐趣和价值感。
>
> 我是 ___，我拥有非凡的理解能力，能够很好地理解课本上的知识。
>
> 我是 ___，我拥有超级记忆力，我所记住的知识都会储存

在我的大脑里。

我是 ___，我富有创造力和灵感，我的成绩越来越进步。

我是 ___，当我需要专注时，我都能够集中注意力，进入巅峰的学习状态。

我是 ___，面对难题，不管正确与否，我都相信自己，绝不逃避。

我是 ___，我可以考到理想中的学校，实现我人生的梦想。

我是 ___，我可以很好地平衡不同的科目，保持对每个科目的兴趣，做到德智体美劳全面发展。

我是 ___，在考试之前我都能够保持良好的心态，以最佳的状态迎接考试，并取得理想的成绩。

我是 ___，我按时完成老师布置的作业，每次完成作业后我都会感受到充实和快乐。

我是 ___，我拥有敏捷的思维能力，超强的应变能力，我能够适应在学习考试中的变化。

我是 ___，没有所谓的难题，方法总比困难多。

我是 ___，是数学天才，我拥有数学家华罗庚的能力，只要我相信，我就一定可以做到。

我是 ___，是语文天才，我拥有诺贝尔文学奖获得者莫言的能力，只要我相信，我就一定可以做到。

我是 ___，是英语天才，我拥有大作家莎士比亚的能力，只要我相信，我就一定可以做到。

我是 ___，是物理天才，我拥有物理学家牛顿的能力，只要我相信，我就一定可以做到。

　　我是 ___，是化学天才，我拥有化学家居里夫人的能力，只要我相信，我就一定可以做到。

　　我是 ___，是历史天才，我拥有历史学家司马迁的能力，只要我相信，我就一定可以做到。

　　我是 ___，是生物天才，我拥有诺贝尔生理医学奖屠呦呦的能力，只要我相信，我就一定可以做到。

　　我是 ___，我懂得借力，遇到不懂的问题都会请教同学或老师。

　　我是 ___，我知道学习一定有方法，成功不走寻常路。

　　在这些暗示语言中，我们需要注意使用的情绪。例如："我是 ___，我按时完成老师布置的作业，每次完成作业后我都会感受到充实和快乐。" 如果孩子经常不按时完成作业，今天又没有完成，我们对他说或让他念这句话，他可能会感到反感，认为我们在变相批评他的不良习惯。这种情况下，情绪是不正确的，积极语言可能会产生反效果。而如果当前情绪正确，即使孩子平时的习惯不符合也没有关系。例如，孩子虽然有时不按时完成作业，但今天努力完成了，感觉很充实。这时我们可以带着他念："我按时完成老师布置的作业，每次完成作业后我都会感受到充实和快乐。" 通过这句话，我们可以增强孩子完成作业的积极感受。也许他现在还没有养成及时完成作业的好习惯，但我们这样暗示和强化，他就会更有动力去改进自己。

　　此外，细心的父母可能已经发现某些句子中含有具体的人物。

例如："我是 ___，是数学天才，我拥有数学家华罗庚的能力，只要我相信，我就一定可以做到。"这些句子中提到的人物是可以改变的，而且最好是改成孩子的偶像。如果孩子已经有学术上的楷模或偶像，我们可以直接替换。因为孩子对不同人物的了解和喜爱程度是不同的，这是影响示意效果的三个因素之一——关系。越是孩子喜爱和了解的人，就越有动力向他们学习，也更能从他们的经历中获得力量。所以除了已经给出的示意语言，如果孩子有学术上的偶像，大家也可以引用偶像比较激励人心的名言，与孩子一起念。如果孩子现在还没有榜样，我们也可以带着孩子阅读名人传记，从他人的经历中获取启示。

（6）能量疗愈孩子的积极暗示

如果你希望帮助孩子在挫折中看到希望，在受伤时获得疗愈，我们可以这样说：

我是 ___，我知道在所有仇恨的背后有爱的存在。

我是 ___，当我把愤怒的能量转变成爱的能量时，就产生了美好的转变。

我是 ___，当我被允许成为真实的自己时，我乐于付出。

我是 ___，我随处都看见旺盛的生命能量。

我是 ___，我结合爱与光创造了一个崭新的世界。

我是 ___，生命太珍贵了，所以我不能让自己迷失在憎恨与痛苦里。

> 我是 ___，我愿意放下过去的伤痛，宽恕自己也宽恕他人。
>
> 我是 ___，我愿意把今天发生在我身上的每一件事当作是生命赋予的礼物。

当然，在伤痛刚刚发生时时，上述的话语可能是不适用的，因为此时人们的情绪并不稳定。我们并非机器人，无法通过按下一个按钮立即摆脱悲伤。因此，在刚刚经历挫折时，我们需要学会允许自己和孩子感受悲伤。在伤痛发生后的一段时间里，我们会感到非常难受。此时，提出"将发生在我身上的每一件事视为生命赋予的礼物"可能难以产生实际的感受，甚至有些刺耳。如果孩子遇到挫折，我们可以在一段缓冲期之后，慢慢地再给孩子积极的暗示，帮助他从积极的角度来看待问题。例如，当孩子刚经历考试失利而深陷痛苦中时，我们可以等孩子消化了一天后，再一起念："我是 ___，我愿意把发生在我身上的每一件事当作是生命赋予的礼物。" 这时孩子可能会想到，这一次考试失利是对自己的一次提醒，让自己可以及时修改学习方法和计划，避免在之后的大考中再次发挥失常。

事实上，积极暗示是挫折教育中重要组成部分。在生活中，我们可能经常看到缺乏抗挫力的孩子，一旦遭遇挫折，就再难以从失败中恢复过来。这些孩子的父母可能对他们过于溺爱，也可能过于严格。为什么即使在严格的环境中，孩子的抗挫能力也可能很低呢？这是因为抗挫力并不仅仅取决于孩子是否经历过挫折。抗挫力的关键在于父母能够在孩子面对挫折时教导他们如何应对和战胜挫折。这样，当孩子再次面临困难时，他们也能够自己给自己积极的心理暗示，并拥有不被苦难击倒的心理韧性。因此，在孩子经历一段时间的难过后，我们应该及时给予他们支持，帮助他们转变视角，找到走出挫败情绪的方法。

其实本节中说到的积极暗示就像大家都有过自己的座右铭，它可能深深地影响着我们的一生。有时候，只需要想起这句话，就能给我们带来满满的正能量，甚至赋予我们生命的意义。这就是积极暗示的核心所在。如果我们能够掌握这方面的知识，并加以实践，我们就能够给孩子带来决定性的正能量，真正成就他们的一生。

第二十四课 帮助孩子创建美好未来

父母也许经常听到孩子说这些话：

"马上就要考试了，万一考不好怎么办啊？"
"如果以前再努力些就好了，现在好后悔……"
"看到书就想到考试，想到考试就紧张，根本看不进去。"
……

所有的焦虑实际上都指向未来。人们会担心某些不好的事情可能会发生，尽管它尚未发生，而此时人们又无法控制或预测未来。这种无力感导致的忧虑便是焦虑的本质，所有的痛苦实际上都指向过去。曾经的创伤让人心痛不已，但过去已经不可更改，这种感受和无力交织便构成了痛苦。所以，若是将视角停留在令人不安的未来，将会不断焦虑下去；若是将视角停留在令人悲伤的过去，将会不断心痛下去。若想帮助孩子从消极状态中走出来，善用时间维度是关键。

一、时间维度与情绪

俗话说"时间是抚平一切的良药"。这句话其实是有一定道理的。尽管现在可能面临许多痛苦和焦虑的问题,但随着时间的推移,它们会逐渐消退。例如,现在会让孩子感到焦虑不安的中考,如果等到他成长为一个即将大学毕业的年轻人,可能会发现对中考的焦虑不算什么大事。但从这个角度看,时间这种"药"药效缓慢,而且不可控,无人知晓伤痛何时才能被平复。而且,我们需要面对的是当前的问题,未来多年后的平静对当前来说没有意义。因此,创造可信赖的美好未来便是一种有效利用时间维度调整情绪的方法。

创造美好未来的价值在于,可以以未来的眼光看待当下的事情。例如,在面对考试失利这一事实时,大家可以感受下以下两个问题的答案之间的差异:

"考试失利了,你现在感到难受吗?"

"设想未来的自己已经考上了理想的大学,然后回顾现在的考试失利,你还会感到难受吗?"

未来已经是光明的,因此看待现在的磨难,都可以是锻炼意志力的机会或者微不足道的失意。许多人会在意现在的失败,这是因为他们不再相信自己能够创造更美好的未来,从而用当下的失败来否定自己。

实际上,成功并不是一帆风顺的,弯路也是必经之路。在弯路上行进时，当前的自己可能会感到困惑、失望甚至否定自己。但当自己已经站在道路前方时，人们往往会拥有更客观的视角和更积极的心态。这也是为什么我们需要帮助孩子创建美好的未来，因为只有相信未来的自己是成功的，他们才会拥有更积极的态度来面对当下的困境。

因此，在投入时间和精力去治愈痛苦之前，不妨先去创造更美好的未来。当未来足够美好的时候，当下的痛苦也许已经不再成为困扰。

二、设定合理的考试目标

但是什么样的未来才算"美好"呢？这取决于孩子的目标。能够达成孩子所向往的目标，便是属于他的美好。所以在帮助孩子创建美好未来之前，需要根据孩子的意向设定一个具体的目标，这个目标应该满足五个原则，前文已有论述，那就是具体、可衡量、可实现、具备时间性、具有目标状态。

三、引导创建美好未来

确认好目标以及目标是否符合五个原则后，我们就可以通过以下的引导词帮助孩子创建美好未来了。

当你准备好以后，找到一个舒服的姿势坐好。现在，请闭上你的眼睛,想象在自己的面前有一扇门,这扇门将通往你的未来,你充满期待地走向了未来之门……未来之门已经打开,你来到了考试结束后,自己考取了理想的成绩。请注意自己的身边好像出现了几个人,他们是最在意你的人,他们得知你已经成功达成目标,他们会说些什么呢?请注意用心去感受,他们会对你说什么?(注意停顿给孩子思考的时间)

现在,请看看你达成目标时的画面,你看到了什么?如果画面是黑白的,请将它变成彩色。如果画面是静止的,请将它变成动态的。你可以想象自己正走在理想中的学校校园里,也可以想象自己正坐在理想中学校的教室里,还可以想象自己得知自己考取了好成绩时的画面(每个想象都要停顿)。当你达成目标后,请注意自己的心情,开心、平静,又或者是其他的情绪。这种情绪你是否曾经有过,是在什么时候?做什么事情?现在请想象将这种达到目标后的情绪无限地放大,并做一次深呼吸……

现在,我需要你想象自己从未来之门走了回来,回到了现在,你正在准备接下来的考试,请注意自己的心情和感受。接着,我需要你再一次来到未来之门,再一次去感受目标达成的状态……

太棒了,现在,请想象自己回到了现在。我会从3回数到1。当我数到1的时候,你就可以睁开眼睛回到现在。3……慢慢地苏醒过来……2……越来越清醒,在我数到1的时候,完全地苏醒过来……1……好的,请睁开眼睛,感受一下周围的

> 环境。接着再检测一下自己达成目标的状态，有没有心跳加快，或者有没有看到清晰的画面、感受，好，带着这样的感受，回到现在。

这一段引导词与目标五原则中的"目标状态"紧密相关。在打开未来之门时，需要确保孩子能够真切地感受到目标实现时的情境，他们能够看到、听到或感受到什么。一旦完成这一步骤，目标就成功地被植入到了潜意识层面。

在这段引导词中，"打开未来之门"这一短语反复出现。实际上，为了达到必要的效果，让目标更加清晰明确，需要进行反复的构建。第一次是引导未来目标出现，让孩子更加真实地体验目标状态；第二次则是巩固之前的感受，并引导孩子无限放大实现目标时的情绪，以进一步加深孩子的感受。这也是之前提到的积极暗示时所述的三个要素之一。要让积极暗示发挥出效果，三个要素必不可少，它们分别是：良好的亲子关系，合适的情绪状态，以及不断地重复。

在引导孩子回到现实时，适当加入一些鼓励性的话语，如"太棒了"。此时，应注意所使用的语气和语调，最好能够带有积极情绪，声音上扬。因为在之前的引导中，孩子已经达成了目标，考上了理想的大学，那种激动、美好的心情被无限放大。因此，在引导孩子回到现实时，最好能够用激动的语气强化之前的积极暗示。

以上就是完整的"创建美好未来"的引导过程。虽然这份引导词主要关注学习和考试，但孩子美好的未来不是只涉及学习。例如，孩子可能对未来的职业感到困惑，或者即将参加某项比赛。在这种情况下，父母可以根据实际情况替换引导词中与未来有关的内容，帮助孩子从未来的角度看待当前面临的困难，引发积极情绪并调整备战状态。

有一句断曾激励了无数考生的话："你背单词时，阿拉斯加的鳕鱼正跃出水面；你算数学时，太平洋彼岸的海鸥振翅掠过城市上空；你晚自习时，极地的夜空正五彩斑斓。但是少年你别着急，在你为自己的未来踏踏实实地努力时，那些你感觉从来不会看到的景色，那些你觉得终生不会遇到的人，正一步一步向你走来。"那些在日复一日的单调日子中奋斗着的孩子，满怀希望地眺望着璀璨光明的未来。帮助孩子走出当下的桎梏，打开未来之门，是家长在平凡生活中，能为孩子送出的最美好的礼物。